改变，从阅读开始

漢唐陽光·HTYG

THE ART OF RULERSHIP

A Study in Ancient Chinese Political Thought

中国古代的统治艺术

《淮南子·主术》研究

[美] 安乐哲—著　滕复—译

江苏凤凰文艺出版社
JIANGSU PHOENIX LITERATURE AND ART PUBLISHING, LTD

图书在版编目(CIP)数据

中国古代的统治艺术:《淮南子·主术》研究 / (美)安乐哲(Roger T. Ames)著;滕复译. -- 南京:江苏凤凰文艺出版社,2018.4

书名原文:The Art of Rulership

版权登记号:图字 10-2018-069 号

Ⅰ.①中… Ⅱ.①安… ②滕… Ⅲ.①杂家—中国—西汉时代②《淮南子》—研究 Ⅳ.① B234.45

中国版本图书馆 CIP 数据核字 (2018) 第 052870 号

书　　名	中国古代的统治艺术:《淮南子·主术》研究
著　　者	(美)安乐哲
译　　者	滕　复
责任编辑	黄孝阳　汪　旭
出版发行	江苏凤凰文艺出版社
出版社地址	南京市中央路 165 号,邮编:210009
出版社网址	http: //www.jswenyi.com
印　　刷	北京玺诚印务有限公司
开　　本	880×1230 毫米　1/32
印　　张	11.5
字　　数	300 千字
版　　次	2018 年 4 月第 1 版　2018 年 4 月第 1 次印刷
标准书号	ISBN 978-7-5594-1780-0
定　　价	48.00 元

再版自序

《中国古代的统治艺术》一书的中译本现在能够再版，我感到非常高兴。为此我要感谢江苏凤凰文艺出版社做成了这件事。这部书的中译本已经有二十多年未重印了，所以我期待着再版之后，能够看到来自中国学术界的同人们进一步的批评、交流与探讨。

我认为汉代刘安的博学是无与伦比的。他作为汉武帝的叔叔，公元前 140 年通过《淮南子》一书及其表达的政治哲学向汉武帝建言，并试图说服汉武帝，中央集权并非不可避免的过程，亦非确立帝国统治的最好方式。《淮南子·主术训》（据刘文典《淮南鸿烈集解》，“姚范云：疑‘训’字高诱自名其注解，非淮南篇名所有，即诱序中所云‘深思先师之训’也。要略无训字。”为行文方便，下文中篇名均未保留“训”字。编者注）一章集中表达了他的这些观点。遗憾的是，无论是汉武帝还是刘安，从某种意义上说都最终成为了现实政治的受害者。二十年后，汉武帝在巩固帝国的统治中，别无选择，只好剥夺了这位有学问的叔叔的生命，并彻底将他的家族从淮南王廷抹去。

自我提出这一论点以后，几十年来，我一直与中国学术界保持着密切的关系，而这篇序言的写作让我有机会反思我学术事业的另一个方面，它给我带来了巨大的满足感。这次再版把我带回到20世纪70年代初我在台湾大学上研究生的那个年代。在台大，我认识到了哲学的现状，它让我感到十分震惊。长期以来，在世界各高等学府中，西方哲学——也就是我们所知的盎格鲁—欧洲哲学，几乎一直都是学校的主流课程。在台北、东京、汉城（今称首尔）、北京和德里，以及波士顿、牛津、法兰克福和巴黎，都是如此。如果亚洲和美国的本土哲学在国外被忽视，那么他们的本土文化也会被边缘化。威廉·詹姆斯于1902年就在他的吉福讲座里承认："我们（美国人）似乎把听从欧洲人的说教，看作是很自然的东西。"事实确实如此。此外，亚洲人或许也同美国人一样，很自然的成为欧洲哲学的听众。这种情况在20世纪过去一代比较哲学家们关注这个问题之前，一直都是如此。

从中国台湾地区完成学业之后，我又在日本的亚洲研究系学习了两年的中国哲学，然后我参加了伦敦大学的一个课程，这让我能够有机会同别的哲学学者一起，进一步学习和研究中国哲学。在伦敦大学，我有幸成为特区的刘殿爵的学生，刘或许是当时最受尊敬的中国哲学经典的翻译者。他翻译的《道德经》《论语》和《孟子》（企鹅出版）差不多已售出数百万册，这对于西方了解中国哲学，影响巨大。刘教授坚持认为，（要想了解中国哲学）除了回到原典之外，别无其他办法。这对我研究中国哲学的思想产生了极大的影响。从我开始跟随他学习的那一刻起，就感觉刘教授对那些泛泛而谈的诠释哲学经典的二手资料一向没什么耐心。我成为他学生的第一天，他就向我提出第一个问题："你读过几遍《淮南子》，读的是全本吗？"显然，他对于我支支吾吾的回答，很不满意。他告诉我图书馆的位置，从此我就在那儿度过了我在伦敦大学学习的大部分时光，认真阅读着《淮南子》，将我的身心都投入了进去。最终我从刘教授那儿完成了我的博士学位，并出版了《中国古代的统治艺术》这部著作。记得我曾经有好几个月的时间，与刘教授在他那个堆满书籍的书斋里，一起阅读《淮南子》。我从刘教授身上学到了当一名学生导师的意义，并且这对于我后来的职业生涯中要怎样去教导我的学生，一直是个有益的启迪。

我在写这部著作时，曾经有一个深入的想法，这个想法来自路德维希·维特根斯坦。他说：我的语言的界限，意味着我世界的界限。这对我来说就意味着，要想了解中国的哲学本来面目，就必须要掌握更多的汉语。我们需要对构建这些哲学文本的关键概念和术语有一个很深入的理解，而这正是我试图做的事情。

这里，我需要借用瑞士语言学家弗迪南德·索绪尔的话来说明这一个重要的差异性问题。他认为语言和言语表达（即说话）是需要加以区分的。语言系统结构的进化、理论化和概念化，都经历了数千年文明智慧的塑造，由此，组织语言和说话的方式便存在各种可能性，并且每一种本土的语言在说话或言语个性表达上存在不同适宜性。因此，我们多元论者需要用语言和言语的这种区分来强化我们以下的看法：中国的语言包括它的本土的概念和术语并未发展成那种适于解读亚伯拉罕关于超越的上帝概念的东西，同时我们认为汉语的所有语义和句法都有其自身的来源，对此我们应该有一个合理的和清晰的认知。与此同时，我们的西方语言里面也同样没有合适的词汇可以恰到好处地解读《淮南子》的概念架构。我们不能用英语或德语来说“势”或“无为”，尽管我们可以用上述两种欧洲语言对这些术语做出大量的阐释，并将它们中的意思表达得美轮美奂。

在这本书中，我尝试着尽可能将《淮南子·主术》中的概念和术语摘录并汇编在一起，因为《主术》应看作是《淮南子》这部古代著作的总论或大纲。我的观点仍然是，如果我们理解文本的概念架构，我们就可以通晓作品本身的意义。

我期待着有机会借本书中译本的再版，与中国学术界新一代的学者对《淮南子》及其关键的概念和术语作进一步的探讨和交流。

安乐哲

2017 年 12 月

目 录

译者前言

美国夏威夷大学哲学系安乐哲（Roger T.Ames）教授的《中国古代的统治艺术》一书，是一部以剖析《淮南子》第九卷《主术》为主，并由此展开论及《淮南子》乃至先秦至汉初儒家、道家和法家的政治思想发展的著作。这部著作于 1983 年由夏威夷大学出版社出版。我两年前读到此书，遂对这部书发生兴趣，决定将它译成中文，介绍给中国的学术界和读书界。我从去年开始这项文字的翻译工作，经过一年多的努力，终于脱稿。在此书的逡译期间，著者安乐哲一直给予信任和鼓励。今年 5 月下旬他来中国，应邀在北京大学作短期访问，又同北京大学出版社谈妥了这部书的中译本出版事宜，为我解决了大难题。因为众所周知，学术著作的出版相当难，而学术译著尤甚。故出版问题的解决是对我翻译工作的一个很大支持。在这里，对于著者给予我的鼓励和支持，我表示由衷的感谢。

这是一部有相当的学术质量以及很好的学术价值的书，这可以说是我要把它译介给中国读者的主要原因之一。作者安乐哲教授据说是现代新儒家著名人物方东美的弟子，有深厚的汉学根基，我与他接触虽不多，但感到他颇有儒者风度。按照流行的说法，他亦应列入现代新儒家之第三代人物里面（当然，我对当前这种将学者简单归类的做法，并不完全赞同）。不过，这只是就其师承而言。若就他的学问路数看，他的汉学修养面十分广泛，并不局促于儒学一路。仅就我的了解，他既有论述孔子和儒学的著作，也注译过《老子》，并且一直在做中西哲学的比较研究。如本书中“绪论”所说的那样，他在《淮南子》的研究中倾注了大量的时间和精力，做了相当深入的研究。这部著作便是这一研究的一个结晶。虽然，这部著作首先是写给英文读者看的，但就其内容来说，它并不是某种通俗的译介，而是一部纯正的学术研究之著作。它在学术上的价值和意义我认为大致有以下几个方面：

首先，它对《淮南子》一书在中国思想史上的地位给予了很高的评价。作者指出，《淮南子》一向不为西方学者所重视，而且长期以来也一直受到中国学者的冷遇。其原因不仅在于它的文本存在着许多问题，更主要的是人们往往认为它是一部抄袭拼凑的书，各篇之间缺乏系统，思想上少有独创性。作者认为这样的看法是不正确的。他在“序言”和“绪论”以及正文里阐明了自己对于《淮南子》的看法与评价，认为：第一，《淮南子》虽大量沿用了前人的语言、词汇、概念、命题乃至思想表达之文句，但这是中国传统学术的一个普遍特征，《淮南子》赋予了它们新的思想含义；第二，《淮南子》是一部集晚周以来思想之大成的著作，它“广泛而有重点地借用了先秦的思想素材及成果来充实自己”，但并非散漫而无系统，它有自己完整的理论体系结构和独创性。而它的独创性亦正在于“能够超越思想派别之纷争，融合各派思想之精义”，作者指出，这一点充分体现了汉代学术的调和主义特征；第三，《淮南子》的上述思想特点，使它成为先秦思想与汉以后思想之发展的某种中介，如对于了解早期道家传统与东汉以后发展起来的道教之间的联系，《淮南子》中的资料会是极有价值的。

可以看出，作者安乐哲对《淮南子》的研究确实是颇有建树的，他的观点和评价还了《淮南子》的本来面目，对于人们真正认识《淮南子》，必将有很大的帮助。

其次，它是第一部较为系统地阐述《淮南子》政治思想的专著。关于《淮南子》，虽然历来注家不少，但却很少有人对它的思想去做深入的研究。在国内，这种情况近年来虽有很大改观，不过至今尚未见到有系统地研究它的专著出现，故安乐哲这部书虽写于1983年前，而在今天看来，仍不失其领先之意义。

当然，安乐哲这部著作从内容看，主要是围绕《淮南子》的第九卷《主术》这一篇来展开论述的，然而，这与其说是作者并没有完整地去论述《淮南子》，不如说是体现了作者很有特点的分析方法。不难看出，作者这部书并不是简单地就《主术》来论《主术》，作者的实际目的正在于从《主术》这篇集中反映了《淮南子》政治思想的文献入手，来全面审视《淮南子》的政治哲学，并且进一步对从先秦儒家、道家和法家的政治哲学到《淮南子》的发展及演变，作一完整的归纳和论述。其中，对儒、道、法三家思想异同之比较，也是本书的一个重点。此外，作者的论述亦不只局限于政治思想的表面，而总是能深入到其形上学理论之基础，对先秦到汉代的政治思想之发展从哲学的高度作出抽象的分析与思考。在这一点上我要说的是，作者这部书虽然以《主术》为主研究对象，但是其论述则基本是中国化的，换言之，中国传统思想理论上的重要特点之一，是即政治、即哲学、即伦理……它们之间没有西方学术那种门类的分别，关于宇宙与人生或天道自然与人类社会的种种问题之认识，是密不可分的。所谓“极高明而道中庸”，作为某种思维的方式，不应仅仅是说儒家，恐怕传统的各家各派之思想都或多或少体现出这一特点，即都不同程度于社稷政治、百姓日用的实际层面中讲论宇宙人生的大道理。虽然这中间仍有很大的区别，各派的最后落脚处都不尽相同，而且早期学派与后来的发展也有很大的变化，但仅就思维方式的特点而言，则都是天文、地理、政治、法律、道德、哲学……形上、形下，方方面面笼统地讲，整体地讲。从整体讲到某一方面，从某一方面讲到整体。这亦可以说是“天下一致而百虑，同归而殊途”。同时也能够很容易解释：为什么会有《管子》《吕氏春秋》和《淮南子》这样包罗万象的“百科全书”式的著作出现，以及这样的著作为什么又会有其思想内容上相对一致的系统以及相对完整的理论结构，等等。也可以解释汉代调和主义的某些思想特点。近代以来出现了适用西方学科研究的方法论述中国古代思想史的著作，有所谓中国法律思想史、中国政治思想史……不一而足。这些分门别类研究思想史的著作虽然对于现代人文科学的发展是非常必要的，但太专门了就很容易将传统学派和人物的思想弄得支离破碎，结果是断章取义，流于表面化和片面化。当然，做得好的也不是没有，但做得好亦难看到思想的整体。安乐哲教授的这部著作不是这样。它不是简单的关于《主术》政治思想的研究，而是完整地透视了《主术》篇包括政治、法律、道德、哲学等各种思想观念在内的整个政治哲学的理论架构，并由此进一步揭示了从先秦儒家、法家和道家哲学到汉初《淮南子》的哲学发展。可见，他对中国传统思想某种程度上已有本质的了解。

其三，作者在充分掌握资料的基础上运用了比较的方法，从而对《淮南子·主术》的思想倾向和理论特色提出了富有创新的见解。我在翻译的过程中，对作者是如此熟悉所论及的学派或人物的思想资料，感到十分的惊讶。作者的论述自始至终都以文献资料为依据，无丝毫空洞不实之语。在翔实的思想资料的基础上，作者对儒家、道家和法家的历史观念和政治哲学观念之异同，作出了细致的分析和比较，指出了它们各自的理论问题及表现，并最终阐明了它们在《淮南子·主术》中的演变与融合。作者由此对《主术》的思想倾向及理论特色提出了令人信服的结论，认为《主术》乃至整个《淮南子》的理论特色即在于调和儒、道、法三家的政治哲学，而其具体的表现则是在经过了改造的法家政治结构里容纳原本过于理想主义而难以实用化的儒、道哲学。当然，在后两者之间《主术》是有所侧重的，安乐哲认为《淮南子·主术》与《吕氏春秋》的差别在于：《吕氏春秋》重申的是儒家传统，《主术》则更重视道家的思想。它刻意提出的（通过对法家的改造）某种政治架构，目的就是要容纳并推进道家思想在实践层面上的发展。因此安乐哲断言，《主术》所建构的理论，实际是“实用的道家学说”，某种程度上亦可以说是“成熟的道家学说”。

关于《淮南子》的思想倾向，历来多认为属杂家，亦有认为属于道家者，如后汉高诱《淮南子叙》即云：“其旨近老子。”20 世纪 70 年代马王堆出土了《黄老帛书》之后，有关黄老之学的研究形成热潮，于是又有一些学者陆续认为《淮南子》属黄老，如张岱年便主张“《淮南子》主要是黄老之学，属道家”（见《中国哲学史史料学》，三联书店，1982 年版第 107 页）。我认为，安乐哲的见解是在深入、系统地考察了《淮南子》之后得出的，不仅很有新意，也比较符合《淮南子》的实际，因此可以说自成一家之言。

其四，这部著作还为我们提供了一个有详细校注的《主术》英文本。其精细的校勘和注解，对于研究者来说具有相当的参考价值。可以看出，作者在撰写此书之前，于史料的准备与研究上下了很深的功夫。值得一提的是，作者在正文的注释中也提供了大量的史料或出处，这对于中文读者也是很有价值的。

其五，这部著作还有一个显著的特点，是它对中西方哲学思想作了比较。如它在“绪论”里对于中西方两种思想文化历史传统范式的差异性之比较，以及对于道家注重自然与西方无政府主义之间的比较。尽管书中这类比较不多，但是这种比较出自一位既有西方文化的生命体验又对中国有真正研究的西方学者，就不能不引起我们的重视，对于我们的中西比较研究，会有很好的启迪。

总之，安乐哲的这部书很有味道，不仅是他的观点，他的中国资料功夫以及他作为一个西方学者所擅长的缜密分析方法，都给我留下了深刻的印象，读者可以自己去细细品评。

在历史上，翻译始终起着中外文化交流的重要桥梁作用。并且，大规模的文化交流又总是同大规模的翻译活动分不开。如汉唐盛极一时的佛学典籍的翻译，近代以严复为代表的对西方学术的翻译等，其背景都是大规模的文化冲撞与交流。20世纪80年代以来，由于中国的开放，进一步促进了中外文化的交流，翻译的事业也日益繁荣。就学术上的中西方交流而言，双方的学者中许多人都不同程度在做着艰苦的翻译工作。如本书作者安乐哲教授，他可以说是目前西方汉学界最有活力的人物之一，他的工作及成就据我了解，除了中国哲学的研究和中西方哲学的比较研究之外，也曾翻译过《老子》以及我们这里见到的《淮南子·主术》等。当然，他是译成英文，介绍给英文读者的。西方的许多著名学者都曾经或正在努力从事着这项工作。他们不仅翻译介绍中国古典文献，也译介现代中国学者的著作。

翻译是中西方学者对话的一个基础。安乐哲曾同我谈到学术国际化的设想。他说，许多学者都提出了这样的想法，这是一件很好的事。但要更多地注重学者之间的对话，而不是你讲你的，我讲我的。这不能形成直接的交流。如他建议改变一些国际学术会议的形式，变一个人在台上讲而多数人在下面听为相互交谈。另外，翻译也是一个很重要的方式，可以使双方学者及时了解对方的研究，有助于对话与交流。我认为他的看法是很有见地的。随着21世纪的到来，以及中国经济的发展，学术的国际化必然成为一种趋势。但是语言始终是一个障碍，尤其是对于国际的汉学研究和中西方哲学比较研究，更是如此。克服这一障碍有两种途径：一是翻译，一是学者本身提高自身的语言修养，实现某种程度（掌握一门或数门外语）的国际化。从目前的学界状况看，翻译仍是一个有助于学术国际化和中西方学者间直接对话的主要途径或手段。因此，我们的翻译事业要进一步扩大，不能只限于翻译很久以前的西方名著，而是要能够做到将西方学者新近出版的每一本较好的学术著作都及时地翻译介绍过来（当然，西方学界对于中国学界的著作也应做到如此）。只有这样，广泛的中西方学者之间直接交流与对话，才能有真正坚实的基础。从这个意义上讲，学术国际化首先需要越来越多的既能研究、又能翻译的学者。翻译并不只是翻译家的事，尤其是学术著作，一般的语言人才是难以胜任的，必须专门家来翻译，或者说是兼为翻译家的专门家。因为只有通晓这门学术的人，才能很好地转达对方的思想。另一方面，强调学者本身对翻译事业的参与，同时也就是要求学者素质的国际化。学者应努力提高自身的文化和语言素养，以学贯中西为理想的目标。在这个意义上，翻译就不仅是为了介绍，为了交流；它也可以是学者提高自身国际化素质的一种非常有效的学习方法。当然，对于包括我在内的众多学者来说，国际化也许只停留于设想，学贯中西的目标更不易达到，但至少要这样去努力才是。这也是我为什么要翻译这部著作的一个动因。事实上，我在这之前也曾经与他人合作译过别的几部英文著作。我的体会是，翻译对于提高我的英文修养和了解西方学者的思想、思维方法以及文化之观念，甚至对人类文明之理解和态度，都有很大的帮助。尽管我的专业是中国哲学史的研究，但我今后如果可能的话，仍要继续译介一些西方学者的优秀著作给国内的学术界。

以上是我在翻译过程中对安乐哲这部著作的一点了解和对翻译工作本身的一点感想。我对自己的这部译作总的来说还是满意的，但限于水平，其中仍有粗糙之处，希方家不吝指点，以便今后进一步订正。

滕复

1985 年

中译本序

中国的学者为什么要去读一位西方学生谈论中国文化的《淮南子》的那些东西呢？中国有句俗语说："不识庐山真面目，只缘身在此山中。"具体地讲，虽然所有的文化传统及历史时代都是复杂多样的，但是它们都建立在某种基本的、而且往往是未揭明的设想上，这些设想赋予了它们各自特殊的发生之同一性和延续性。这些设想虽则对于了解文化来说是非常之重要，然而往往是当局者迷，只有从特定的传统或时代的外部去观察，才能看得较为清楚。通常一个传统总是受其内部的各种对立甚至冲突的因素所左右，这些因素虽相互间不一致，但都是一个样式内构组其文化之共性的重要内容，这些基本的成分并非是必然的，甚或有确定的逻辑联系或系统。只是作为某种特定的、单一文化的规定成分时，它们才联结在一起。

就某一特定的时代而论，即便一个传统中的两个成员，他们某些基本的思想途径有分歧（如《淮南子》里儒家和道家的撰写者那样），但是双方都具有某些较之他们之间的分歧更具有根本性的共同设想，这使他们统一为这一文化的成员，甚至求同存异，相互进行有意义的交流。

当我们从西方传统（对于西方人来说，其中包含自己的那种样式的文化设想）的立场去观察和尝试理解中国古代文化中的因素时，则有利有弊，其中一个弊端是十分明显的，也难以避免。某种程度上西方人意识不到他们自己的基本设想同形成了中国古代思想要义的那些设想之间有差异，因而一旦将他们自己关于世界性质的看法硬加之于中国时，就会乌焉成马，似是而非。但从外部的观察也有十分有利的方面，因为西方人也许至少对于“庐山真面目”的某些部分看得更加清楚。他们也许可以识辨出（虽然是不完整的）儒家与道家争论之分歧所依据的共同基础，而这对于中国学者来讲，在相当程度上可能由于他们意识不到自身的设想，反而看不清、道不明。

其次，是要考虑到汉代历史对于了解中国文明发展的轨迹所显示出来的日益重要的意义，以及汉代文献如《淮南子》等对于形成汉代思想和生活的方式所造成的影响。尽管对复杂多变的时代和传统做判断常常是很危险的，但也许不这样做更不是办法，设想总是存在的。当我们同时去寻求对于古代和现代中国世界的了解（如对于孔子和毛泽东的了解）时，我们没有选择，而应努力去认识和揭示那些不寻常的设想，并将它们都看作是我们理解传统的基本要素。而且，如将不同的设想对比着去看，往往会认识得更加清楚。中国古代的世界观与支配并支撑了西方传统的古希腊、古罗马和基督教的观念之差异是根本性的，通过这种必要的对比，我们就能够更加清晰地揭示中国的设想。

滕复是一位既熟悉中国传统，也了解西方传统的有经验的哲学家，本书由他来翻译成中文，是一种机缘。这是我这位作者能够将这部重要的著作介绍给那些没有读过它的中国学者，并接受他们的批评的一个机缘；是中西两方的汉代研究者相互对话、交换他们关于这个中国思想发展的重要时代的看法的一个机缘；或许更为重要的是，这是探索某段形成时期的中国文化，并将它置于世界文化的联系中去思考的一个机缘。因此，我要感谢滕复以及他的弟弟滕星对这个机缘的促成。

安乐哲

序　言

西汉（公元前 206 年—公元 8 年）时期，淮南王刘安从全国各地延揽了许多学者为其座上客。他让这些学者聚在一起研究和讨论，并将他们的学术与哲学思想汇编成文集，这部书被命名为《淮南子》，并且被呈献给汉武帝。

这部汉代文集讨论的内容，涉及了中国的宗教与哲学之传统形成年代即所谓的“诸子百家”时期的许多理论和思想。而在这部集中国晚周以来思想争鸣之大成的著作里，也包含了许多尚未被普遍认识到的富有创见性的思想。它的思想的精髓直至今日仍在影响着中国的思想界，并且决定了中国宗教与哲学发展的进程和架构。就道家一面而言，这部著作为我们提供的作为哲学的道家传统与产生于东汉而呈宗教形态的道教学说之间的某种中间环节的那些文献资料，是极富有价值的，也是很可靠的；从儒家一面来说，当儒学开始笼罩中国的学术与政治生活以后，它曾一度成为儒学的基本教义及其汉代解释的资料书；而从法家的一面来看，《淮南子》证明了汉代哲学在某种程度上亦受到法家的制度和观念的影响和左右。

尽管这部著作十分重要，然而迄今几乎还没有将其正式介绍给英文读者。当然，这件事近十年来也并非没有进展，至少已提出了某种可行的计划或构想。其一，虽然还没有一个白话文的译本，但是台湾“中央”大学的于大成教授已经花费了大量的精力，对许多较早的版本作了校勘整理，这为解决版本问题奠定了一个基础；此外，他还对订正其中的舛误之处，提出了意见。其二，日本学者如金谷治和户川义雄等也已对《淮南子》作了详细的注释和深入的研究，同时提出了一个精审的日文译本。其三，当代的中国学者徐复观以其毕生的精力在做有关汉代学术史的研究，近几年发表了大量的成果，这对于我们了解这一时期的思想发展，很有帮助。关于《淮南子》，我的研究以往只是在对通行本的批判分析上，而徐复观的研究则在于深入剖析了一个很困难的本子。最后，近年来汉墓考古发掘出土了一些很早的鲜为人知的资料，极具价值。这些资料不仅对版本的考订非常有利，而且许多原本中的问题都可以迎刃而解。例如银雀山发掘出土的《孙膑兵法》，无论是对于认识有关军事学派理论的一般发展，抑或是对于理解《淮南子》第十五篇（专论兵法谋略的篇章）之内容，都是很有价值的。

上述关于《淮南子》研究的近期之进展，表明实施我的出版一个注译本以及对《淮南子》各篇之基本内容作出评论的计划已经时机成熟，我的这部书便是完成这个计划的一个步骤。我对《淮南子》的研究，曾经得到了原任伦敦大学东方和非洲研究学院的中文教授、现任香港中文大学中国语言文学教授刘殿爵的指导和鼓励。刘教授考订和研究《淮南子》已有多年，他在指导我的研究过程中，对其认识与心得毫无保留。我对这位高尚学者的鼓励无以回报，只有奉献上我的这部著作，以表达我的衷心谢意。

我还要感谢加拿大学术基金会，他们资助了我在伦敦时的研究；感谢美国学会联合会以及国家人文科学基金会，因他们的资助本书才得以完成和出版。另外要感谢《东西哲学季刊》和《中国哲学杂志》的编辑先生们，由于他们的帮助，本书中的一些基本内容得以在这些杂志上率先发表出来。

艾尔伯索的得克萨斯大学的郝大维（David L. Hall）是一位睿智的哲学家，他的比较哲学的著作是我必备的参考书。他认真阅读了我的手稿，并直率地提出批评，这些批评都是重要和富有积极意义的，为此我欠了他一份情谊。我要感谢夏威夷大学哲学系我的同事艾里奥特·都特斯（Elliot Dentsch）和成中英，他们在我完成这部著作的过程中一直给我鼓励和支持。我还要向戴维·勃纳特（David Barnett）、达尼·芙吉（Dawn Fujii）和道勒斯·斯普林杰（Dolores Springer）表示我的衷心谢意。最后，我要向我的妻子西村良子（Bonnie）表达我的一片感激之情，正是她的耐心和真挚的理解，自始至终支持了我的写作。

安乐哲

绪 论

这部著作基本是概念的重绎。我之意图在于通过对中国古代政治哲学中某些基本概念的历史起源及演变的考察，进一步分析这些概念在西汉《淮南子》中讨论政治哲学的一篇——《主术》篇里的发展。

我希望撰写这部著作，将有助于从不同角度去了解中国哲学。由于把握（归纳或还原，reductionism）某种文化有重重的困难，因此，西方学者首先需要建立一套概念词汇，以便去认识和架构他们所理解的中国政治思想，这是必不可少的。本书中运用的这套概念词汇对于所有缺乏这方面知识的中国文化研究者都是十分重要的。这种重要性体现在下述三个方面：对于一般的人文科学与社会科学的研究者来说，它是了解中国文化早期发展进程之导读；对于思想史的研究者来说，它是在了解中国思想之一般发展的同时，进一步分辨儒家、道家和法家之源流的工具；而对于政治学的学者来说，它可作为洞彻历史与现代政治观念和事件的某种理论架构。

我在阐明这些哲学概念之间的差异以及追寻它们在共撑的体系中的内部联系时发现，透视其形上学的基础并且揭示其内涵，是十分必要的。如果您完全认识到，揭明了部分与整体之关系的这种“有机的”形上学理论是儒家和道家等传统确立之共同基础，那么便可以由此推论到中国文化的所有方面，并且以此为出发点，去理解诸如中国传统为什么会选择从主体实践自身去解释人类体验等问题。此外，下面所要揭示的这些形上学理论的内涵也将显示出更丰富的意义，它们将有助于解释许多本书还未涉及的文化问题。

本书所论及的政治概念是蕴含在哲学文献里的，通过对根本的形上学理论的认识与了解，就可进一步乃至最终阐明有关中国思想发展的重要看法，这也是获得这些看法的途径。我认为，必须对术语与思想概念作出明确的区分。中国哲学发展的一个显著特点是：传统各学派往往使用共同的术语词汇，来阐发各自不同的思想概念。本书中我以五个术语作为篇章的开头，但在其中我讨论了大约二十种不同的思想概念。显然在这一共同的语言体系中，隐含着极其不同的思想差异。或许人们会提出这样的问题：何以这些早期思想家总是使用相同的术语而不注重创造新的词汇来表达他们的独自思考呢？这一定有他们充分的理由。我认为，这原因主要是他们宁愿把自己的思想同某些杰出的历史人物联系起来（虽然并不归属于这些人物），而不愿意明确他们自己的思想创造之权利。有关这些问题，或许只能通过把握不同的历史与传统之间的差异性才可以得出答案。

西方思想之发展乃是确立在对“原子论”和“实在论”的

坚定信念基础上的，这一信念可以追溯到古希腊。在这一发展过程中，每一位杰出的历史人物都起了阶段性的作用。为此，这个人物恰同以往之人物形成某种“非连续性”。笛卡尔（Descartes），或开普勒（Kepler），或爱因斯坦（Einstein）等，均是最能说明问题的人物。因为他（们）某种程度上对常规与现状做出了挑战，并真正做到了破旧立新。亦唯有这些呕心沥血、开拓了新理论并因而建立起具有代表性之学说的人物，方能获历史之青睐。这种历史的范式，反映出西方往往以行为与动因的差异性来解释人类的体验。进而言之，与之相应的历史研究之认识，亦首要关切的是了解历史事件的动因及应为之所担负的责任。

与此成鲜明对照，中国士人的传统之一般特征，则体现为对“连续性”怀有某种信念。儒家的发展就是一个典型的例子。可以这样说，早在周代儒家形成之前，它的思想就已经发展到可以容纳诸如孟子和荀子等这些有着根本之差异的思想家的程度。折衷的汉代儒家如贾谊和董仲舒，受佛学的影响而具有了精致的形上学体系的“新儒家”，等等，整个构成了连续发展的儒家传统的有机进程。甚至今日之学者如唐君毅和冯友兰等，亦被称为“新新儒家”。在这种传统的范式中，某个人物声誉之确立，并非来自对传统的标新立异，而恰恰相反，只是因为他在这个阶段上再一次实践、解释和阐明了他的传统。因此，中国自古以来就特别强调历史典籍的重要性。这些史料是过去文化传统的宝库，新的思想将从这里产生。从构成这一文化基础的那些形上学理论来看，这是人们能够再次期望的东西。

出于对中国传统的这种“连续性”特征的信念，哲学家往往通过重新解释现存的和已普遍接受的概念术语来表达新的思想，这比自己独创一套范畴体系，会更容易赢得信服和支持。这种对连续性的信念同时也意味着，由于思想只有在既成的传统范围内发挥其作用，才可能树立其权威，故为人们所重视，反将独创视为敝屣。由于这个原因，哲学思想的演进更多地表现为某种有机的发展过程，而非正题与反题的辩证过程。与其通过公开挑战和推翻旧系统去建立一个更加充分的新的范畴系统，倒不如一个解释性系统更易于使人从各种新的和不同的角度去加以理解并作尽情发挥。

中国哲学文献的另一特征是，不是寻求通过一系列环环相扣的辩论来说服读者，而是尝试通过启发和引导，使人们去自证自悟。我在这部著作中除了提出我个人的思考成果外，也尝试以同样的方式向读者提供足够的文献资料，使他们自己来作出分析。这就是说，我在探讨这些中国古代的政治概念时所引用的充足的文献资料，并非只是用来论证自己的结论，而更多是提供给读者的。我希望这些引证及其含义将给那些非专门的读者提供一个原本的分析，这对于他们了解活生生的中国哲学是必不可少的。同样，我也希望为那些从事思想研究的读者提供充足的原始资料，能使他们从自己的理路出发，作出超越我的思考。

最后，我试着将迄今难解的政论文《主术》译介给读者，希望对他们进一步了解中国哲学会有所助益。不幸的是，我们以往了解中国思想的方式很有问题。我们往往抛开现有的典籍，而对那些随意选取出来并且以英语作了合乎我们口味的解释的思想材料给予过分的重视。由于我们给非连续性予以很高的评价，故我们总是对那些一时给我们留下最深刻印象的新奇和独创的思想情有独钟，而对于其他则不屑一顾。在中国思想的发展进程中，新的思想往往都是披着传统的外衣，在其内部作为其对立面来表现的。这一特点能够启发我们去观察许多有价值的东西。

《淮南子》一书极富思想性。然而在过去它的重要价值不仅未获得西方学术界之注意，而且某种程度上也受到中国传统学术界自身的忽视。造成这一忽视有几方面的原因。首先，中国历史上争论的各学派都相互接纳对方的哲学概念，因而表现出他们的学说有许多纤缠重叠之处，这往往为解释者造成意想不到的困难。其次，这部著作作于汉初的第一个世纪，这个时期的哲学著作都具备调和主义的特点，因而它的整个语言都具有模糊性。汉初著作的这种艰涩的语言形式，再加上《淮南子》原本的舛误杂驳，构成了进一步的困难，从而使学者们对此书望而却步，甚至莫敢问津。其三，《淮南子》归类杂家，它不仅给人以缺乏独创性的强烈印象，而且其内容亦令人怀疑缺乏内在一致性。直到 20 世纪中外学者才同时开始意识到这部著作的真正价值和独创性。

由于《淮南子》对西方大多数汉学家来说仍然是陌生的[1]，所以有必要作一番介绍性说明。《淮南子》（本书主要研究的是其中第九篇《主术》）是一部在刘安主持下完成的文集，其内容颇为广泛。此书约在公元前 140 年被呈献给武帝[2]。高诱（卒于 220 年）序其书时，曾列举了一些可能参与了写作的宾客的名字，但均已无迹可考[3]。在现存的有关主编者刘安的传记材料里，他被称赞为是一位极富文学天赋的人物。这一点在《史记》第一一八卷和《汉书》第四四卷的本传中都有大段的文字描述。此外，《汉书 · 艺文志》在所列《淮南子》条下署了他的名字，这也明白提示他在汉初曾从事过著述活动，也就是说，很有可能他本人也参与了《淮南子》一书的编写。

《淮南子》正文二十卷，《要略》一卷。其内容体大多变，颇近似《吕氏春秋》，而为一时代思想之总汇。作为一部调和论的著作，它广泛而有重点地借用了先秦的思想素材及成果来充实自己。事实上，正因为《淮南子》的汇编特点，使得很多学者误认为它是一部“拼凑的”书[4]。其实不然。通过对它的第九篇《主术》的分析可以证明，《淮南子》的独创性和深度恰恰在于，它能够超越思想派别之纷争，融合各派思想之精义，而创造出一个新的哲学理论体系。尽管各篇内容之倾向性确有很大的差异，然其调和主义之精神却弥沦全书，使该书具有鲜明的汉学特征。我在本书中追溯了《主术》的政治哲学来源并阐明了它的思想倾向，正是为了要说明，必须认真对待

《淮南子》的创造性的调和主义，并同时对它在早期中国哲学文献中的地位给予充分的肯定。

《主术》一向被视为法家之作[5]，这很大程度上是因为其中频繁地采用了法家的术语、类比、隐喻和引喻。尽管它给人的第一印象是提出了一个法家倾向的政治哲学，然而一旦我们更细致地研究这一篇时，就能够透过其个别的概念和方面的表象，发现一个极富创造性和深刻的政治学体系。应该强调的是，该文尽管不拘一格地从汉以前的所有政治哲学中随意撷取它所需要的思想，然而它能够取精用宏，并且进一步将原始的儒家、道家和法家思想融合在一起，最终形成了它的具有内在一致性和独创性的政治思想体系。因此，本书的首要意图就是要证明:《主术》中包含的政治理论虽然有着明显的法家外貌，但是骨子里却对道家和儒家的原初教义表现出同样的敬意。从整体上看，它包含了一种独具魅力的、令人信服的、系统化的政治哲学。

《主术》的作者通过一系列表面松散而实质一贯的讨论，来阐述它的政治哲学，虽然它的讨论主要集中在一些法家的概念上，但是《主术》对这些概念的阐释却与法家学说之传统表述有着很大的距离。我们只要将法家著作中对这些概念的表述同《主术》中对它们的阐释作一细心的比较，就可以证实这种差异性。

历史背景是理解《主术》政治哲学的内容和结构的非常重要的基础。如我们充分了解了这篇著作产生的历史背景，就能够对它作出合情合理的解释。在汉朝立国初期，刘邦出于某种政治策略上的考虑，将新帝国的土地分封给那些开国功臣。而一个世纪以后，剥夺这些封臣的权利以巩固自身的权力，则成了汉中央朝廷的当务之急。因此，《淮南子》的主编刘安，他的封地和宫廷面临着被吞并的危险。在此沉重的危机逼迫下，刘安冀求于某种理论，来解决他的问题。汉中央王朝在武帝之前，虽然承袭秦制，用法家制度治国，但是又对道家有明显认同。在此环境下，刘安为了使汉王朝相信，还有比集权主义更适合的统治思想，他开始着手将实际的法家理论概念同道家和儒家的基本思想结合起来。这一统治思想，既可以确保法家体制的不坠，又在方法上有所改变，适合容纳道家首重自然和儒家首重民利的思想。进而言之，此一统治思想认为，宇宙之自决原则即在于承认部分之实现与整体之实现共存，因而个人之满足亦必直接导致社会的和谐与政治的安定。历史的事实却是，汉王朝没有采纳刘安凭借《淮南子》所提供的思想。而刘安这位一代文坛的领袖，只是由于鼓吹他所提倡的统治思想，最终做了扩张的集权主义的牺牲品。

此外，从《主术》关于政治哲学的阐述可以看出，作者在编写时颇注意提供一个有助于那些取自道家和儒家传统的思想在实际社会和政治层面上发展的政治结构。由于清楚地意识到早期道家的政治理论缺乏实用性，且历史之事实亦证明了儒家道德教化的统治方案不敌法家的政治思想体系，作者因此提出了某种政治理论，以接受某些确定的政治结构为必要条件，来保证最大限度地容纳作为道家和儒家哲学之核心的那些关于自由表达和个体完成的思想。无疑对作者而言，保留现存的政治结构的外貌，只是某种政治策略而已。某种程度上他主张对现存的政治结构作出制度方面的修正和补充，而这正体现了他新的政治理论的精神和目标。

我写作本书的准备工作大致经历了以下几个步骤：找出《主术》的政治哲学的核心概念；考察这些概念在汉代以前的哲学著作中的演化，以了解其历史的进程及对于这位汉初作者而言的重要意义；分析《主术》对这些思想概念的阐述；以及将这些概念的传统含义与它们在《主术》中的表述作一比较，以便对此文的政治哲学作一全面的阐述。

关于我的研究结果的细节这里不便赘述，我只就本书的总体认识再谈两点看法：第一，虽然《主术》构造的理论超出了汉以前学术的整个思想框架，但是它所提出的统治思想方法却是有其内在的一致性的。《主术》的最后一部分显得与前面不够谐调，但这只是文字风格上的差异，并非结构上的问题。换言之，我们可以提出有力证明，这最后的部分（自“孔子之通”以下）乃是后续的文字。第二，其政治理论中也有许多想法如对提升人性的很有价值的设想与建议等，都是缺乏直接可行性的。早期道家的无政府主义也可能构成其理论中的一环。《主术》的政治理论企图熔崇高的理想境界与实践性或可行性为一炉，一方面，它的思想主旨具有强烈的道家和儒家色彩；

另一方面，它又为之提供了某种政治框架，使之能够在这一框架内贯彻实行，滋养发润。

我在资料的引用方面，尽量注意其查证的便利性和可靠性，以期对读者有所帮助。作为一条原则，我首先选用的是中国资料中心的《哈佛燕京学院汉学索引大系》和《研究工具书大系》，对于读者来说，它们在有关汉学资料的丛书中占有重要地位，是值得信赖的。其次我选用的是商务印书馆 1920—1922 年编辑和影印出版的《四部丛刊》，如果所引用的著作未列于《四部丛刊》，那么可以在中华书局 1927—1935 年编辑出版的《四部备要》中查到。我另有一些征引不是来自这些资料书，而是引自通俗易懂但又具有可靠性的著作。在本书后面附录的“文献及著者目录”中给出了这些引文的出处。下面是本书常用的缩写：

BMFEA	远东古代博物馆馆报
BSOAS	东方和非洲研究学院院报
LWT	刘文典（见文献及著者目录）
SPPY	四部备要
SPTK	四部丛刊
TPYL	太平御览

注释

〔1〕1930年间，艾文·摩根曾写过《道——最高的精神》，文中令人意想不到地竟论及了这部著作的某方面内容，可以说具有开拓性质，不过它的论述与原文的思想相去甚远。除此之外，仅见的只有B.华莱克的有关《淮南子》第十一篇《齐俗》的译文而已。

〔2〕一种理论认为今本《淮南子》即是公元前140年呈献给汉廷的那个本子，其根据来自胡适将《汉书·刘安传》中所提到的“内书”等同于今本的见解。胡适认为有两条材料可以证明他的这一看法：其一是《汉书·艺文志》中有“淮南内二十一篇”的话；其二是《汉书》唐初的注者颜师古曾说过“内篇”论道的话，而这正与今本《淮南子》首篇《原道》相符。

金谷治在《老庄的世界》以及《秦汉思想研究》中“《淮南子》的历史”一章里，否定了《淮南子》成书于公元前140年的说法，认为其书大约在公元前122年刘安自杀的前数年间被陆续写成，之后才被编定为二十篇，并以《要略》一篇为编序附于其后。最先称这部著作为《淮南子》的是《隋书·经籍志》。

另一个可以证明其成书并非在公元前140年之前的理由是：《淮南子》卷六中云：“天子在上位”，高诱注云：“天子，汉孝武皇帝”。显然高诱认为这至少是武帝在位时所作的，而公元前140年只是武帝登基之年。

〔3〕有关作者的讨论，见户川义雄等的《淮南子》第344—345页注47—48；金谷治《老庄的世界》第41页以下；以及楠山春子的《淮南子》第26页以下的一些论述。

〔4〕见陈荣捷的《中国哲学的开源之作》第305页，他说：“几乎看不到它有什么创造性。”华逊则在《中国早期文献》第190页说：“它的可怜的一丁点儿创造性即是关于宇宙创生的一段简短描

述。”莫特（F.Mote）译萧公权的《中国政治思想史》第 582 页则引用了《主术》中的几段话及有关这些观点的一些历史材料，结论说:“这些观点中没有丝毫的新东西，因而对此毋需多置一词。”这显然是一种具有普遍性的观点。

〔5〕《淮南子》第二十一篇《要略》有关《主术》篇的概述，或许是这一联系的最早来源。《淮南子》的编者以纯粹法家的语言概述了此篇的内容，近人楠山春子以及金谷治的《老庄的世界》第 145—148 页，亦在法家的标题下对它作了讨论。尽管这两位学者探讨了道家对此篇的影响，不过他们只是把它看作是对《淮南子》中包含的道家因素的一个明显修正。布迪和莫里斯则相当概括地指出：“一篇代表了法家学派。”（见《中华帝国的法律》第 15 页注）

第一章

历史哲学

对《主术》的政治哲学作深入分析，必须先从考察其阐述历史传统的方式开始。通过对哲学家阐述历史的方式作集中考察，便能够认清他对人类体验最为重视的某些方面的看法，历史学是一个高尚的解释性工作，但并不就是对无可争辩的事实所作的客观说明。哲学家解释历史的方式常常反映了他们最基本的预想和计划，他们的哲学思考就是为此预想和计划服务的。例如，马克思基于辩证唯物主义对历史的经济学解释，既揭示了他的基本哲学范畴，同时也反映了他对实现无产阶级社会的终极关切。罗素关于西方哲学发展史的解释不仅很有特点，而且也许是他哲学思考中最有参考价值的东西，至少罗素在 1946 年的那些思考是如此。同样我们可以设想，儒家、道家和法家在历史传统观念上的异趣，必然表明他们各自的哲学存在着明显的差异。我们依据这一点便可以确定《主术》的政治理论的倾向。因此，本章之目的即是要阐明先秦哲学三大主要传统的代表人物是如何解释历史之变革的。他们相信人类社会的发展和进步是因时制宜的么？还是相信人类社会的必然演变并非是单纯的前进或倒退？抑或他们相信它是从早期的理想社会退化而来的？

第一节 孔子和儒家的历史观

孔子坚信，一个人无论在何种情况下，都怀有对道德仁义的追求，这是人的天性，是生命的组成部分。仁义之修养关乎人与人之间行为关系的互动，故其实现亦必符合社会和政治的秩序。而其修养及实现最终则是使人达致与宇宙秩序合一之境界并参与宇宙之根本的道德进程。这就是人类生存之“道”。对社稷而言，“道”的至善过程则是自上而下，由统治者对个人才能之发挥给予信赖开始的。孔子因此提出通过模仿进行教育的主张，他确信统治者之“德”会有很好的榜样效果。由于统治者的根本影响及地位，孔子作为“道”的代言人，其努力的目标便是说服统治者接受德治的思想主张。然而，由于统治者恣肆放纵，大道不行，世风日下，孔子和一些旨趣相近而识见各异的思想家们，都纷纷谴责，认为政府机构决不应是争权夺利的场所。他主张把治理国家视为生命的职责所在，统治者不仅由此而提高自我修养，而且负有将其道德观念传扬给后代的责任。虽然每个时代的人们都能从其不同的生存方式中或多或少地发现并获得时代的道义，虽然每个时代的人们用于实现个人、社会和政治之共同目标的能力也确实有所变化，然而，通过勤奋努力来实现自我对道德和知识的追求，这对任何一代人来讲，实质上都没什么两样。

孔子认为人是性相近而习相远的[1]。换言之，人们在道德成长的过程中，虽然于学习和践履方面产生了程度上的差距，但都会有结果的。由于每个人都合理地具备天赋之德性，因此可以说，至少依据个人能力，在人们相互的社会关系和时代发展演进中，就均有达道的同等可能性。譬如，虽然孔子生活的时代被认为离达道的理想社会甚远，但《论语》中显然相信历史上的某些时期确实存在过这样的社会[2]。《论语》认为，人类社会自古代直到西周鼎盛时期，是一直向上发展的，西周以后则进入了一个持续衰退的时期。如果人们向道的天性是永恒的，而他们实践共同道义的可能性也是始终存在的，那么，决定过去时代人们道德程度的东西是什么？孔子认为，它就是“文化传统”。“文化传统”是过去时代一个极重要但又不断变化的东西，是制度化的道德观念。它能够教育并提高人们的体验[3]。从根本上说，传统及其提供给后代的内容，是由人的意愿不断被具体化、规范化和更替的，这一实质决定了一个社会实施人的进化目标或快或慢的程度。此一目标是无限的，它旨在鼓励人们不断地去超越自我。“人能弘道，非道弘人。”（《论语·卫灵公》）人类的理想是邈远的，然“道”作为实现人类理想的途径，却近在咫尺，人们可以不断地去追求它，当然这一追求也是永无止境的。

远古时代的明君尧舜以道治天下，西周文武继之，然孔子却宪章文武。在历史过程中，人类总是不断地复归自己的道德本性，这种本能古今所同然。为什么孔子对西周统治者的认同过于对待尧舜？这答案仍然在于文化传统。

孔子相信，古代圣君以其个人的品德和尽责于社稷的行为作为弘“道”之表率，并通过教化和文化设施来表达道的意义。因此，他把他们的话奉为圣典[4]，把他们的文化奉为楷模[5]。在这一方面，孔子自认为是怀旧的[6]，并且否定随意变革他所传承的文化传统的做法[7]。他将古代文化看作过去道德认识的某种创造性结构和规范，它总是为个人的发展和社会化进程提供一个指导性模式。故《论语》中说：“子曰：‘兴于诗，立于礼，成于乐。’”（《论语·泰伯》）

由于这个原因，儒家的著作里总是反复强调学习的重要性，而其主张学习主要以古代典范为对象。但是，学习并非只是通过接受某些评判人类行为的外部标准来设置的，而且也不能盲目地遵奉这些行为标准。学习首先应是一个制定社会礼仪并吸收消化它的过程。这是一种“规范的”学习。只是在对规范化的道德观念的学习过程中，实践才起到明显的作用。在这之后，人们进一步通过意识反映和内省，去努力理解隐藏在规范下面的道德内容。这一完整过程即是通过教育来传递的。只有当一个人通过直觉把握了行为的道德内容，因而对规定的社会行为有所认识时，他的生活才算是真正与道同一了。而且当人们在观念上深刻认识了社会礼仪的道德内容，以及人们能够通过礼的实践而真正获得生命的成长时，人的“学问”才能够算是在所有方面都符合道德的。下面一段文字描写了孔子自己在学习过程中的亲身体会：

子曰：“吾十有五而志于学，三十而立，四十而不惑，

五十而知天命，六十而耳顺，七十而从心所欲，不逾矩。”（《论语·为政》）

以上我们了解了孔子的学习内涵的重要实践作用。它还有一个意义十分深远的内涵，即恢复传统并为之正名[8]。然而同时，孔子却决不同意他所生活时代的一些人生乎今之世而反古之道的做法，如《中庸》云：“子曰：‘愚而好自用，贱而好自专。生乎今之世，反古之道。如此者，灾及其身者也。’”（第二十八章）

确实，孔子将文明看作是文化从古到今的生长过程。虽则尧舜被颂扬为得道之帝王，然而他们的文化总的说来已无法窥其全貌，因而难以涉足对现实体验的指导。当然，这一文化的许多方面仍然被保存下来，譬如舜的韶舞即是一例——孔子是非常乐意使其流行当世的[9]。甚至夏、商文化，由于缺乏有关风俗礼仪的资料，因而也不可能直接利用[10]。唯有周代的文化，它不仅保存于孔子生活的鲁国[11]，而且作为夏商的后继者，它从夏商的传统中吸收了许多有永久价值的东西：“子曰：‘周监于二代，郁郁乎文哉！吾从周。’”（《论语·八佾》）

或许我们在孔子的这种教育哲学里首先可以发现这样的重要教育观念，即必须继承的文化传统和那些很好地反映了对传统之理解的东西，都具有示范作用。孔子的努力是要去发掘一种有活力的社会和政治体系，这一体系不仅能够提升社会使之克服现实的困难，而且可以创造出一种适合于人类道德发展的环境。因此，他从实际出发着手继承一种可使现实社会找到其方向的真正的模式。总之，孔子选择了清楚的周文化模式而没有选择模糊不清和不实用的古代模式，这是丝毫不奇怪的。

虽然孔子将西周时期描绘成一个中国文明发展史上的黄金时代[12]，但是，他的理想国绝非是西周制度与文化的简单翻版，而宁可说是一个多种多样因素的合成物："颜渊问为邦，子曰：'行夏之时[13]，乘殷之辂[14]，服周之冕，乐则《韶》舞，放郑声，远佞人。郑声淫，佞人殆。'"（《论语·卫灵公》）

不过，孔子教授的真正兴趣不止是在文化的形式和礼仪等方面，实际上他所努力去理解和传给后代的是古代制度和人物典范所体现出来的那种道德观念：

> 卫公孙朝问于子贡曰："仲尼焉学？"子贡曰："文武之道，未坠于地，在人。贤者识其大者，不贤者识其小者，莫不有文武之道焉。夫子焉不学，而亦何常师之有？"（《论语·子张》）

尽管孔子反复强调必须维护古代的道统[15]，但孔子却将古代的这一方面与实践的认识融合在一起，主张继承来的知识必须与现实环境相适应："子曰：'温故而知新，可以为师矣。'"（《论语·为政》）他认为，一个人必须勤奋学习和掌握古代传承下来的知识，但更重要的是，人们必须能够进一步将这些知识运用于实际："子曰：'诵《诗》三百，授之以政，不达；使于四方，不能专对；虽多，亦奚以为？'”（《论语·子路）这一“实用”概念正是孔子用以连接“学”与“思”的一个具有实质性的概念：“子曰：‘学而不思则罔，思而不学则殆。'”（《论语·为政》）

简言之，孔子确信，文化——作为社会的精华，其首要的发展是鼓励和表达固有的道德感情——是积累和常规的进步[17]。上古之人虽然有能力发展他们的道德天性，然而他们亦缺乏为增强这一能力所必需的文化制度和规范性指导。尧舜虽说能够以其个人行为和治国业绩为楷模来培养这一道德本性，虽然能够对中国早期文明作出独一无二的持久贡献，但是他们之所以能够做到这一切，主要并非是有适宜的环境，而更多的是归功于他们个人的杰出才能。然而，在西周时期，中国文化的发展就社会交往形式而言已达到了相当成熟的水平——富裕的生活环境有益于体认人类的道德本性。由古代有道之圣人建立起来的文化制度和习俗与社会结构相适应，并且引导当时人们向着较高的人文水准迈进。对孔子来说，西周早期实是代表了中国社会进化所达到的一个高峰。然而遗憾的是，这一高峰好景不长。西周早期建设了一个黄金时代后，随着政治斗争的滋长，人们逐渐偏离了“道”。到了西周末年，政治制度已名存实亡，周天子成为野心勃勃的封建诸侯所操纵的傀儡。在这一没落的过程中，建立在道德内容之上的西周文化的声望一落千丈，只有名称和礼仪的空壳被完整地保留下来。与此螺旋式的衰退过程相回应，孔子鼓吹返归周的道统，复兴培育了这一黄金时代的丰富而充实的文化。

人们总是特别注意到孔子的复古，但很少有人谈到他对未来的信念。然而从他对人类自然潜能发展之信念，以及对作为鼓励人性完善的首要方法的教育之贡献来看，至少可以推断，孔子是承认社会进步的可能性的。而且，我们在《论语》中也已看到有关文化进步和积累的观念描述。孔子主张回归的西周早期文化，作为历史过程的一个高水准，它并非是稍纵即逝的，而是一个可以再次达到甚至超越的高度〔18〕。

第二节　老子和道家的历史观

道家用来评价历史演变的标准同儒家传统一样，也把人类原始本性的发展当作是衡量时代的尺度。而且道家学派老子的著作〔19〕亦同孔子的《论语》相似，认为过去某个时期的环境较之他们的时代，能更多地同人性的实现相适应。从下面关于道家乌托邦的描写中，我们可以看到其理想化的古代同儒家传统的黄金时代有几个差异显著的特征：

> 小国寡民，使有什佰之器而不用，使民重死而不远徙；虽有舟舆无所乘之，虽有甲兵无所陈之；使民复结绳而用之，甘其食，美其服，安其居，乐其俗；邻国相望，鸡犬之声相闻，民至老死，不相往来。(《老子》八十章)

在《老子》有关理想国的描写中，有几个特点是值得注意的。首先，道家的理想国是小国寡民。就这方面来说，它与儒家的理想王国截然相反，它是关于古代田园诗般的农业中国的生动描述[20]。古代中国的农业社会是由数不清的自主自治的村庄组成的，每个村庄都是一个经济、社会和政治自足的单位。道家的理想国是相对脆弱和易受打击的，它可以解释为是对主宰了东周政治思想的那些强权、版图和扩张等观念的一个理论上的挑战。

其二，人们常常认为，道家的理想是一种素朴的原始主义，完全缺乏文明社会的种种便利。这种部落生活形态会使人产生对健康、卫生和生活欲望的实际疑虑。但是，在这里所描绘的社会里，并非人们未享有诸如“舟车”“甲兵”等现代之便利，这些只是通常被看作是文明化社会的某些象征。相反的，人们的本性和素朴的生活方式，尤其是未受污染的价值观，这些都完全用不着提高劳动生产率的各种设施以及保护主义观念。

最后，这一理想社会是无政府主义的。尽管它有“政府”，然而遵循的却是“无为”政策，而且其治理人民的方法是“皆孩之”[21]，因此这个政府是自然状态的和非权威主义的。

另外，我们从传统的解释中看出一个十分重要的问题：《老子》中阐明的政治制度，是依靠全体人民来实现“道”，因而具备普遍性和广泛性特征呢？抑或它是道家用来加强统治者个人地位的特殊工具？《老子》这部书，是关于怎样愚弄人民和确立政治统治的书呢？抑或是像它的对手儒家之著作那样，是一部关于道家的圣人君主如何引导人民去完善自己的著作？

《老子》的语言是模棱两可的，对其可以轻易地作出两种不同的解释。虽然有的观点认为，对老子政治哲学的“目的性”可以作宽泛的解释〔22〕，但另一种解释则认为这部著作将圣人君主同百姓的关系与道同万物的关系相类比，因而具有确立形上学（玄学）与政治哲学之一致性的明显特征。观《老子》第十章和第五十一章，各有一语言相似的段落，分别描写圣人君主或道。而无论是圣人君主还是道，其旨趣都不在控制、拥有和攫取某些个人利益上。相反的，他们的“目的”是要为百姓和万物提供一个适宜于自为自主的环境和条件〔23〕。

《老子》常常用玄学的语言来描写人类的纯朴天性，在很多地方都将其称之为“朴”〔24〕，这是一种内在的天真无邪〔25〕，似乎与愚钝是有所差异的〔26〕。这种原始本性是永久不变的，尽管其原始状态的简易性，在一个人为化的非自然社会里，受到随着时代的演进而日益增强的“知识”和“欲望”的窒息，然而，社会准则、价值观和常规的学问等这些外在的东西，亦可以随着道的增进和返璞归真而减少：

> 为学日益，为道日损，损之又损，以至于无为。（《老子》四十八章）

我们都有能力拒绝文明造成的扭曲影响和对我们原始本性的蒙蔽。人的本性之简朴和纯洁性是永恒的，它们始终存在并且能够不断复苏，这都是因为有文化传统。文化传统立于理想与现实之间。与《论语》形成鲜明对照，《老子》文中对古代之理想寄托并非是由于它的文化，而宁可说是缺少这一文化。就孔子而言，传授蕴藏并表达了人类道德成果的古代文化，在他的教育主张中是最根本的内容。

《老子》则与此相反，对这同样的文化取蔑视态度，而坚持认为，在人性返朴还淳之前，必须摈弃所有正规的知识和人为建立起来的各种价值观念。对孔子来说，文化的雪球已经滚了许多世纪，它的壮大充分地表达了人性内在的道德可能性，因而是值得非常满意和自豪的。然对《老子》的作者而言，埋没着人的原始本性的文化累积物——这一对“朴”的人工雕琢品——代表了人类状况的真正堕落。就孔子对历史的解释而言，文化既是有益的积累，又是进步；然对老子的历史观来说，它只是有害的积累和退步。另外，孔子确信历史有文化进化的积极因素，而老子则只看到一个从古代理想生活样式下降的过程〔27〕。

虽然我们这里讨论的只是《老子》第八十章所描绘的古代乌托邦，但历史退步的概念却是早期道家作品中最普遍和常见的一个论题。在《庄子》中论“原始主义者”的部分，有比《老子》的描述更详尽的阐释〔28〕。在《庄子》第二十八和二十九篇中关于“个人主义者”的论述中，也有大段对乌托邦的描绘。此外，《庄子》中除了有关原始主义者和个人主义者的部分，其整个《缮性》篇诚如标题所揭示的那样，专门描写了“自然的”人的堕落。

第三节　商鞅和法家的历史观

我们前面讨论了儒家和道家的历史观，从中可以清楚地看出，这两种历史观都找到了各自的古代模式，它们可能正是现代人某种意义上所追求的样板。这一繁荣时代的理想化样板，对这两个学派大有用处。它既可以作为兜售其哲学体系的方案(如其所表现的那样作为一种“教育的”手段)，又可以作为向统治者推荐其思想的历史例证。然而法家的著作是否认这种基于某种古代模式的文艺复兴观念的[29]，它们详尽阐明的是一种关于历史发展模型的全新的观点。

的确，法家思想的反偶像崇拜和反传统主义的态度，是排斥任何复兴古代理想的观念的。就历史而言，这个学派由于把建立秩序看作是成功地贯彻其法家的政治方案的首要障碍，因而其学说带有强烈的革命因素。例如，法家普遍适用的法律体系原则，是对贵族世袭特权的一个直接的挑战。这些贵族一直以来都把法律视为控制下层的个人工具，认为他们自己可以不受这些法律的约束。此外，法家之“势”“术”观念及其所确定的各种权谋政策，所有这些均防止了主上之权力下移，是对那些甘愿放弃自己光明前程的野心家的一个打击；压制知识分子及排斥不同学派学说的政策激起了知识分子阶层的愤怒；而奖励农战的政策又只能引起商富阶层的不满。实际上，所有的既得利益阶层在法家政策成功地贯彻实施以后，都失去了往日的地位，而推行法家政策最得力的则是这一学派的先驱商鞅，他是一位红极一时却又很快落了悲惨下场的人物[30]。

商鞅在受到秦孝公的重用执掌大权后，有计划地将旧体制下分散的权力集中于中央朝廷，通过君主的力量巩固中央集权制，从而使秦国一跃为强国。商鞅在秦积怨甚多，几乎得罪了每一个有权势的人，故他的一位朋友赵良预言道："秦王一旦捐宾客而不立朝（指秦王去世——作者注），秦国之所以收君者，岂其微哉？亡可翘足而待。"[31]商鞅在推行法家统治制度的过程中树立了如此强大的敌人，所以当他唯一的支持者秦孝公死后，怨恨犹如绷紧弦的捕鼠器突然反噬其自身。商鞅尽管做了他变法的牺牲品，然而他对传统、文化和权力分封的态度，已构成法家学说中的基本内容，最终导致了法家学说统治下的中国统一。

因为法家的政策是新的和革命的政策，所以他们不能指望历史的权威与约束力。相反，传统的看法以及旧秩序的政治观念乃至价值准则，是与其"一法而治"和大一统的观念扞格不入的，是不可靠的，因此无法接受。他们在建构及开动其政治机器的过程中，无法容忍来自传统体制及规范的抵制，因此不得不加以铲除。法家的理论家在清除传统观念时，并不纠缠其是否具有内在合理性这一问题，而是相当聪明地提出了一个很有道理并且颇有说服力的论点：

> 圣人不法古，不修今。法古则后于时，修今则塞于势。周不法商，夏不法虞[32]，三代异势，而皆可以王。(《商君书·开塞》)

《韩非子》中亦有同样的观点：

> 故圣人议多少、论薄厚为之政。故罚薄不为慈，诛严不为戾，称俗而行也。故事因于世，而备适于事。(《韩非子·五蠹》)

认为圣明君主的治国之道须与时变易，这正是法家历史观的实质。不同的时代有不同的问题，因而就需要有革新的解决方法。旧的治国方法虽然在其自身的历史发展中曾经证明是有效的，但是已经陈腐。因此，统治者应该首先关心的是新法的实行是否成功和有效。故《韩非子》云："不知治者，必曰：'无变古，毋易常。'变与不变，圣人不听，正治而已。然则古之无变，常之毋易，在常古之可与不可。"(《南面》)

当然，古代历史十分悠久，许多不同的圣人在各自的时代用了很多不同的方法来维护和平与稳定。故《商君书》云："公孙鞅曰：'前世不同教，何古之法！帝王不相复，何礼之

循！……臣故曰：治世不一道，便国不法古。'"（《更法》）

除了政治方案必须因时制宜这一首要原则外，法家著作还提出了另一个反对采用古代模式的理由，但却是少有说服力的。我们在前面已讨论过孔子的历史观。他选择周代模式的理由之一，就是因为别的时代的文化模式均已随时间流逝而愈益模糊不清，唯有周代文化仍然是十分清晰和完整的。韩非子则更进一步指出，不仅孔子关于古代模式的"正统"的解释本身就是一个永远有争议的话题，而且在他的后学各派中谁是其教义的"正确"解释者，也引起了争吵：

> 孔子、墨子俱道尧舜，而取舍不同，皆自谓真尧舜。尧舜不复生，将谁使定儒、墨之诚乎？殷、周七百余岁，虞、夏二千余岁，而不能定儒、墨之真，今乃欲审尧舜之道于三千岁之前，意者其不可必乎！（《韩非子·显学》）

因而法家的思想家认定，历史的模式一向是由其倡导者随意解释的，故它不具备某种客观标准，无法作为接受或否定某项政策的基础。这些模式，或者至少是后世对这些模式的种种描述，是相当不可靠的。

我们从孔子的学说中看出，文化是积累的和循序渐进的，而且由于它反映了以往道德的发展，因此，它的传承即意味着人类道德的持续进步。但在老子及道家的学说中，这同样的文化却是人为干预拒斥对人的自然本性之生长。法家虽沿袭了道家学派的排斥文化的倾向，然而其主要目的则是要让百姓处于愚昧状态，以便将其专横独裁的行为准则强加于他们头上。所以，与儒家和道家不同，法家最终关切的决不是人们的生活是否富足、社会如何安定发展诸问题，相反，他们主要关切的是有效的政治控制，因而最终必然导致对文化的蔑视与摧残。

近来有些中国学者[33]大概是受了陈奇猷论韩非子政治哲学的影响[34]，认为与儒家的复古观念不同，法家主张的是历史进化论。陈奇猷说：

> 历史哲学，是对历史的一种看法。自黄帝开国，到战国时代，中国已有两千多年的历史。先秦各家对春秋战国的现状，都是不满意的。不过因为历史哲学的见地不同，遂发生如何改革现状的两大派：一大派以为历史是退化的，要改革现状，只有法古。这派以儒家为代表。他们法古的旗号，是“祖述尧舜，宪章文武”（引自《礼记·中庸》）。又一大派以为历史是进化的，要改革现状，只有创新。这派以法家为代表。他们创新的旗号，是“论世之事，因为之备”。（引自《韩非子·五蠹》）

这一对早期中国历史哲学的看法是过于简单化的，甚至是错误的。虽然我们多少同意在孔子的历史观里有“法古”的一面，但这种看法本身缺乏实质性内容，并且对儒家思想中的进步因素也缺乏一个公正的态度。事实上，儒家思想更多的是主张进化而不是倒退，这样理解才是恰当的。

法家思想家一贯坚持，政治方式必须变革，以适应出现的新问题。某种环境下有效和成功的东西，并不完全适合另一种环境。对特殊的历史时期，法家的态度倾向于只作一般的描述，而不是匆忙作出批评和估价[35]。总之，他们反对给特殊的政治方式作价值判断的做法，而是反复强调，某种政治方式之所以是有价值的，只是由于它适合于自己的历史环境。尧舜的政治若行于今日，必将导致某种灾难。因为政治方式的价值只能相对于时代而确定，不存在任何时候都适用的绝对的价值与进化观念。在法家的历史观里面，只有变革——无所谓进步与进化的变革。

第四节 《淮南子》的历史观

在阐述《主术》的历史观及其与那些早期思想传统的某种联系以前，对整个《淮南子》中所反映出来的其他历史哲学作一简略回顾，将是很有启发的。我们将在这里提供更多有关儒家、道家和法家主张中根本不同的例子，并且进一步证明无论是《主术》抑或是整部《淮南子》，都具有积极的调和特色。

《淮南子》的头两篇分别以《老子》和《庄子》的思想为基础[36]。因而不能不认为，它们包含了道家对待历史变革的基本看法。例如，第二篇中有关于世界状况从个别单一到繁复多样、从“至德之世”到“周室之衰”的一个年代相当长的退化过程的描述，并认为这一退化是由于对原始本性和道越来越不重视的缘故：

> 至德之世，甘瞑于溷涧之域，而徙倚于汗漫之宇。提挈天地而委万物，以鸿濛为景柱，而浮扬乎无畛崖之际。是故圣人呼吸阴阳之气，而群生莫不颙颙然仰其德以和顺。当此之时，莫之领理决离，隐密而自成。浑浑苍苍，纯朴未散，旁薄为一，而万物大优。是故虽有羿之知而无所用之[37]。……施及周室之衰，浇淳散朴，杂道以伪，俭德以行，而巧故萌生。周室衰而王道废，儒、墨乃始列道而议，分徒而讼。于是博学以疑圣，华诬以胁众。弦歌鼓舞，缘饰《诗》《书》，以买名誉于天下。繁登降之礼，饰绂冕之服，聚众不足以极其变，积财不足以赡其费。于是万民乃始憜觟离跂，各欲行其知伪；以求凿枘于世，而错择名利。是故百姓曼衍于淫荒之陂，而失其大宗之本。(《淮南子·俶真》)

第八篇《本经》亦是从头到尾通篇表达了道家关于人类从自然的理想社会堕落的观念。像第一篇《原道》一样，其中也有很多地方可以同《老子》相比较[38]。认为学问、道德规范、人工发明以及所有诸如此类的现代文明成就，都是背离人类原始本性的结果。人类越来越远离其自然的发展进程，他们的社会也相应的越益复杂和人工化。人类这种螺旋式的衰退导致了现代的堕落。在这一篇里特别引人注意的是它对现实统治的公开批评。作者不仅谴责统治者的横征暴敛，以及他的人民的种种陋习，甚至认为，在古代若出现这样的情形，人们必将会起来反对这种暴政：

> 古者天子一畿，诸侯一同。各守其分，不得相侵。有不行王道者，暴虐万民。争地侵壤，乱政犯禁。召之不至，令之不行，禁之不止，诲之不变，乃举兵而伐之。戮其君，易其党，封其墓，类其社，卜其子孙以代之。（《淮南子·本经》）

第六篇《览冥》则以很长的篇幅着重叙述了从上古以来社会有道和无道的历史。女娲炼石补天以拯救处于烈火、洪水和猛兽泛滥中的土地，重新将道带给人间，并给居民和谐与安宁。而生活在能干的女娲统治下的人民，其状况是很富有道家意趣的：

> 当此之时，卧倨倨，兴眄眄。一自以为马，一自以为牛。其行蹎蹎，其视瞑瞑。侗然皆得其和，莫知所由生。浮游不知所求，魍魉不知所往。（《淮南子·览冥》）

由上古之世之安康和谐以降，每况愈下。夏桀失道，引起天人共愤。直至近世七国争雄年代，在作者的描写中，不仅同样大道沦丧，而且充满战争、杀戮和堕落。所有这些都是从三代（夏、商、周）以来人们遭受了战争和分裂开始的。当然，作者亦认为，现代的皇帝（武帝）即位后，使天下合而为一家，当年五帝所倡行之道才得以恢复。

尽管《览冥》中的历史阐述一般采用的仍是道家的历史退化论模式，然而与《本经》中的阐述相较却有两个重要方面的差异。首先，《览冥》虽以道家无为的语言描绘了上古人们安居乐业的生活，但是它并不像《本经》那样热衷于否定儒家的道德与价值观，可以说它于此未置一词。其次，《本经》相当坦率地谴责了现实统治，而在《览冥》中则几乎看不到这种直率的批评，更多的是对武帝及其恢复五帝之道的曲意奉承。

第十一篇《齐俗》则描写了原始纯朴状态以及自然关系的堕落，此堕落由儒家道德准则的发展表现出来。这些道德准则是一个时代失道及其人民放弃了他们幼年快乐的表征：

> 率性而行谓之道，得其天性谓之德。性失然后贵仁，道失然后贵义。是故仁义立而道德迁矣，礼乐饰则纯朴散矣，是非形则百姓眩矣，珠玉尊则天下争矣。凡此四者，衰世之造也，末世之用也。夫礼者所以别尊卑，异贵贱，义者所以合君臣、父子、兄弟、夫妻、朋友之际也。今世之为礼者，恭敬而忮；为义者，布施而德。君臣以相非，骨肉以生怨，则失礼义之本也，故构而多责。夫水积则生

相食之鱼，土积则生自冗之兽，礼义饰则生伪匿之本。夫吹灰而欲无眯，涉水而欲无濡，不可得也。

古者民童蒙不知东西。貌不羡乎情，而言不溢乎行。其衣致暖而无文，其兵戈铢而无刃，其歌乐而无转，其哭哀而无声。凿井而饮，耕田而食。无所施其美，亦不求得。亲戚不相毁誉，朋友不相怨德。

及至礼义之生，货财之贵，而诈伪萌兴，非誉相纷，怨德并行。于是乃有曾参、孝己之美，而生盗跖、庄跻之邪。

故有大路龙旗、羽盖垂绥、结驷连骑，则必有穿窬拊楗、抽箕踰备之奸；有诡文繁绣、弱緆罗纨，必有菅屩跐踦、短褐不完者。故"高下之相倾也，短修之相形也"，亦明矣。(《淮南子·齐俗》)

《齐俗》承袭了道家传统，其指责主要针对于文化之踵事增华、变本加厉，认为正是文化之不断发展，埋葬和窒息了人的原始本性：

原人之性，芜濊而不得清明者，物或堁之也。羌、氐、僰、翟，婴儿生皆同声；及其长也，虽重象狄騠，不能通其言，教俗殊也。今三月婴儿，生而徙国，则不能知其故俗。由此观之，衣服礼俗者，非人之性也，所受于外也。

夫竹之性浮，残以为牒，束而投之水则沉，失其体也。金之性沉，托之于舟上则浮，势有所支也。夫素之质白，染之以涅则黑；缣之性黄，染之以丹则赤。人之性无邪，久湛于俗则易。易而忘本，合于若性。故日月欲明，浮云盖之；河水欲清，沙石濊之；人性欲平，嗜欲害之。惟圣人能遗物而反已。

夫乘舟而惑者，不知东西，见斗极则寤矣。夫性亦人之斗极也。有以自见也，则不失物之情。无以自见，则动而惑营。譬若陇西之游，愈躁愈沉。（《淮南子·齐俗》）

《齐俗》明确指出，实现自我，即是实现道：

所谓明者，非谓其见彼也，自见而已；所谓聪者，非谓闻彼也，自闻而已；所谓达者，非谓知彼也，自知而已。是故身者道之所托，身得则道得矣。道之得也，以视则明，以听则聪，以言则公，以行则从。（《淮南子·齐俗》）

蒙蔽了真实和原始自我的文化，是通过以人为的风俗礼仪修饰人类的自然情感而获得发展的。礼仪风俗之产生虽一开始是由自然情感所造成，然一旦其变得如此精致完美，就必然会失去与自然情感之间的联系：

古者非不知繁升降槃还之礼也，蹀采齐、肆夏之容也，以为旷日烦民而无所用，故制礼足以佐实喻意而已矣。古者非不能陈钟鼓、盛管箫、扬干戚、奋羽旄，以为费财乱政，制乐足以合欢宣意而已。喜不羡于音。[39] 非不能竭国麋民，虚府殚财。含珠鳞施，纶组节束，追送死也，以为穷民绝业而无益于槁骨腐肉也，故葬埋足以收敛盖藏而已。(《淮南子·齐俗》)

《淮南子》中尚有数篇具有儒家之倾向，它们的立场恰与上述视历史为人类一堕落过程之数篇成鲜明对比。这几篇以毫不掩饰的自豪感和成就感描述了历史从原始社会到文明社会的发展。第十九篇《修务》对这一进化有以下的描述：

古者民茹草饮水，采树木之实，食蠃蛖之肉。时多疾病毒伤之害。于是神农乃始教民播种五谷。相土地宜，燥湿肥垸高下。尝百草之滋味，水泉之甘苦，令民知所辟就。当此之时，一日而遇七十毒。

尧立孝慈仁爱，使民如子弟。西教沃民，东至黑齿，北抚幽都，南道交趾。放讙兜于崇山，窜三苗于三危，流共工于幽州，殛鲧于羽山。

舜作室，筑墙茨屋，辟地树谷。令民皆知去岩穴，各有家室。南征三苗，道死苍梧。

禹沐浴淫雨，栉扶风，决江疏河。凿龙门，辟伊阙，修彭蠡之防。乘四载，随山刊木，平治水土，定千八百国。

汤夙兴夜寐，以致聪明。轻赋薄敛，以宽民氓。布德施惠，以振困穷。吊死问疾，以养孤孀。百姓亲附，政令流行。乃整兵鸣条，困夏南巢。谯以其过，放之历山。（《淮南子·修务》）

从原始贫困到高级舒适的文明之转变，一个最重要的因素即是智识的辛勤积累与施教[40]：

昔者苍颉作书，容成造历，胡曹为衣，后稷耕稼，仪狄作酒，奚仲为车。此六人者，皆有神明之道，圣智之迹。……周室以后，无六子之贤，而皆修其业。当世之人，无一人之才，而知其六贤之道者何。教顺施续，而知能流通。由此观之，学不可已明矣[41]。（《淮南子·本经》）

注重教育之必然结果，是追求知识的坚持不懈的努力：

若此而不能，闲居静思，鼓琴读书，追观上古及贤大夫，学问讲辩，日以自娱。苏援世事，分白黑利害，筹策得失，以观祸福。设仪立度，可以为法则，穷道本末，究事之情，立是废非，明示后人。死有遗业，生有荣名。如此者，人才之所能逮。然而莫能至焉者，偷慢懈惰，多不暇日之故[42]。（《淮南子·修务》）

教育与勤奋好学相结合，才能使人类向上和社会进步：

由此观之，知人无务，不若愚而好学。自人君公卿至于庶人，不自强而功成者，天下未之有也。（《淮南子·修务》）

第十三篇《氾论》的主题大概是说，政治的态度和方法必须顺应时代的要求而变革：

是故圣人论事之局曲直，与之屈伸偃仰，无常仪表。时屈时伸，卑弱柔如蒲苇，非摄夺也；刚强猛毅，志厉青云，非本矜也，以乘时应变也[43]。（《淮南子·氾论》）

虽然法家和儒家的历史观都主张，风俗和文化必须变革以适用于新的环境，但反道德主义的法家学说却从根本上对儒家关于人类生存的终极意义在于道德升进的信仰毫无兴趣。《氾论》中清楚地表达了儒家的这一信念：

故圣人所由曰道，所为曰事。道犹金石，一调不更；事犹琴瑟，每弦改调。故法制礼义者，治人之具也，而非所以为治也。故仁以为经，义以为纪，此万世不更者也。（《淮南子·氾论》）

还有，好的统治最关心的并不在于如何去变革法度器械，而在于如何对民生有利：

先王之制，不宜则废之；末世之事，善则著之。是故礼乐未始有常也。故圣人制礼乐，而不制于礼乐。治国有常，而利民为本；政教有经，而令行为上。苟利于民，不必法古；苟周于事，不必循旧。(《淮南子·氾论》)

《氾论》中阐述的历史观虽然包含了法家应时变法的原则并采用了法家著作中的很多引喻[44]，然而它对民生利用的根本关切毫无疑问是更贴近儒家的立场。当然，就此篇真正体现的汉代调和主义精神而言，对道家历史哲学亦不能不有所反映：

百川异源，而皆归于海；百家殊业，而皆务于治。王道缺而《诗》作；周室废，礼义坏，而《春秋》作。《诗》《春秋》，学之美者也，皆衰世之造也。儒者循之，以教导于世，岂若三代之盛哉！以《诗》《春秋》为古之道而贵之，又有未作《诗》《春秋》之时。夫道其缺也，不若道其全也。诵先王之《诗》《书》，不若闻得其言；闻得其言，不若得其所以言。得其所以言者，言弗能言也。故道可道者，非常道也。(《淮南子·氾论》)

我们从《淮南子》对几种关于历史演变的不同见解的概括中可以看出，其思想内容具有调合特色。正是在调合的层面上，它将传统中分歧的各种学说熔为一炉，并予以重新解释。因此，其思想内容既具调和性，亦具独创性。上述数篇对历史演变的阐释都体现出了这种融合旧传统以推陈出新的精神，或许，这亦是《主术》的整个历史哲学最突出的特点。

第五节 《主术》的历史观

《淮南子》中有一些篇譬如《本经》等，几乎完全是专论历史变革的，但《主术》并不在其中。《主术》主要是一篇政论文，并且它对历史的关切亦主要集中在一些可以用来论证一般政治原则的历史范例上。如果认为《主术》在构造其政治理论的过程中所精辟阐述的历史哲学，是其中更加有特色的部分，那一定是对《主术》的曲解。虽然如此，认真研究有关段落却是必要的，它能够使我们对作者关于历史变革的看法有深刻的了解，而这种了解必有助于揭示其政治哲学的主旨和倾向。

我们发现，《主术》在讨论历史变革过程和比较古代今日时，常常将道家与儒家各异的历史哲学的思想因素糅合在一起。如在本篇的开头先表述了道家历史观最具特色的思想——由古代原始理想社会退化的观念。但在接下来的段落，则将神农之德治与近世之衰敝状况作一对比，这与《淮南子》中某些充满道家怀旧色彩的篇章，特别是《原道》《本经》等，形成明显差异。

> 昔者神农之治天下也，神不驰于胸中，智不出于四域，怀其仁诚之心，甘雨时降，五谷蕃植，春生夏长，秋收冬藏。月省时考，岁终献功，以时尝谷，祀于明堂……
>
> 是故威厉而不杀，刑错而不用，法省而不烦，故其化如神。其地南至交阯，北至幽都，东至旸谷，西至三危，莫不听从。当此之时，法宽刑缓，囹圄空虚，而天下一俗，莫怀奸心。
>
> 末世之政则不然，上好取而无量，下贪狼而无让，民贫苦而忿争，事力劳而无功，智诈萌兴，盗贼滋彰，上下相怨，号令不行。执政有司，不务反道矫拂其本，而事修其末，削薄其德，曾累其刑，而欲以为治，无以异于执弹而来鸟，捭棁而狎犬也，乱乃愈甚。(《淮南子·主术》)

尧亦代表了某一古代的理想之治。下面是一段关于古代圣人之治与后来衰世之间相比较的描写：

> 尧之有天下也，非贪万民之富而安人主之位也，以为百姓力征，强凌弱，众暴寡，于是尧乃身服节俭之行，而明相爱之仁，以和辑之。是故茅茨不翦，采椽不斲，大路不画，越席不缘，大羹不和，粢食不毇，巡狩行教，勤劳

天下，周流五岳。岂其奉养不足乐哉？举天下而以为社稷，非有利焉。年衰志悯，举天下而传之舜，犹却行而脱屣也。

衰世则不然，一日而有天下之富，处人主之势，则竭百姓之力，以奉耳目之欲，志专在于宫室台榭，陂池苑囿，猛兽熊罴，玩好珍怪。是故贫民糟糠不接于口，而虎狼熊罴厌刍豢；百姓短褐不完，而宫室衣锦绣。人主急兹无用之功，〔而〕百姓黎民憔悴于天下，是故使天下不安其性。

在《主术》中常可以看到这样两方面的思想及特点：一、将理想君主与其不肖者作比较[45]；二、歌颂先王的业绩和治理国家的才能[46]。而且往往以钦佩的口吻将圣人治天下的古代，描绘成一个理想之治的时代：

古者天子听朝，公卿正谏，博士诵诗，瞽箴师诵，庶人传语，史书其过，宰彻其膳。犹以为未足也，故尧置敢谏之鼓，舜立诽谤之木，汤有司直之人，武王立戒慎之鞀，过若毫厘，而既已备之也。

虽然《主术》阐述了道家传统所坚持的历史退化论，但这种退化学说是通过介绍儒家观点而作了修正的，因此它表达的是一种折衷的历史观。我们在讨论早期道家和儒家的历史观时看到，这两个相互争论的思想学派对文化的态度存在着明显的差异。道家将文化积累和文明发展看作是社会退步的根本原因，而儒家则将作为道德成就及其传承之体现的文化，看作是社会进步的根本动力。《主术》并不否弃文化遗产，它列举了许多先王的事迹，称赞他们对于当时及后世的影响，认为这是他们个人之修养和努力的结果。例如，指出这些先王为了表达他们内心的情感，而发展了音乐和礼仪：

> 故古之君人者，其惨怛于民也，国有饥者，食不重味；民有寒者，而冬不被裘。岁登民丰，乃始悬钟鼓，陈干戚，君臣上下同心而乐之，国无哀人。
>
> 故古之为金石管弦者，所以宣乐也；兵革斧钺者，所以饰怒也；觞酌俎豆，酬酢之礼，所以效（善）〔喜〕也；衰绖菅屦，辟踊哭泣，所以谕哀也。此皆有充于内，而成像于外。

先王个人修养的内在气质外化为礼乐，这些作为古代的文化传说而承继下来：

> 古圣王至精形于内，而好憎忘于外，出言以副情，发号以明旨，陈之以礼乐，风之以歌谣，业贯万世而不壅，横扃四方而不穷，禽兽昆虫与之陶化，又况于执法施令乎！〔47〕

教化人民和治理天下最有效的正是文化传统。因此，或许《主术》的历史退化观与道家的著作有某种联系，但其对文化传统的尊重并将之看作古代道德价值观念的正式代表，这只能认为是与儒家思想有承继关系的一种表现。在此文中，古代之所以被抬得很高，并不在于当时仍保存有田园式的乌托邦，而是在于古代的圣人对人类文明的创造性贡献。

《主术》作为一篇显然是描绘法家政治统治体系的著作，其法家的历史变革的观点却并不明显。全文中看不到任何一处转达了法家对历史上先王模式的否定以及坚持新的问题必须以新的方式来解决的看法。相反，《主术》的历史观基本上是对道家退化论的某种修正，它完全尊重过去时代的所有文化成就。它通过将两个看上去互相矛盾的观点结合在一起，来说明人类状况之所以退化，正是未能很好地发扬人类社会赖以生存的各种典章制度所孕育出来的物质与精神文明的一个结果。政治秩序遭到破坏首先应归咎于统治者运用统治艺术的失败，归咎于他们没有实施圣人之道，这必然导致不幸的结果。

我在本章开头即指出，通过对儒家、道家和法家各学派的代表人物的思想理路之检讨，便能够揭示其终极的哲学关切。这从对孔子、老子、商鞅以及其他人物的思想研究中都可以相应地得出结论。

例如，孔子是从一种积极的人性论开始的，并且他主要关心的是追求广义上的自我完善的某种方法。我们从《论语》中可以发现并阐明它的这一形而上学的理论基础，同时从中亦可以明了，孔子的有机哲学体系的基本目标是个人、社会及政治的达道。而其中第一重要的是个人通过传统文化之正统思想的修养及对仁义的独自体悟，获得道德上的完善。对孔子而言，重要的是人的自然性本质上具有道德性，因而，对仁义道德的追求最终会达致人的生命与宇宙合一。

老子亦同样从一种积极的人性论出发，并且也主要思考某种广义上的自我完善的方法。从《老子》的思想构成可以看出，其广义的自我完善同样意味着个人、社会及政治达致道的理想境界。对老子来说，重要的首先是每个人都应在宇宙之自然意义上培养自己，并且依据各自不同的条件充分体现人的原始本性。老子认为，继承文化传统将是一场人为的灾难，它会迷惑甚至扭曲人性及其返归。换言之，唯有顺乎自然之人道，才能与自然之天道相一致。

商鞅乃至整个法家一般来说对于诸如人性及其自我完善的潜在能力等基本哲学问题几乎不感兴趣，除非这方面的看法能够对说明统治者的政治目标有所帮助。文化传统也同样只是用来解释政治目的。在下面一章，我将阐明构成《主术》政治哲学的基本思想。通过对这些思想及其表现出来的一致性之分析，就将清楚地看出，支撑这篇政治论文的基本思想恰是一种积极的人性论以及对广义的自我完善的关切。这说明，虽然它的政治哲学的表述仍具有法家的某些思想特征，但是实质上却与儒家和道家有一个共同的思想基础。

注释

〔1〕见《论语》中《卫灵公》《阳货》;《荀子·不苟》。

〔2〕《论语》中《八佾》《泰伯》等。

〔3〕我用的“文化”一词乃用其广义，指的是人们为了规定他们的相互关系而创造出来的全部制度、习俗和价值观念。作为某种文明人区别于原始人的价值体系，它在形式上即表现社会礼仪、音乐、文学、艺术以及其他，等等。

〔4〕见《论语·季氏》。

〔5〕同上,《八佾》《述而》《子罕》和《宪问》。

〔6〕同上,《述而》。

〔7〕同上。

〔8〕同上,《泰伯》《阳货》和《尧曰》。

〔9〕同上,《八佾》《述而》和《卫灵公》。

〔10〕同上,《八佾》。

〔11〕见《左传》昭公二年:“周礼尽在鲁矣。”

〔12〕见《论语》中《述而》和《阳货》。

〔13〕殷、周之历法以阴历之十二或十一月为岁之元月，只有夏历据称是以阴历之初月为元月。

〔14〕殷辂为木制且构造简单。这段话说明，孔子对于车，宁取其简朴，而不取其华丽。可能周时的车是较为精致华丽的。

〔15〕我们从《论语》中可以感觉出，它有着维护和传承西周文化的很强烈的道统意识。见《八佾》《述而》《子罕》以及《宪问》等。

〔16〕见《论语》的《学而》和《子张》。

〔17〕我阐述孔子的历史观差不多完全依据《论语》。《左传》可以说几乎完全没有反映他的这一方面的思想，他的历史观有对比的特点。虽然这一特点被归之于孔子，但是却体现出强烈的汉代风

格，在《礼记·礼运》篇中，孔子将远古乌托邦式的“大同”时代与不够理想但却更切近的“小康”时代作了对比。我们可以将这一对比的要点罗列如下：

大同	小康
1.“三代圣王”之治（或可解释成五帝之治）。	1. 禹、汤、文、武、成王及周公之治。
2. 无人己之差别——不独亲其亲，子其子。	2. 各亲其亲，子其子。
3. 选贤任能	3. 大人世及
4. 通过讲信修睦，来协调人际关系——自然与血缘的社会关系纽带。	4.“礼”确立在作为规范人际关系的完整价值体系的“义”基础上——社会制度和纲纪。
5. 财产公有。	5. 财产私有。
6. 天下为公。	6. 天下为家。
7. 盗窃乱贼不作。	7. 因自然的价值观念沦丧，故盗贼生。

尽管孔子在《礼记》中的这一描写与《论语》不符，故而不能认为就是代表了他的历史观。不过，这里介绍的某些内容细节可以用作一个比较的基础。将这差不多是道家的“大同”乌托邦与这儒家的“小康”社会调和在一起，其指向的正是西汉的调和主义。

〔18〕《荀子》所阐明的历史观与孔子的有许多相似之处。见《荀子·非相》的一段讨论，他提出了两个重要观点：(1) 他认为，传之久远的善政则只能见其大略；(2) 他反对古今异情、治乱异道的说法，认为由于周代的情况较为切近，能够得以详察和清晰地了解，故而它的文化礼俗可以为今时所采用。正是那些传之久远而只能得其大略的东西，而不是文化的细节，具有重要的意义。

〔19〕从“道家学派老子的著作”开始，我讨论了三个作品的内容。第一是《老子》。第二则是《庄子》中被格雷汉姆称为“原

始主义者的作品”的那部分内容（第 8、9、10 篇及第 11 篇的部分）。格雷汉姆确定这个原始主义学派的年代为公元前 205 年前后，认为他们的思想主旨是追求一个理想的原始社会：“这个原始主义学派追怀某种理想的氏族社会，在这个社会里，人们如动物一般自在地生活，没有绅士或盗贼之分别，领导者依照‘势’的强弱而产生，这即意味着他们处于氏族或家族头领的地位。自黄帝以来，原始自发的和谐日益式微，且由于他首先倡导德治，更是加速了这一衰落过程。直至近古以后，由于争鸣而对德治发生了怀疑。”（见格雷汉姆《〈庄子〉中有多少内容是庄子本人所作》一文，载《美国宗教论坛》（47 号，1979 年 9 月，第 477 页。）格雷汉姆在同一篇文章（第 480—481 页）中回答《庄子》一书何以会如此杂驳不纯时，提出了一个问题：“原始主义的思想是庄子的传统呢，抑或是归属于老子？”他然后回答说：“原始主义的确是一个最早的有年代可考的证据，它证明了《老子》在公元前 3 世纪晚期时开始流行并发生了出人预料的影响（如《韩非子》即是一个证明）。尤其是它的关于田园生活的理想蓝图，类似于《老子》八十章并有所发展。或许我们应该将原始主义看作是对老子的理想之治的一个阐明，不过这在《庄子》只是一个附带的旨趣罢了。”

第三是《庄子》中那些被格雷汉姆称为“个人主义者的作品”的篇章（如 28、29 和 31 篇等）。格雷汉姆对“个人主义者”同“道家学者”做了区分。他在第 482 页中进一步指出，这几篇也包含许多有关“乌托邦”的思想材料，因而同《庄子》中那些原始主义的部分内容有着密切的联系：它们的旨趣与原始主义者的作品有着惊人的相似，故而表明这两部分作品其年代一定是十分相近的。原始主义者的作品中也以盗跖作为犯罪的例子，而这在《庄子》的其他篇章里都没有这样提到过。在这几篇中除了有关盗跖的论题以外，同原始主义者的那些作品一样，很久以前的氏族乌托邦以及它在圣人君主统治下日益的衰落，也是所谈论的话题。

〔20〕实际上，儒家所描绘的先王的领地也是很小的。不过，他们正式统辖的土地大小并不重要，重要的是他们的不可抗拒的巨大政治影响支配了整个中国与四夷。

〔21〕见《老子》49章。

〔22〕见克莱尔注《老子》第2章关于“目的性的”道家与“沉思的”道家的区分的讨论。

〔23〕见《老子》10、19和57章。

〔24〕同上，15、19、28和57章。

〔25〕同上，10、20、28、49和55章。

〔26〕同上，3、20和65章。

〔27〕这一点在《老子》42章以及其他地方被以玄奥的思想表现出来。

〔28〕见《庄子·胠箧》中有关内容。

〔29〕这一论述是以《商君书》和《韩非子》为根据的。事实上就大多数法家学说而论，正是《韩非子》为我们提供了最为具体而周详的论述，尤其见《五蠹》《南面》《显学》和《心度》等各章。

〔30〕关于商鞅生涯最为详细的介绍见于《史记》卷68。请比较《战国策·秦策》。

〔31〕见《史记》卷68。

〔32〕读“虞”作“舜”。

〔33〕见荆知仁的著作第35页以下及谢云飞的著作第72页以下。

〔34〕特别见他的《韩非子校释》第942页以下讨论韩非的历史哲学的部分。

〔35〕由于《韩非子》偶尔将上古形容为原始的和贫困愚昧的，所以一些学者往往认为它将人类摆脱这种状况看作是进化。这其实是对《韩非子》历史观的一种误解。它在推绘原始阶段的人类状况时，也曾说过，这一时期草木之实足食，禽兽之皮足衣。人们不耕

不织，无需为生存而争夺。由于物品丰富，人们用不着相互竞争而民自治，如《五蠹》中云：

> 古者丈夫不耕，草木之实足食也；妇人不织，禽兽之皮足衣也。不事力而养足，人民少而财有余，故民不争。是以厚赏不行，重罚不用，而民自治。

此外，还有一些地方可以看作是暗示了某种变化的过程。如："上古竞于道德，中世逐于智谋，当今争于气力。"（《五蠹》）韩非既不非古，亦不颂今。他的态度十分明了：古人有古人的问题，也有他们自己的解决途径；今日有今日的问题，亦有今日所需要的解决办法。

〔36〕我说"以……为基础"而不说"详尽地阐发了"，是因为这两篇虽然本身对于《老子》和《庄子》表示出了足够的兴趣，然而即便不是同这些原创的著作相抵牾，也常常是相当不同的。且在这一方面《俶真》篇或许较之《原道》篇尤甚。很大程度上，这两篇由于以《老子》和《庄子》为基础，故对它们可能会有所阐发。因为事实上也是如此，如《俶真》篇近七百个字，其中大约15%的句子可以在今本《庄子》中找到。而从《俶真》篇首的内容可以证明，这两篇有各自不同的思想来源。从《俶真》引用《庄子·齐物论》中某段话的前后行文来看，它以模糊性的语言对《庄子》作了阐发。不过它以"有始者"表示过程的某一确定点，来引出对于"未始"的表述，这的确表明它的阐述是非常含混不清的。《淮南子》的这段话重复了庄子的讨论，但是它并没有反映出《庄子》的相对性思想，只是从字面意义上将它解释为事物创始的若干确定的阶段而已。作者大胆地将宇宙演化解释成如下几个渐进的阶段：(1) 有始者；(2) 有未始有有始者；(3) 有未始有夫未始有有始者。这较之《庄子》的思想更为晦涩和含混。它不仅没能深化《庄子》的含义，而且还企图对庄子最初用来证明语言之模糊性的句子尽力作出

明确的解释！

〔37〕在接下来的这一段话里，将返朴还淳、回归本性同局限于儒家德性修养的做法做了对比，体现出典型的道家思想色彩。请将这一段同《礼运》中对“大同”和“小康”时代的描述（见注17）做一比较。也请见《淮南子·齐俗》篇的开头部分。

〔38〕尽管本篇的大部分观点是重申先秦道家的论题，但其中的某些思想因素则实实在在是汉代的产物。例如它对“天人相应”命题的重视，以及将人体同天体所做的类比，都是十分突出的汉学特点。另外，还有很长一段对人类干预阴阳乱及五行的描写。

〔39〕我这里删去了后人窜入的“喜不羡于音”这五个字，并且依文意添补了“古者”两字来代替。

〔40〕比较《本经》中关于人类的发明与变革的一段说明。

〔41〕这一结论可以看作是直接反对道家的。请比较《老子》20章“绝学无忧”以及64章“是以圣人……学不学”等说法。

〔42〕我从“多不暇日之故”一句话里删去了“不”字。

〔43〕我据王念孙读“本矜”为“夸矜”。

〔44〕譬如可以同《商君书》做一比较。实际上，《淮南子·汜论》篇里包含了《商君书》首章里的许多内容。

〔45〕见本书附录一《主术》第16节。

〔46〕见本书附录一《主术》第11、16节。

〔47〕请比较《左传》定公十年一段。在这段话里孔子极力主张享乐之礼都有其目的性，即“所以昭德也”。

第二章

无为

第一节　先秦儒家著作中的“无为”

虽然“无为”一般被看作确定的道家概念[1]，但在儒家的政治理论中，它也是一个重要的概念。下面这段儒家论“无为”的话，或许应是我们现存资料中最早的：“子曰：‘无为而治者，其舜也与？夫何为哉？恭己正南面而已矣。’”（《论语·卫灵公》）

《论语》中的这段话并非是一个孤立的、没有任何代表性意义的引述，它表明儒学对待政治的态度具有简明的特点。儒家的理想政治是，君主治天下用不着事必亲躬，而是通过确立某一积极的榜样以及通过他自己之懿德的神圣影响，引导人民依照某种彝伦规范，去追求道德完善。此即诚如《论语》所说：“子曰：‘为政以德，譬如北辰，居其所而众星共之。’”（《为政》）[2]

因而，君主的天赋道德之修养和表现，即是他人效仿以完善自身天性的一个榜样：“季康子问政于孔子。孔子对曰：‘政者，正也。子帅以正，孰敢不正？’”（《论语·颜渊》）[3]人的本性的充分显现及其所造成的一个和谐有序的社会，必须通过普遍之“义”的确立来保证，此即人生的道德目标。

儒家的统治者能以身作则，故他的活动反映出某种信念，即确信其道德表现可以影响并教化他的臣民。这是通过道德的榜样来教化其臣民的政治原则。君主的“无为”即在于只是通过其个人的修养与民众产生相互影响，而不需要以专制的方法统辖其臣民。他同臣民的关系特点具有完全的非强迫性。而其臣民由于共同参与了道德秩序创建，因而他们个性的实现亦能够与统治者保持一致。应当注意的是，道家的“无为”观念与儒家的有一基本差异：道家是无意以人类的道德范畴去解释宇宙之运动的；儒家则坚持人类之道德完善与宇宙之和谐相一致的观点。对早期儒家来说，“义”表示了道德完善的某种可能性，每个人的此一道德之完善即意味着个人的天赋必须同其生存的自然和社会环境相一致。此诚如杜文德克（Duyvendak）所注意到的那样：“道德天赋是……儒家所基本关切的东西。而且他们煞费苦心地证明，道德天赋即等同于自然本性。”[4]由于在孔子的伦理学说中，道德纯系自然的和内在的，因此统治者不需要为了社会和政治的秩序去主动地扩充其臣民的品性。相反，这只是一种他如何去参与其臣民共同实现他们本性中已然之善端的事情。在这一对话当中，君主与其臣民共同追求其自然之善端的完美实现。臣民则把君主看作实现了人类善端的一个典范，当然是他们自己也可以企及的某种典范。虽然这种典范召来模仿，然而需要强调的是，所修养的善端及其含义是潜在于每个人心中的。在个人与统治者之间，理想的关系，既不是强迫对方接受任何东西，也不是索取任何东西，因为这与人的本性发展相违背。

虽然《论语》中明确提到“无为”的只有一例，然而通过对《论语》中这段话所表达的政治理论作深入分析，就可以证明：“无为”是对儒家理想的君主恰如其分的描写。因为这样的君主只是君临其上，却并不独裁专制。在儒家著作中提到“无为”的第二个例子见于《礼记·中庸》，里面一段话对“至诚”之特点作了描写：“如此者，不见而章，不动而变，无为而成。”这段话是对前文中的一段话所作的进一步阐述，前面是这样说的：“唯天下至诚，为能尽其性；能尽其性，则能尽人之性；能尽人之性，则能尽物之性。”曾参这段话里所提到的“天下至诚”，应是指君主[5]，朱熹则说这是对“圣人”的一个描写[6]。无论哪一种解释，我们可以再次见到有关儒家理想中对完美个人的描述，他们采取“无为”政策来实现个人、社会以及政治的目标。在这个过程中他们能够做到“无为而成”。

在《礼记》中还有另外一段话用到了“无为”：

> 公曰：“敢问何谓成身？”孔子对曰：“不过乎物”（此即“成身”之意。“不过乎物”即是天道）。公曰：“敢问君子何贵乎天道也？”孔子对曰：“……无为而物成，是天道也。”[7]（《哀公问》）

首先，在这段话中我们看到“成身”即是天道。其次，天道亦被解释为使物自成而无须来自外部的人为干预。扩大到政治领域，就是主张统治者之成己即是成其臣民。

在我们分析《荀子》中发现的两个“无为”的例子之前，我们首先应注意到荀子与当时的儒家正统观念的差异。尽管荀子一般仍被划入儒家的范畴，但是他修正了儒家的人性观及以此为核心的宇宙观。他提出了一个无道德性的“天”。从这一无道德性的“天”（或许称作“自然”更恰当一些）产生出了无道德性的人。只有当他自己发展出了一个道德体系之后，他才会变成反道德主义的人。这个道德体系是道德之“心”的产物，这个道德之“心”是整个人类为解决和改善人类生存恶劣状况做出的革新所造成的，并经过古代圣人发展并传承下来。道德之心是人性的希望和出路。通过道德之心的教育和培养，所有的人都能进之于圣人之道，达致人生的最高境界。

其次，荀子不仅对儒家理想作了重新解释，而且他的“无为”观念也在某些方面同《论语》和《礼记》的说法存在着差异。早期儒家代表可以说是把“无为”看作实现人类道德本性的某种手段，而荀子的“无为”则是实现道德之心及培育它的伦理原则的方法。这之间重要的差别在于：对荀子来说，“无为”是为了培育一个人为的伦理体系，它具有能够使个人摆脱社会竞争的困境并将他改造成为一个社会化的人的潜在力量。

虽然我们可以概括出《论语》的人性论与《荀子》的人性

论之间的分歧，然而最终却正如D.C.劳（Lau）所指出的，显然会提出这样的问题："为什么荀子会将心排斥在人性之外，并因此将道德看作是与自然本性相对立的东西？"[8] 如劳所进一步指出的那样，这分歧基本存在于对人性的截然不同的界定上。

《荀子》中有两段论述"无为"的例句。第一段的例句其主要含义在《论语》中已有所提示："七十而从心所欲，不逾矩。"《荀子》则说："故仁者之行道也，无为也；圣人之行道也，无强也。仁者之思也恭；圣人之思也乐。此治心之道也。"(《解蔽》）尽管这一段在内容上并不具有特别的政治意义，然而十分清楚，若要使人君成为有道德的君主，就必须培养其道德之心，不断地向他灌输伦理价值观念的支配原则。从上述荀子对人性的解释来看[9]，我们不可以说，他的"无为"是对原始本性发展的放任自流，相反我们却可以说，这是某种表现人的向善本能的具体方法。人们在其道德之心的约束下，即可以去实现他的人生所能够达致的目标。作为某种政治原则，"无为"将是有道君主以其自身作表率，去鼓励他的臣民发挥他们自己的潜力，追求高尚的道德行为。应当注意的是，尽管荀子对于人类内在的本性及冲动缺乏信心，然而他绝对是相信人类的潜在能力的："故涂之人可以为禹（有成为圣人的能力）则然；涂之人能为禹（真正能够实现为圣人），未必然也。"(《荀子·性恶》)

《荀子》中论"无为"的第二段例子与孔子的一段轶事有

关。我们看到，这段话与《论语》的政治理论相似，将“无为”“德”和“义”等联系起来：

> 孔子观于东流之水。子贡问于孔子曰：“君子之所以见大水必观焉者是何？”孔子曰：“夫水，大徧与诸生而无为也，似德。其流也埤下，裾拘必循其理，似义。其洸洸乎不淈尽，似道。”（《荀子·宥坐》）

初一瞥这段话之大意似乎是道家的[10]，但若更仔细地体会，它完全是儒家的观点，鲜明地体现出了儒家与道家宇宙观之间的根本差异。儒家和道家传统一样，在“德”之普及与“无为”观念之间有着紧密的联系。换言之，“无为”的成功必定是以“德”为条件。实际上的重要差别在于：儒家坚信“德”必须体现在这样一种意义上，即人类在任何一种状况下都已实现了“义”的原则；道家则把“义”解释为某种规范准则，并拒绝这样的道德准则，认为它们是人为的和专横的。

出于对儒家信仰人类道德至善与宇宙和谐之一致性的敬意，杜文德克指出：甚至在儒家政治的例行大典中，君主亦使其典仪的举行符合天道运行之程序[11]。早期儒家关于天道运行的思想中所包涵的各类原则，同其合理的治国方案中的原则，是相互联系的。坚持“无为”原则的统治者，其至德足以影响百姓，鼓舞他们修养其自身的道德本性。如此，虽然看上去是“无所为”，然而他却可以给社会带来和谐。

虽然孔子恰如《论语》所反映的那样，明确主张通过说教和先王之业绩来宣扬他的治国原则，并把这看作是他政治哲学的核心，然而，这位杰出而又十分实际的孔夫子对理想的信仰，并不妨碍他决心在他的政治思想中为社会的组织和积极的法律留下一个位置，这对于道德教化而言，虽然是不幸的，但却绝对是十分必要的保障。看来孔子一直在为调停这两个方面而殚精竭虑：一方面是人们所渴望的理想，另一方面则是对人类现状的实际估价。孔子作为一个讲求实际的人，他意识到他设想的艰巨性。如："子曰：'善人为邦百年，亦可以胜残去杀矣。'诚哉是言也。"(《论语·子路》)又如："子曰：'如有王者，必世而后仁。'"(同上)

孔子断言，所有的人都基本上是平等的："子曰：'性相近也，习相远也。'"(《论语·阳货》)不过，他也清楚地表达了他徘徊于他的理想和他所屈从的生存状况之间所产生的紧张和忧虑："子曰：'民可使由之，不可使知之。'"(《论语·泰伯》)事实上，儒家与道家"无为"观念的一个显著差别，即在于孔子坚持认为理想的追求必须同实际的愿望相结合。

儒家思想的主旨是要求人类通过道德修养而达致天人合一的境界，这是由古代圣人所构想并经过后代所承继下来的一个思想。回到荀子的"无为"观念，我们有完全充分的理由认为，它是对儒学这一思想主旨的某种修正物。因而，对荀子来说，"无为"作为一种政治原则，它即指的是君主不断充养其道德之心，并发挥其德的影响。

第二节 先秦道家著作中的“无为”

我对道家“无为”观念的阐述，主要根据《老子》和《庄子》这两部最具代表性的道家著作[12]。《老子》中论到“无为”有十二处，“无为”是这部著作的一个核心概念[13]。此外，与这一概念相关，还有诸如“无事”“无形”等概念在著作中多次出现[14]。

在分析“无为”的观念之前，我们应该对支持道家整个体系的形而上学基础有一认识。这样做也许并非是必不可少的，但却是很有帮助的。正如威廉·詹姆斯（Willian James）所强调的那样，所有伟大的哲学家都有他们的想象，这是一种离开我们称之为“噪杂的、令人眩目的混乱”的现实去思考的方式。当人们抓住了某一哲学家的想象时，他的体系的许多部分就很容易理解。《老子》想象的中心是“道”，任何对《老子》的讨论都必须从对这一观念的阐释开始。

在阐明道家哲学时所遇到的一个实际障碍，是它的模棱两可的语言。它的作者常常用同样的词语来表达不同的意思。这些词语主要有：“知”“圣人”“心”以及“德”，它们在不同的地方被运用时，可能就会有截然相反的含义。例如，《老子》中对于“真知”与“无知”的讨论就使用了一个相同的词“知”[15]，读者只能联系上下文并且依靠自己去推测它们的含义。《老子》第十八章云：

六亲不和，有孝慈。

接下去第十九章又说：

绝仁弃义，民复孝慈。

尽管这两处都用了“孝”和“慈”这两个词语，但是在第十八章它们主要关涉的是制度化和规范化的社会关系，而在第十九章中它们表达的则是那种自然的和自发的父子关系。这种词语的多义性在“道”这个概念上表现得尤为明显。虽然一些学者在分析《老子》中“道”的意思时，已经指出了这个词具有许多层含义，不过我自己在这里只讨论它的三种含义：常道、天之道和至人之道。

“常道”是道家对全部实在的总称。它被描述为终极的形上学实在，是绝对的、无条件的、无差别的、神圣的、自存的、无所不在的和不可言说的。它是一个发生的过程：作为某种意识，它是现象世界的“根源”，然而与其说它是超越的，不如说它是内在的；与其说它是过程的，不如说它是本体的。说“道”是超越的，是就它超越了任何个别而言；然而它又并不是超越的，因为它不是一个孤立的实在。说它是变化的，是由于它是所有现象变化的发动处；然而又是寂然不变的，因此在这个意义上它既不会增加，也不会减少。这个永恒的“道”是超象与现象的对立面的统一。“道”的超象方面是从它作为一个无限的和无差别的存在之总体来理解的。《老子》中的许多地方都将“道”描述为空虚、无形、不可名状，恒常等，以强调它的有机的普遍性[16]。“道”无所不在。“道”的现象方面即是指其具备了现象界的特殊性、复杂性、多样性和事实性或“客观实在性”。这一方面又往往有关于“德”、充盈、万物、形、名以及变化之类的描述，具有强调现象界之实在的意义。为了说明“道”具有现象的含义，就必须从整体中区分出个别，而且也必须依据整体对这同一个个别作出完整的理解，因此就产生了有关“始”“返”“动”等思想，以及“朴”和“常名”等概念。基于“常道”具有超象与现象这两个对立的方面，所有相关的反义词都可以用来描述它（如恒常与变动，大与小，无形与有形，绝对与相对，等等）。

“道”的观念之成立，基于两个先决的思想条件，它们并非总是为人们所认识。这第一个思想主题是关于某种有机的和神圣的实在概念，它构成了道家相对主义的基础，并解释了“道”的现象与超象这两个方面的关系。这种有机主义的学说反对从根本上消除差异，坚持认为，事物处于各种关系的中心，而这些关系则表明了它在整体中的前后联系。这个事物某种意义上是个别的和相对的，因此它可以从整体中被区分出来；但是它又与每一个其他的事物相“同一”[17]，并且某种意义上是绝对的，因此可以完全推论或确定：任何条件下的个别（这就是说，所有符合于它的条件）就是无条件的整体。这种有机的学说肯定合个别与整体、现象与超象的本体实在，但否定任何实在意义上的终极的自主性、孤立性或非连续性。它坚持认为，个别是相互确定、相互限定和互为条件的，而且正因为如此，每一个个别都是一个观察整体的窗户。完整地理解了个别，也就是理解了整体。

《老子》所涉及的第二个思想条件，是有关人与自然的某种概念上的差异的看法。这事实上也是先秦哲学传统涉及的很有特色的问题，如关于“三才”或“天、人”或“天、地、人”的种种讨论等。关于这种差异性的看法，可以说贯穿了整个早期哲学文献，它在某种意义上将人排除在自然之外，认为人某些方面并不同于自然[18]。因而，自然界的特点在于，构成它的每一个个体的发展都是自在的。而人类界则不仅有着与自然保持和谐的自在发展的可能性，而且也有着违背这一发展的可能性。其原因或许在于人们总是把自己看作同他所要说明的那个东西如客观世界是相分离的和有差异的，因而往往运用模棱两可的语言来曲解他的存在，这种倾向很难解释清楚。而这种认为自己获得了某种确切看法的局限性认识，正是种种相对的价值判断、愿望、依赖心理以及诸如生与死的种种观念产生的根源。无论是在儒家学说抑或是在道家学说，人们为了达致尽善尽美的境界，都必须理解自身的相对于整体的个性，并且由此而重整自己的价值观念。对这两个传统，自我主义都是人类“脱离”自然的根源。就孔子的教导而言，在于鼓励人们通过对礼的自觉遵从，来加强自我的修养。而礼反映的正是过去“义”的方面所获得的成绩。人们从他们的文化传统中认识到，对他们来说，从他们自身处境的特殊性出发去追求“义”，就是要去做他们的特殊和自然的人性所要求做的事。这种自然的行为使得人们同他们的人性和他们的自然环境保持一致。反之，那种追求“私利”的行为，只能背离“义”，因此是非自然的。

这种人与自然保持一致性的立场在道家学说中，也是十分明显的，它要求人们以自然界为“自然”行为（无为）的模式，并在消除“非自然”行为时遵从自然界的规律。对自然界的这种效仿，并不意味着成长为人的那种创造性过程同一棵树的生长过程一样，相反，它意味着，人们能够从对自在的发展进程以及存在于自然现象如树木等同它们的环境构成的生态关系的理解过程中，逐渐达到对实在的真正的自然性之理解，并且最终实现同所有事物的和谐一致。人们通过将这种认识付诸实践，便能够实现他们自己的人生。在道家传统中，至人通过达到与天合一，对宇宙的和谐作出了贡献：

> 知天之所为，知人之所为者，至矣。知天之所为者，天而生也；知人之所为者，以其知之所知，以养其知之所不知，终其天年而不中道夭者，是知之盛也[19]。（《庄子·大宗师》）

正如我们所看到的，《庄子》常常用“人”和“天”这两个词来建立某种概念上的差别[20]。尽管《老子》有时也用同样的术语来确立这种差别，然而由于它常常用“道”来表达“天”的意思，所以产生了很大的混乱。而“道”被用来表达“天”的意思，这只是体现了它的第二层含义。

在《老子》中，“天”（即英语中的“heaven”）或“天地”（即英语中的“heaven and earth”）的表述，往往是用来代表自然的：

> 知常容，容乃公，公乃全，全乃天，天乃道。（十六章）
>
> 吾不知其名，强字之曰“道”，强为之名曰“大”。……故道大，天大，地大，人亦大。域中有四大，而人居其一焉。（二十五章）

而且，自然的发展道路也常常被称之为“天之道”或简称为“道”：

> 天之道，损有余而补不足，人之道则不然，损不足以奉有余。孰能有余以奉天下？唯有道者。（七十七章）

《老子》理解的“天之道”是指自然变化的秩序和规律：复归原则，自然均衡，内在的对立统一，公正无私，等等。因为“天之道”是“常道”的一个方面，所以，这一规律也可以说是“常道”所特有的，但是，这一规律又并非是它的特有属性，因为人类生存往往明显背离这一永恒之道，所以它又必须能够解决人类的这一迷失。这就是说，为了调节人类的行为，“常道”与“天之道”的差别是必然的。人类的行为与天之道不相一致，但却并不脱离常道的范围。

道家学者主张效法天之道，以此作为达到与常道齐一的途径：

人法地，地法天，天法道，道法自然。（二十五章）

尽管对“达致与常道齐一可能意味着什么”这样的问题的思索，已经超出了我们这里所讨论的范围，然而《老子》和《庄子》的这几段话已经包含了某种关于所有的存在物具有统一性，因此自我与他人（它物）也是虽分别却又统一的认识。在这两部著作中，对于人类的完美境界即是达致同常道的齐一这一点，都说得十分清楚：

圣人抱一为天下式。（《老子》二十二章）

岂唯形骸有聋盲哉？夫知亦有之。……之人也，之德也，将磅礴万物以为一。（《庄子·逍遥游》）

故为是举莛与楹，厉与西施，恢恑憰怪，道通为一。其分也，成也；其成也，毁也。凡物无成与毁，复通为一。唯达者知通为一。（《庄子·齐物论》）

这向我们揭示了“道”的第三层含义。作为自然的某种例外，人们既可以经过奋斗以适应环境，在不断顺应自然的根本法则的过程中完善自己，也可能以某种与自然状况不谐调的方式去追求生活[21]。总之存在着两种可能性。至人之道是以天之道为模式并与之相和谐的。下面这段话提到了这个“道”：

> 故失道而后德，失德而后仁，失仁而后义，失义而后礼。(《老子》三十八章)

只有当人与人之间的自然关系遭到破坏，非自然的行为普遍存在时，才需要统一人类行为的各种准则。在道家哲学里，显然至人的道即是天之道，而至人则是常道的化身。为了对这些抽象化的概念有更进一步的认识，并且深入剖析有关的思想内容，我们现在再直接回到《老子》和《庄子》。

《老子》系一部直接针对君主现实统治的政治著作。它包含有较早的圣贤之古典作品的一些思想内容，大约在公元前250年至前150年间这一剧烈动乱的世纪里，它才汇编成现在这种形式。这个时代的迫切问题是社会与政治秩序，《老子》一书的编写正是为了解决这一问题[22]。

这里有一点需要注意的是，《老子》和《庄子》由于对现实的信仰发生怀疑，都采用了隐晦的语言和手法来针砭当时的状况。例如：《庄子》并未打算阐明所谓“真知”或“逍遥游”的概念，但是却批判了通常视作“知识”和“自由”的那些东西，以消除大众的误解。它还建议人们应该对这些问题作新的思考。同样，《老子》也未以任何清楚和简明的方式去阐明它的所谓“无为而治”是个什么东西；相反，却揭露了现行权力统治的内在矛盾，并提出了改革的办法。从这层意义上讲，《老子》的意图在于说服暴力的统治者，奉行诸如侵略、强权、苛政和暴力等政策，是无法实现他们期望的政治目标的。因此，《老子》的目的首先在于使统治者相信，现行的统治方式是不适宜实现有效的政治治理的，并且进一步建议以其他的方式，也即自然秩序来取代政治统治。统治者实现了某一阶段的自然秩序，就是效法了天之道。

道家所构想的要求人们效法天之道以完善自己的方法，同时也是去认识常道并最终与之齐一的方法。这一特征由《老子》即已得到证明，因为它论述了天之道与至人之道（即其方式）和常道与作为圣人的君主之道（即其成就）之间的密切联系。下面几段关于天之道与至人之道和常道与作为圣人的君主之道的话，有着相类似的特点：

1.“无为”

道：道常无为而无不为。（三十七章）

君主：为无为，则无不治。（三章）

无为而无不为。（四十八章）

2.“希吉”

道：希言自然。故飘风不终朝，骤雨不终日。孰为此者？天地。天地尚不能久，而况人乎？（二十三章）

君主：太上，不知有之；……悠兮其贵言。（十七章）

3.“中，虚静”

道：天地之间，其犹橐籥乎？虚而不屈，动而愈出。多言数穷，不如守中。（五章）

君主：致虚极，守静笃。（十六章）

4.“柔弱”

道：反者，道之动；弱者，道之用。（四十章）

君主：弱之胜强，柔之胜刚，天下莫不知，莫能行。（七十八章）

5.“不争”

道：天之道，不争而善胜。（七十三章）

君主：善胜敌者，不与，……是谓不争之德。（六十八章）

6.“处下，处后”

道：上善若水……处众人之所恶，故几于道。（八章）

君主：是以圣人后其身而身先。（七章）

7.“朴”

道：道常无名，朴。（三十二章）

君主：为天下谷，常德乃足，复归于朴。（二十八章）

8.“不有”

道：故道生之……生而不有，为而不恃，长而不宰。（五十一章）

君主：圣人处无为之事，行不言之教；万物作而弗始，生而弗有，为而弗恃，功成而弗居。（二章）

天之道与圣人之道之间的这种类似在《老子》中通过直接比较得到了更进一步的强调：

> 天地不仁，以万物为刍狗；圣人不仁，以百姓为刍狗。（五章）
>
> 天之道，利而不害；圣人之道，为而不争。（八十一章）

这些有关天之道与其现象世界和圣人与百姓间关系的种种特征之描述，大都会推导出“无为”的概念——就是说，这些都体现了“顺其自然”的途径或方法。正如天道并不强制万物一样，圣人也不会以强制的社会和政治规范限制其百姓的自然发展。《老子》的政治思想是一种颇具特色的道家无政府主义，“无为”则是其推行的主要方法：当权者不干涉个人的发展并为之创造一个最有益的环境。如儒家的政治理论一样，君主及其社会地位被看作是自然形成的。虽然他的职责是使社会的运行秩序化从而使之得以维持下去，但是他与百姓的关系与其说是专制的，不如说是权威的。他在国家中的地位极类似于家庭中父亲的角色。他作为一个君主，在完成自身自然角色的同时，也为其臣民的成就创造了一个十分有利的环境。这种道家的理想生存环境和方式，在《老子》第三章里有概括的描述，这也可能是《老子》中最难理解的一章：

> 不尚贤，使民不争；不贵难得之货，使民不为盗；不

见可欲，使民心不乱。是以圣人之治，虚其心，实其腹，弱其志，强其骨。常使民无知无欲，使夫智者不敢为也。为无为，则无不治。

一些学者往往用这一章来证明道家的君主差不多奉行的是法家思想，并且认为道家的政治理论骨子里是要有所作为[23]。所以，或许应把他看作是一个装模作样的独裁君主会更准确一些。道家圣人之治，排斥非自然的“有为”(亦即不赞同人为的和独断的决定价值准则，反对等级差别，以及蔑弃物质成就的重要性)。圣人君主保证其臣民身体健康（强其骨，实其腹)，并且进一步提供他们不受任何限制的自然发展的环境(虚其心，弱其志，常使民无知无欲)。从对道家哲学的完整分析可看出，把“虚其心”“弱其志”以及“常使民无知”解释成压迫的愚民政策，实际上是忽视了效法天道才是贯穿整个道家思想的核心内容。需要再指出的是，道家的理想是含德之厚的赤子状态（五十五章）和未雕之朴的纯真状态（十五、十九、二十八、三十二、三十七、五十七章)。这种素朴的自然状态被认为是德的最高境界和表率。这一崇高的理想表现在第三章，即是圣人君主通过坚持“无为”政策，去创造一种环境，使人们可以自主地表现其德性并且使之在不受任何外在强权“意志”的干涉下获得自然和完美的发展。圣人君主的这一态度或许在第五十七章里说得更加清楚：

我无为，而民自化；我好静，而民自正；我无事，而民自富；我无欲，而民自朴[24]。

在概述了《老子》的"无为"思想后，我们再将注意力移到《庄子》。《老子》与《庄子》的"无为"观念上的差异，与其说是实质性的，不如说二者只是侧重不同[25]。《庄子》一书中大部分是对个人修养的看法，其次才论及此一修养所导致的社会和政治结果。尽管《庄子》使用"无为"来形容"道"[26]，并且进一步将它看作是对宇宙变化的一个贴切的描述[27]，然而当《庄子》将"无为"推广至人生时，它着重强调的是个人的某种心态，而非基于"无为"的社会政治结果。《庄子》用"无为"来形容人的心灵所达到的最高境界，其具体的途径是通过诸如"吾丧我"和"坐忘"等去消除心中种种非自然的欲望和念想。当人们使自己从自我及其随身之物的束缚中摆脱出来时，就可以逍遥自在，参天地之造化："此四六者不荡，胸中则正，正则静，静则明，明则虚，虚则无为而无不为也。"[28（《庄子·庚桑楚》）

《庄子》常从"无为"联想到"神游"的至人，他克服了自我束缚，故能体会天地万物之气：

彼方且与造物者为人，而游乎天地之一气。……夫若然者，又恶知死生先后之所在？假于异物，托于同体；忘其肝胆，遗其耳目；反复终始，不知端倪；芒然彷徨乎尘

垢之外，逍遥乎无为之业[29]。(《庄子·大宗师》)

用不着征引《庄子》关于至人的更多论述，我们即可以罗列出他那些最显著的特征：首先，对常道的体悟使他能够把握存在之共性以及获得无条件的自由；其次，是他自身的对立面获得了统一：超越了人我差别，以及所有由相矛盾的自我意识所产生的愿望、结果，乃至分歧的价值观念（此彼、好坏、是非、生死，等等）；其三，他对世俗的漠然反映了某种价值判断上的随意性。这一特征常常被误解为清静无为或遁世哲学，然而或许应当理解成某种济世和宽容，因为它并不排除“积极的”入世做法（为无为）；其四，衡量一个至人的标准主要是看其行为的效果，这对从大臣（如孙叔敖）到屠夫（如庖丁），从圣人君主到强盗（如盗跖），从军事首领到残废的罪人，都是如此。在奴隶制时期，对这种行为效果之反复强调，反映了当时尚缺乏规范的价值观念；其五，虽然他不能够规定别人的价值观，然而由于他是从其自身的感觉和本能去行事的，故其他人都把他当作导师（如哀骀它）。其六，他是长寿的，这原因并不在于他依恋于生命，而在于他超越了任何一种依恋方式，获得了自由，而对生命依恋其本身恰被看作是早夭的首要原因。

以上的概括性描述是不够的，但可以由此归结出这样一个事实，即至人实际上是在超越自我的过程中逐渐完善之人。故照此看来，与其说他的形象已被确定，倒不如说他仍在确定之中。也正因为如此，《庄子》所描述的至人呈现的这一特征就不能说同《老子》笔下的圣人君主的特征没有任何承继关系，《老子》的圣人君主也是一位济世的、宽容的和有能力使他适应并作用于任何一种环境的至人。

对《庄子》的分析，一般都着眼于至人与万物齐一的体悟，这当然是不错的。但是，这种对常道的体悟不应当掩盖他个体的真实性以及他独行于世间的本体实在。《庄子》是反对那种误解的：

> 孔子曰："彼假修浑沌氏之术者也，识其一，不识其二。治其内，而不治其外。夫明白入素，无为复朴，体性抱神，以游世俗之间者，汝将固惊邪？且浑沌氏之术，予与汝何足以识之哉！（《庄子·天地》）

尽管《庄子》讨论"无为"，重心是在个人之精神及其体验方面，但是它在这一思想中也给政治留出了一席之地。下面这段话可以十分清楚地证明，我们在《老子》这部经典著作中所发现的"无为"的政治应用性，同《庄子》中被格雷汉姆（A.C.Graham）认为属于原始主义作品的那部分里[30]发现的那种明显的心理学情境之间有着极为密切的联系：

> 闻在宥天下，不闻治天下也。在之也者，恐天下之淫其性也；宥之也者，恐天下之迁其德也。天下不淫其性，

> 不迁其德，有治天下者哉？……故君子不得已而临莅天下，莫若无为。无为也，而后安其性命之情。故贵以身于为天下，则可以托天下，爱以身为天下，则可以寄天下。故君子苟能无解其五藏，无擢其聪明；尸居而龙见，渊默而雷声，神动而天随，从容无为而万物炊累焉。吾又何暇治天下哉？（《庄子·在宥》）

由于道家的无政府主义是其政治理想，故如果说圣人聪明的头脑负有治理天下之重任，那么“无为”就是他唯一的方策，因为这既可以防止人性堕落，又可以保护自然及社会环境。此外，正如《老子》中一样，《庄子》中常常将“无为”看作是天道和与之相适应的人道之间的一个共同准则。它应用于脱俗之人：

> 吾以无为诚乐矣，又俗之所大苦也。故曰：“至乐无乐，至誉无誉。”天下是非果未可定也。虽然，无为可以定是非。至乐活身，唯无为几存。请尝试言之：天无为以之清，地无为以之宁，故两无为相合，万物皆化生。芒乎芴乎，而无从出乎！芴乎芒乎，而无有象乎！万物职职，皆从无为殖，故曰天地无为也而无不为也。人也孰能得无为哉！（《庄子·至乐》）

“无为”也应用于社会政治内容：

四时殊气，天不赐，故岁成；五官殊职，君不私，故国治；文武殊材，大人不赐，故德备；万物殊理，道不私，故无名。无名故无为，无为而无不为。（《庄子·则阳》）

也许对于《老子》和《庄子》关于“无为”的基本思想具有共同点的最有力的解释，是下面这样一个事实：《庄子》中有三个较长段落都将“无为”归之于《老子》（包括《天下》篇里描写老子思想的那部分）〔31〕，此外，另有约五段文字也是论述“无为”的，其内容或者与《老子》相类，或者是对《老子》的解释〔32〕。

在深入阐明《老子》和《庄子》的“无为”思想时，有几个问题需要注意。第一，“无为”对于个人和社会而言，即是要求“无为而无不为”，这也是常道的基本含义。也即是说，在某种政治氛围下，“无为”亦不违背顺其自然的道理。第二，两部著作的哲学理论重心，均在个人的成长与自然的发展。它们包含有一个自我修养的根本观念。作为这一观念的逻辑上的政治结果，即是提出了某种无政府主义，也即无为而治的思想，由于在这些论述中，个人的发展基本上体现为群体的发展，所以个人完善的最终结果便是社稷本身实现了和谐有序。因为这个原因，政治很大程度上应是第二位考虑的问题〔33〕。道家的“无为”概念，作为一种无政府的政治理论，它不可能形成任何可以付诸实践的周密方案。这就是说，“无为”作为一种政治行为的准则，它所反映出来的“不治而治”的思想是不现实的，无法消除面临的危险。虽然听起来很诱人，但却不切于实用[34]。

第三节　先秦法家著作中的“无为”

道家与法家的传统相互间的历史与学术关系，这个问题已超出了本文所要探讨的范围。虽然这或许是必要的，但是当我们分析了法家著作中的“无为”并得出某些逻辑结论后，会有一系列理由认为，确实应在法家传统本身范围内对这一概念的发展作一深入思考。

“无为”在《商君书》中尚未得见[35]。在《管子》中它作为一个专门术语，曾出现九次[36]，不过其中只有《心术上》一篇中出现的六次与法家对“无为”的解释有关。在《管子》这一章里，我们发现有一段话简明阐述了构成法家政治学说的一些基本原则。不过由于对这些政治原则的内涵没有详细展开，故它们同法家政治哲学的联系看上去也就不甚明显。例如，其中有一段似乎是混合了名家与法家讨论“形名”的话：

> “物固有形，形固有名。”此言不得过实，实不得延名。姑形以形，以形务名。督言正名，故曰圣人。……无

为之道，因也。因也者，无益无损也。以其形因为之名，此因之术也。(《管子·心术上》)

不过，当我们将这段话与《韩非子》中对同样的问题所作的较详论述进行比较时，这一抽象“形名”概念的政治功用就十分清晰地呈现出来：

用一之道，以名为首。名正物定，名倚物徙。故圣人执一以静，使名自命，令事自定。不见其采，下故素正。因而任之，使自事之；因而予之，彼将自举之；正与处之，使皆自定之。上以名举之，不知其名，复修其形。形名参同，用其所生。二者诚信，下乃贡情。(《韩非子·扬权》)

《管子·心术上》将人体与政体作了类比，或许这是对其理论的政治内涵所作的最贴切的说明：

耳目者，视听之官也。心而无与视听之事，则官得守其分矣。夫心有欲者，物过而目不见，声至而耳不闻也。故曰：上离其道，下失其事。故曰：心术者，无为而制窍者也[37]。

这里因心与感官各有其专门职能，故将它们比之于君主和大臣。不过唯有心是“无为”的，而感官则各司其职。君主宜处其“无为”，具体实行的应是他的大臣们。这就是说，“主道”与“臣道”之间有明晰的区分，而这一点正是法家“无为”思想的一个很显著的特征[38]。

《管子》只在理论上提出了法家的“无为”思想，而《韩非子》则赋予这一理论政治实践的原则。这并不是说《韩非子》的“无为”思想可追溯到《管子》。事实上有一些理由可以证明，《韩非子》对“无为”的法家解释应是最早的，它可以溯及到某一早期在郑地发展起来的法家理论，而这一支法家理论又可能与申不害有关。关于这一点，克莱尔（Creel）已经提出了部分证明，我通过对《韩非子》的研究，再进一步提出一些自己的看法。首先，正如克莱尔所指出的，《韩非子》中有一段话将法家对“无为”所作的某种解释直接归之于申不害[39]：

> 申子曰：“上明见，人备之；其不明见，人惑之。其知见，人惑之*；不知见，人匿之。其无欲见，人司之；其有欲见，人饵之；故曰：‘吾无从知之，惟无为可以规之。’”

---

* 此“惑”见于《集解》，梁启雄《浅解》据《迂评》《翼毳》本改为“饰”。本书作者 Ames 两处“惑”字均译作“mislead”，亦确。因“惑”者迷也，“饰”者障也。两词有含义相通之处。故此处还原仍用《集解》。——译者注

> 一曰：申子曰："慎而言也，人且知女；慎而行也，人且随女。而有知见也，人且匿女；而无知见也，人且意女。女有知也，人且臧女；女无知也，人且行女。故曰：'惟无为可以规之。'"（《韩非子·外储说右上》）

在"无为"与所谓的"无见"之间有一重要的联系：《韩非子》卷七中有两段对话涉及"无为"概念的提出，其中含混地将之归于一位"郑长者"："郑长者有言曰：'夫虚静无为而无见也。'"（《韩非子·外储说右上》）又曰："郑长者有言曰：'体道，无为、无见也。'"（《韩非子·难二》）还有一段说得更直接："郑长者闻之曰：'田子方知欲为廪，而未得所以为廪。夫虚无无见者，廪也。'"（韩非子·外储说右上）

若就《韩非子》中的"无为"思想概而言之，那么毫无疑问，其中《主道》与《扬权》两篇应是最重要的。这两篇论"无为"在语言上极相似于上引郑长者的话，因而梁启雄认为《主道》与《扬权》章中的这些内容都是郑长者这句"虚无无见"的一个解释[40]。下面我们将这两章中的论述与上引郑长者的话作一比较：

《主道》：虚静无事，以暗见疵。

《扬权》：权不欲见，素无为也。

《扬权》：虚静无为，道之情也。

《韩非子》第九卷论及法家"无为"思想的那些段落中，有两段其思想内容被直接归属于申不害，两段则直接归属于郑长者，另外五段则显然可以看作是对郑长者思想的解释。现在的问题是：郑长者到底是何许人也？同申不害一样，他将“无为”与“无见”两概念联系运用。根据钱穆对有关郑长者现存资料的分析，认为此人不早于魏文侯（公元前424年—前387年）之师田子方，不迟于秦宣王（公元前319年—前301年）[41]。仅有的关于郑长者著作的记录见于《汉书·艺文志》的道家类。如果郑长者的“郑”字实际上是指郑国（公元前375年被韩吞灭），那么郑长者就与申不害同是郑国人，其生存年代亦与申不害（卒于公元前337年）大致相同，而他所提出的“无为”思想即使不完全同于申不害，却也相去不远[42]。这并不是说郑长者必然就是指申不害[43]，但也不排除这种可能性。而无论郑长者是否是申不害，看来都已有足够的材料来证明，法家的“无为”思想应产生于公元前4世纪上半叶的郑韩地区。

上面已大致提示了法家“无为”思想有关的资料，下面我再来讨论这个词的实际含义。“无为”概念无疑是寻绎法家政治理论的一个线索，从此出发我们便可以简明地把握住法家理想政治的特征。由于《韩非子》是一部系统阐述法家政治理论的重要著作，因此我们应把它作为我们研究的重要资料。

法家的政治哲学或许可以描述为一种“君主之治，依靠君主、为了君主”的理论。换言之，这种政治的最终目的是为至上的君主利益服务的。这些利益包括全面控制他的臣民的生活和行为，以达到确立其绝对权力、地位、个人安全、军事力量、财富和享受以及随心所欲地行使其所享有的各种特权的目的。尽管这些利益看起来似乎是相当专制的，然而人们必须承认，是历史的原因与国内和国际间的争战导致了这种形式的极权主义。

法家思想家构想了一套关于自动调节“体系”的统治方式，认为这是实现君主目的的最有效方式。这些体系中首要的是一部具有客观性和普遍适用性的法典。以君主的眼光看，去除人治的因素以及使诉讼程序化，将为其社会秩序赢得保障。法律一旦确立并付诸实施，就会纠正社会的无序并且自动地发挥其职能，以确保迅速和严厉地惩罚任何胆敢向法律挑战的人。

另一重要体系是通过一套政治实用化的“形名”理论调控并建立起来的某种官僚制度机构。这种官僚机构大体上类似一个社团，它通过明确的无条件的责任分工来加以控制。而这一依托“形名”的理论是十分简易直接的。每一级官位的责任和义务都清楚地规定下来（这即是“名”）。每个官员的成绩（此即是“形”）是否与其职责相称，都必须定期核查。如官员的表现符合具体的规定，其俸禄及赏赐便不会少，并且可以不断获得晋升。但如有渎职行为发生，那么便会很快受到坚决的罢免乃至处罚。重要的是，每个官员在行事之前，都完全意识到其行为会产生什么样的后果。

这同样的“形名”概念在特别的情形下也适用于帝王左右的谋士。他们平时对帝王所说的话都详细地记录在案，一旦发现其所进之言策与实际情形不符，也会很快受到严厉的惩罚。

君主正是在这些体系之上建立起他的王权，因此与其说他在治理着国家，不如说他在控制着国家更恰当一些。这就是说，君主的绝对权威从这些体系的贯彻执行获得保证，他只需信赖他的统治机器并监视着这一机器的正常而有效运转。其“势”由其地位所决定，并与其“术”（即主术）相结合，可以充分保证其王权的稳固与持久。

主术中或许首要的就是“无为”及其内涵。在我们上面提到的国家概念中，君主与大臣的职责与权力是明确规定的，大臣只是作为一个整体的、实际行使日常职能的官僚体系中的组成部分。而君主则不然，他是整个国家机器的权力象征与化身。因此，对其地位的任何冒犯行为都会破坏这一个人体系的结构。如对君主重法表示不满，鼓吹另一种具有无政府主义的自动职能体系，那么，即使不破坏公众对法律至上信念的基础，也必然会严重地动摇它。此外，如果官僚制度遭到人们的反对，那么也同样会动摇官员们通过尽职尽责去获得财富和晋升的信心。

《韩非子》中的“无为”思想正同道家和儒家一样，亦试图沟通天道运行与政府职能之间的联系。赋予形上之道的许多特征，也被用来形容理想之君主：

> 故曰：道不同于万物，德不同于阴阳，衡不同于轻重，绳不同于出入，和不同于燥湿，君不同于群臣。凡此六者，道之出也。道无双，故曰一。是故明君贵独道之容。君臣不同道，下以名祷。君操其名，臣效其形。形名

参同，上下和调也。（《韩非子·扬权》）

君主恒处于无为，便不会受聪明人的蒙骗，因为他无法揣摩主上想要做些什么。这些人与其去猜测君主的想法，倒不如老老实实以法律及其应尽的职责为标准行事。进而，君主也可以因成功而坦然接受臣下的颂扬，却不必承受因失败而带来的指责。他还可以避免同他的那些事实上在各个方面都比他强的臣下发生正面冲突。这就是说，一位平庸的君主——并非所有方面都平庸——也能够维持他的统治。《韩非子》中有许多地方都讨论了“无为”的统治术，这些形形色色的统治术实际上构成了“无为”思想的真正内涵。譬如，“无见”即是不表现人之好恶，不对任何议题发表意见，不显露个人志向和愿望。君主若能长处此道，即可在公众面前维持其睿智的形象。此外，由于他深居简出，行为诡秘，不与人直接交流或接触，便可以保留自己的意见，增加个人的神秘色彩。由于君主让公众难以捉摸，因此他就成了至高无上的理想代表。由于他的臣民不了解他的实际水平，所以授予了他远超其实际能力所能承担的权力。《韩非子》对这样的君主作了如下描写：

凡听之道，以其所出，反以为之入；故审名以定位，明分以辩类。听言之道，溶若甚醉。唇乎齿乎，吾不为始乎；齿乎唇乎，愈惛惛乎。彼自离之，吾因以知之；是非辐凑，上不与构。虚静无为，道之情也；参伍比物，事之形也。参之以比物，伍之以合虚。根干不革，则动泄不失矣。动之溶之，无为而攻之。喜之，则多事；恶之，则生怨。故去喜去恶，虚心以为道舍。上不与共之，民乃宠之；上不与义之，使独为之。上固闭内扃，从室视庭，咫尺已具，皆之其处。(《韩非子·扬权》)

这段话十分清楚地说明了法家的“无为”政治理论及与之相关的统治术，其意在防止任何深入了解君主以操纵国家机器的个人能力的企图。

第四节 《主术》中的“无为”

我们已概述了儒家、道家和法家传统的各不相同的无为思想。虽然每一种传统都为君主设计了一个理想的境界，这是他们的共同点，但只是看上去他们所代表的体系之间存有某种前后联系，其各自的思想在根本上则是迥然异趣的。例如，在道家政治理论中，“无为”是某种无政府主义的哲学指导原则，而在法家理论中，它是一种支撑强化的极权主义、消除对立面的手段。

《主术》中提出的“无为”思想，基本上是一个综合了儒家、道家和法家传统而具有自身特色的东西。这三家传统的“无为”思想是有明显差异的，《主术》则调和了这些思想并使之具有内在的统一性和实用性，因而形成了自己的特色。但这也因此使对它的理解显得相当困难。“无为”思想在《主术》中具有十分突出的意义，故我们通过对这一思想的探讨，可以认识真正的汉代折中主义。

“无为”是《主术》阐述的一个主要问题，至少其中有一半篇幅是讨论“无为”及与之有关的思想的。由于它的“无为”思想基本框架是法家的，并且运用的是法家语言和表达方式，因此，对它综合了儒、道、法特点的分析或许最有效的方法，是首先揭明《主术》的“无为”思想中那些背离法家理论的因素。并进而逐步探寻这些因素的思想来源以及它们对《主术》的整个政治理论的影响程度。

1. 轻君主之利，重民之大利

法家政治思想的首要特征是：其整个政治机器的建立都是为了君主的利益服务的。当然这利益也被认为在根本上是与他的大臣们的利益相矛盾的：“君臣之利异，故人臣莫忠，故臣利立而主利灭。”（《韩非子·内储说下》）因此，君主以赏罚勉励和强迫臣属放弃私利，效命于国家。然而在《主术》中，首要关切的已不是君主的利益，而是百姓之大利。这一思想贯穿了整章：“是故人主覆之以德，不行其智，而因万人之所利。夫举踵天下而得所利，故百姓载之上，〔而〕弗重也；错之前，〔而〕弗害也；举之而弗高也，推之而弗厌〔也〕。”

《主术》并不认为百姓之利与君主之利是根本对立的。相反它坚持这样一种观点：个人的、社会的和政治的目的是可以共容的。它认为，百姓对自身利益的追求同君主对社稷安定的追求，其实现各自目标的途径应是相同的、唯一的。它不仅反对关于私利与公利之间相互对立的观点，而且坚持认为：君主利百姓即是利己："夫防民之所害，开民之所利，威行也，若发碱决唐。故循流而下易以至，背风而驰易以远。"这种认为百姓与君主的利益实际一致的看法也是儒家的基本信念，后者认为君主的政治稳定根本上即依赖于百姓之富足[45]，而当君主远其百姓，他事实上即是在自毁社稷。因此，在《主术》中，法家关于君臣对立的鲜明观点已为一种合作的观点所取代，法家剥夺百姓的观点已为一种利民的观点所取代。

2. 反对以君主意志为法律之本，主张法律基于民众之意愿

依据法家的政治理论，维护君主利益的最有效方法，是建立一个以各种自我调节体系为基础来控制的政府机构。这些体系中有两个最重要的构成：一部客观的和具有普遍效用性的法律；以及一个官僚机构。它们都是以"形名"的实用理论所包含的客观化准则来支配的。《主术》所发展的政治理论采纳了法家的这些体系的观点，也主张由形名理论原则所支配的一部普遍的法律和一个官僚制度。为使这一法律和官僚制度顺利运转，君主只须恒处于无为，因为他是权力的化身，是这些体系确立的根本所在。若只从术语及其表述来看，《主术》的法律概念似乎完全套搬了法家传统的东西，但事实上，这些概念有几个十分显著的特点，从而使得它们与法家的相似概念有明显的差别。首先，这些法律产生于百姓对公正的意愿和要求，而

不是君主的专制意志，正因为如此，它体现了对人的状况的普遍同情。此外，君主意志本身亦要受普遍适用之礼法的约束。其次，这些法律亦被认为是以百姓的道德水准为其确立基础的。最后，就法家学说而言，法律面前无分等级差别人人平等这类东西，并非是既定目标，它只是专制统治偶然提供的一个副产品。但在《主术》的法律思想中则不然，平等的概念引起了作者更多的强调和重视。

3. 以一种各得其宜、各尽其能的理论，取代法家对专制和压迫之依赖

下引《主术》中的一段话，也是以形名之准则为官僚制度的基础，其风格颇类似于《韩非子》：

> 故有道之主，灭想去意，清虚以待，不伐之言，不夺之事，循名责实，使有司，任而弗诏，责而弗教，以不知为道，以奈何为宝。如此，则百官之事各有所守矣[46]。

不过，这段话与《韩非子》的真正区别在于：在《韩非子》中，官僚统治是其思想的核心，而在《主术》这里，官僚体制在其整个思想中并不占有主要地位，其思想更多的是肯定社会整体发展中每个因素的价值。在法家政治理论看来，官僚体制对治理国家是最有效的。在这个事实意义上，君主不论其个人的资质禀赋如何，都只是一个处于种种明显限制下的人，并且他的作为亦不能随心所欲。法家的理论家意识到君主个人的种

种局限，因而对政府的各级职能做了具体的划分，并建立了一个保障政府机构有效运转的控制体系。法家学说强调的正是政治体系的这一方面。

《主术》也同样意识到了君主个人的明显局限性：

> 故得道之宗，应物无穷；任人之才，难以至治。
>
> 汤、武，圣主也，而不能与越人乘干舟而浮于江湖；伊尹，贤相也，而不能与胡人骑骠马而服驹骖；孔、墨博通，而不能与山居者入榛薄险阻也。
>
> 由此观之，则人知之于物也，浅矣，而欲以遍照海内，存万方，不因道之数，而专己之能，则其穷不达矣。故智不足以治天下也。
>
> 桀之力，制觡伸钩，索铁歙金，椎移大牺，水杀鼋鼍，陆捕熊罴，然汤革车三百乘，困之鸣条，擒之焦门。
>
> 由此观之，勇力不足以持天下矣。智不足以为治，勇不足以为强，则人材不足任，明也。而君人者不下庙堂之上，而知四海之外者，因物以识物，因人以知人也。

对依赖个人能力之否定是为了推出和强调“用众”和“各得其宜”的观念。这就是说，在《主术》中，依赖官僚制度治国的思想被发展为依赖社会群体之力的思想。虽然“用众”本质上是指选贤任能，不过它并没有提出一个以巩固君主利益为绝对标准的选拔人才的具体政策。相反，在《主术》中，人们都有发展和表现其个性的自由，可以充分尽其所能。这一点非常类似于道家的无为思想，认为万物各有不同的价值，但却是平等的。《老子》认为每个事物方面都具有自身的价值，并赋予了这条原则政治的用意，如第二十七章一段说："圣人常善救人，故无弃人；常善救物，故无弃物。"这同样的原则也包含在《主术》里，如其中就说："毋小大、修短，各得其宜。"在下面一段话中它也被赋予了政治的用意：

> 是故君臣异道则治，同道则乱。各得其宜，处其当，则上下有以相使也。……是故群臣辐凑并进，无愚智贤不肖莫不尽其能者，则君得所以制臣，臣得所以事君，治国之道明矣。

"用众"观点承认，允许百姓自然地和自发地成就自我，这是最重要的。由于它完全主张每个当事者都应自发地尽其所能，因而它更接近于道家的无政府主义，否定独裁主义的统治。这一政治体系的道家因素影响到整个政治理论中其他重要的方面。首先，虽然《主术》也确实主张一个实在的普遍适用的法律体系，然而在其理想的社会里，法只是纸上条文，刑罚罗列不用，监狱形同虚设：

> （神农）是故威厉而不杀，刑错而不用，法省而不烦，故其化如神。其地南至交阯，北至幽都，东至旸谷，西至

三危，莫不听从。当此之时，法宽刑缓，囹圄空虚，而天下一俗。

其次，它并不主张简单地依靠普遍和强有力的法来治理社会，而是借鉴儒家，主张君主无为修德，以德教化百姓："刑罚不足以移风，杀戮不足以禁奸。唯神化为贵，至精为神。"

"神化"这个概念非常接近于传统"德"之概念，它提倡社稷之自然发展和因应之治。而且依据汉代儒家的"天人相应"之原则，圣人之德可参天地之化育，这一点在《主术》中也是十分明显的：

昔者神农之治天下也，神不驰于胸中，智不出于四域，怀其仁诚之心，甘雨时降，五谷蕃植，春生夏长，秋收冬藏。月省时考，岁终献功，以时尝谷，祀于明堂。

其三，从上述可以看出，在这一章的法家框架内隐含了一个凌驾于社会之上的政治制度。然事实上，在《主术》中，这一政治制度则又体现为某种外在的、也是理想的和非强制性的政治秩序，而成为个人的自然和互补发展的保障。这种政治秩序类似于家庭，体现了某种自然的关系。它具有最宽泛的伸缩性，能够制止社会的非自然行为。这一政治理论精神，比杰斐逊式（Jeffersonian）所谓"管事最少的政府是最好的政府"的自由主义走得更远，达到了那种"什么也不管的政府是最好的政府”的无政府主义境界，这种境界被形象地描述为“朝廷芜而无迹”。《主术》理论上之所以倾向无政府主义而与自由主义保持距离，真正之缘由在于其确信：社会中个体的共同发展而不受外力之干预，最终将导致社会和谐，其特点即是所有成员都有自主与平等，从而可以各尽其才，各展所能。[47]

4. 在政治体制中，君臣一体，又有明确职分

《主术》的政治学说一如法家，君与臣的角色是清楚地划分的。君主的职分类似于木匠手中的规矩和绳墨，一定而不易，公正无私，受到普遍的肯认和尊重[48]。它被比作固定垂直的桔槔（一种汲水装置），自身不动无为，但对统治却是必不可少的[49]。或许这样的类比能够用来证明早期法家的君主概念同《主术》中作了更多修正的概念之间的差异所在。

在法家的“无为”概念中，臣是统治体制中具体分工负责的成分，君则是整个体制的权力化身，但其本身又同这一体制相分离。正因为如此，君道无为而臣道有为。

我们从《主术》中发现，它关于君臣之差别反映了其政治哲学的基本思想。君道为“圆”臣道为“方”[50]，也就是说，君臣各行其职，各处其位：

> 主道员者，运转而无端，化育如神，虚无因循，常后而不先也。臣道方者，论是而处当，为事先倡，守职分明，以立成功也。
>
> 是故君臣异道则治，同道则乱。各得其宜，处其当，

则上下有以相使也。

这里面注入了道家“用众”和“各得其宜”的基本思想，因而修正了早期法家区分君臣的看法。在法家学者看来，君臣之间存在着对抗和永久的权力之争[51]。因此他们坚持明确君臣之区分并确立某种体制以防止大臣犯上作乱，篡夺王权。《主术》的理论虽也阐述了君臣之间的分别，但它依据的则是不同事物间虽差异但却有同等价值的这种关系。一方面，君臣都不能超越其各自角色的限定，在这层意义上，他们都可以说是“无为”的；而另一方面，他们又都需为社稷的稳固和发展各尽其所能，在这层意义上，他们又都可以说是负有某种实际的职责。法家的君主是与政治机构分离的，而《主术》中的君主则被比作桔槔中垂直不动的桥（一种汲水工具中间的立柱），它是整个机器中稳固的部分，起着重要的作用。君主支配一切的关系理论为一种互生互补的理论所代替：

夫疾风而波兴，木茂而鸟集，相生之气也。

是故臣不得其所欲于君者，君亦不能得其所求于臣也。君臣之施者，相报之势也。是故臣尽力死节以与君，君计功垂爵以与臣。是故君不能赏无功之臣，臣亦不能死无德之君。君德不下流于民，而欲用之，如鞭蹄马矣。是犹不待雨而求熟稼，必不可之数也。

5. 主张君主治国应善用众人之智能

法家政治理论中许多基本思想都可以推论至“无为”。譬如“无见”即意味着让人无法捉摸自己内心的反应，保留自己个人的隐私和意见，并通过避免与人直接接触，增加自己的神秘感。故“无见”的目的即在于遮掩主上之无能，防止因此可能出现的犯上越轨行为。

这一系列的思想原则亦构成《主术》的首要特征，表面上它们是法家先驱思想的某种翻版，因而不赞成君主之自我表现，因为这会干扰乃至破坏已建立的体制：

> 喜怒形于心（者）〔耆〕欲见于外，则守职者离正而阿上，有司枉法而从风，赏不当功，诛不应罪，上下离心，而君臣相怨也。
>
> 是以执政阿主，而有过则无以责之。有罪而不诛，则百官烦乱，（而）智弗能解也；毁誉萌生，而明不能照也。

然另一方面，由于君主避免介入法律与官僚机构履行其日常职责，就能够使这些体制依某种确定的方式运行，这也将养成其臣民自觉遵行的习惯：

> 是故明主之治，国有诛者而主无怒焉，朝有赏者而君无与焉。诛者不怨君，罪之所当也；赏者不德上，功之所致也。民知诛赏之来，皆在于身也，故务功修业，不受赣

于君。

是故朝廷芜而无迹，田野辟而无草，故太上下知有之。

因为君主只是远远地注视着其臣民的举动，故可以燕处超然，光耀天下：“人主之居也，如日月之明也，天下之所同侧目而视，侧耳而听，延颈举踵而望也。”

《主术》与法家传统的分歧之关键，正在于它着重强调了这样一种思想：君主必须做到使下情上达[52]。他虽超然独处，但他建立并维护的官僚机构能够源源不断地为他提供变化的情况：

人主深居隐处以避燥湿，闺门重袭以避奸贼，内不知闾里之情，外不知山泽之形，帷幕之外，目不能见十里之前，耳不能闻百步之外，然天下之物无所不通者，其灌输之者大，而斟酌之者众也。是故不出户而知天下，不窥牖而知天道。

这里我们看到了“无为”与“用众”这两种概念之间的联系。君主唯有处之无为，其臣民之个人追求自我实现和自身才能的发展方成为可能。同样，君主亦唯有最大限度地运用众人的才智来监督政府行为和违法现象，他才能够做到既处之无为，又完全了解形势之发展：

人主者，以天下之目视，以天下之耳听，以天下之智虑，以天下之力争，是故号令能下究，而臣情得上闻，百官修同，群臣辐凑喜不以赏赐，怒不以罪诛。是故威立而不废，聪明（先）[光] 而不蔽，法令察而不苛，耳目达而不暗，善否之情，日陈于前而无所逆。

是故贤者尽其智，而不肖者竭其力，德泽兼覆而不偏，群臣劝务而不怠，近者安其性，远者怀其德。所以然者，何也？得用人之道，而不任己之才者也。

君主不依赖自己的才能而利用其民众的智慧和力量，如此他一方面个人可以安处于无为，另一方面又能够从其臣民那里了解到各种情况。这里着眼的并非是君主利益的进一步攫取，而是强调主张，承认民众之自由发展，其目的正是为了巩固君主自身的地位。民众的自由丝毫不会损害君主作为一位国家实际首脑的作用，相反只会对此有益。

6. 宇宙法则和君权神化

《主术》提倡依赖宇宙之法则同依赖君主神化之权力相结合。此“神化”概念之含义则绝对是道家的。道家传统常常将精气之摄聚视为修道的一个法门[53]。《主术》中也鼓吹这种思想，如其云：“天气为魂，地气为魄。反之玄房，各处其宅。守而勿失，上通太一。太一之精，通于天道。”认为严苛的法家之法律体系和官僚制度本身是不足以维护社会秩序的：“刑罚不足以移风，杀戮不足以禁奸。唯神化为贵，至精为神。”

事实上，苛政反而对治理国家有害：“夫水浊则鱼噞，政苛则民乱。”

《主术》表达了对某种可以影响人道与天道的潜在力量的信念。它认为通过这种潜在的力量即可以化正民质，这是最理想的治世方法：“故太上神化，其次使不得为非，其次赏贤而罚暴。”

总而言之，《主术》中的“无为”思想是围绕着一个法家的思想框架建立起来的。它借鉴承继了法家传统中某些核心特征：一个客观的、普遍适用的法律体系；一个客观的形名体系指导下的官僚制度；以及君主的无为而治。君主深居隐处的这种无为姿态，其结果是保留了自己的意见，增加了个人的神秘感，防止了以个人主观之好恶凌驾客观之标准，以及掩藏了自己的个人态度、看法和志向。同时，《主术》也对法家的“无为”思想作了如下的修正，即认为君主事实上不再有压制他人的权利。因而，尽管它的“无为”思想的主要方面仍是法家的，但是某种程度上道家影响的无政府主义之精神已取代了法家的权力主义，这也是显而易见的。作为这种精神的一个突出表现，正在于它认为君主之无为有助于个体的自然发展，并使他们也能达到某种无为境界。他顺应自然，任其臣民做与之个性相符的事，因为这对他们来说是很容易做到的。这种精神在《主术》中的另一表现，则在于它努力根除传统法家治世方案中所有非自然的和外在的压制之含义。它虽保留了法家的法的思想，但去除了其中的强制因素，使之建立在与人相适应的基础上；它虽赞同法家的官僚体制，但去除了其中的强制因素，提倡尊重个性，发挥众人才智；它虽采用了似乎是法家的君主概念，但去除了其中的强制因素，认为君主之利益与民众之利益息息相关，兴百姓之利，即是兴社稷之利；它虽同法家一样也确信一个稳固的政治结构才是最有效的，但仍然去除了其中的强制因素，坚决主张政治的干预只有当自然秩序解体时，才是必需的。

《老子》和《庄子》都奉持明确的无政府主义的观点，但是这些观点大都采取了某种抗议强权压制百姓的形式。而且这些道家的著作在阐述政治理论时，其观点又往往是模糊和玄妙的，毫不切于实际。正因为如此，我们可以说，《主术》的贡献在于它构造了一套发扬道家无政府主义精神的完整的政治理论。

注释

〔1〕克莱尔在他对申不害的研究里，曾用了很长一段话来证明："无为"概念首先为法家的申不害学派所发展。参见《论道家》的"论无为的起源"，第48—78页，以及《申不害》第176—179页。克莱尔总结说，在"无为"发展成为法家的专用术语之后，它即为道家所吸收和重新阐释，成为道家思想的基本概念。克莱尔的观点是建立在关于申子著作辑佚非伪的看法上，尤其是以某种对于先秦著作之年代顺序的相当主观的推测性意见为根据的。克莱尔指出了"无为"未见于《商君书》这样一个事实，但却没有提到在《管子》

中“无为”已作为专门术语而出现。此外，近期马王堆汉墓3号墓出土的所谓“黄帝四经”里也出现有关“无为”的表述，而这部著作据推测其年代可溯至公元前400年左右。在这部著作的《十大经》和《原道》等部分中有关“无为”的论例，可以确定为是道家的思想，而《原道》中一段论无为的话甚至在《淮南子》的《原道》篇和《文子》的《道原》篇里也可以见到。参见《考古学报》1975年第1期。在中国古代思想史上，每个传统或学派都有一些代表著作，而实际上这些著作往往是经过了许多人之手。它们的早期传承的历史过程常常为原文中几乎难以澄清的种种问题所掩盖。由于缺乏记录以及年代不详，故要想确定“无为”的来龙去脉，就势必较之对它作抽象的思考更为困难。某种传统的而且看来更符合逻辑的看法认为，道家学说的发展曾对法家政治理论的产生起到过一定程度的影响。确实，尽管这一看法并非无可挑剔，但也并不是不可信。罗维最后评价克莱尔的《申不害》时说可以这样断定，它的论证方法是有疑问的，它的历史的看法也是令人不能满意的。”（见《克莱尔的〈申不害〉述评》，载《东方和非洲研究学院院报》1976年第39期，第199页。）刘殿爵在他的《评克莱尔的〈论道家〉》中尤其指出，克莱尔认为最早使用“无为”的是申不害而不是道家，其论证缺乏充分的说服力。

〔2〕参见《论语·颜渊》。

〔3〕参见《论语》的《子路》和《宪问》。

〔4〕见他的《无为哲学》第84页。这一说法针对孔子和孟子当然是正确的，但用之于荀子则不然。使用“儒家”这个词似乎太宽泛了些。

〔5〕参见《礼记·中庸》。

〔6〕见《四书章句集注》。

〔7〕此为《孔子家语》中类似一段话的基础。

〔8〕见刘殿爵的《孟子》第20—21页。

〔9〕见刘殿爵的《孟子》第19—22页关于荀子解释性的论述。

〔10〕克莱尔在《论道家》第61页指出，荀子用的是道家的无为，而不是儒家的无为："我们在这部儒家著作《荀子》中发现，正是道家的'无为'而不是孔子的'无为'对它发生了如此大的影响。"

〔11〕见《无为的哲学》第99—100页。

〔12〕《淮南子》中的《原道》和《俶真》所包含的思想，可以看作是对《老子》和《庄子》这两部有代表性著作的思想的一个深入阐释。同样，两篇中的"无为"思想亦源于这两部著作。

〔13〕克莱尔在《论道家》第55页中提出："《老子》中出现的'无为'，半数是论及统治术的"。另一方面陈鼓应则说道："除了三十七章中以'无为'来描述'道'以外，其他《老子》书上凡是谈到'无为'的地方，都是从政治的立场出发的。"(《老子今注今译》第28页)。《老子》中有关"无为"的谈论，唯独第37章是专门针对政治的或可能包含政治用意的论述。

〔14〕"无事"出现过四次：48章、57章（两次）和59章；"无形"出现过一次：69章。

〔15〕关于"真知"见《老子》47章、56章、71章和81章；关于"绝学"见3章、10章和19章。

〔16〕譬如见《老子》21章。

〔17〕弗朗西丝·库克使用"同一"这个概念来讨论法藏的"一真法界"概念，我这里亦在同样的意义上使用这个概念。参见库克的第4章《同一》。

〔18〕见《庄子·齐物论》等有关章节，《中康》，以及《荀子·天论》篇等。

〔19〕《淮南子》卷18《人间》中有一段话，显然是对《庄子》这一思想的扩充："知天之所为，知人之所行，则有以任于世矣。知天而不知人，则无以与俗交；知人而不知天，则无以与道游。"请

将此段话与《庄子》的《大宗师》和《寓言》中的话作一比较。

〔20〕认真读了《庄子》之后我认为，作者（特别是“内篇”的作者）似乎是认识到了《老子》的语言问题及其模糊性，并且通过概念或术语的斟酌，解决了一些问题。例如，他提出了特定的语言来表示达道之人，如真人、至人等。“逍遥游”则是“无为”的另一种快乐的说法。

〔21〕见《老子》77章。

〔22〕欲全面了解这一历史背景，可参见劳的《老子的〈道德经〉》，尤其见附文：“论权威问题”和“论天道自然”。

〔23〕克莱尔《论家》第37—47页认为，道家思想是有其政治目的的：“企图用一基本的形上学说来推行其个人的抱负及政治目的。”（第45页）克莱尔的《申不害》在解释《老子》这一章时（见第193页）总结说：《老子》“不是对法家专制制度的一个抗议，而是支持这种专制制度的一个最有效的思想工具”。由于道家的政治理论是其中蕴涵的形上学的集中体现，而这一理论又主张，政治体制的运行同宇宙的运动息息相关，因此可以推断；如果天道运行是有某种目的，那么理想的君主亦只能是“有所为”的。老子道家的确承认某种存在于所有事物之中并且推动它们自正自成的自然法则，不过，《老子》并未有意识地去提倡某种精心设计从而使人能够去掌握和实行的政治方案。道家的圣人君主并不追求“无为”的政策，因为“无为”本身即是保障政治上成功的最有效的方法；相反，他的目的（实现他自身的能力）只通过效法“道”才能达到，而且，法道也即意味着表达自己的自然法则并对于外界的现象采取无为的态度。我认为，可以批评《老子》的政治理论不切于实际，但是不能凭个人想象对它作出随心所欲的曲解，这样做是对这部著作精神的一个亵渎。

〔24〕参见《管子》卷20《形势解》。

〔25〕众所周知，《庄子》是一部合成的作品。所以其中阐释道

家基本思想的语句常有出入，甚至有些地方相互抵牾。尽管如此，仅就《庄子》将“无为”表述为某种至高的精神状态这一点来看，它仍然是一部非常重要的著作。格雷汉姆曾试着对《庄子》的内容做出了如下的区分：

1. 庄子本人的作品，1—7 章；

2. 原始主义者的作品，8—10 及 11 章中部分；

3. 个人主义者的作品，28、29、31 章；

4. 调和论者的作品 12、13、14 章各一部分以及 15、33 章。

在格雷汉姆以及大多数学者都认定是庄子本人所作的那些作品里，“无为”只出现三处，其中一处是形容“道”的（第 6 章），两处是描述心的至高状态的（第 1 和第 6 章）。

在原始主义者的作品里，“无为”是治天下的某种政治策略。这一点体现了原始主义者对《老子》别有一番同情，正如格雷汉姆在第 481 页中所指出的：“或许我们应该认为原始主义者的作品是对老子的理想政治的一个说明，而对于《庄子》只是附带地发生兴趣。”

格雷汉姆把个人主义者描写成“如同墨家一样实际”。故“无为”没有在这三章里出现，也就并非奇怪。

在调和论者的那些篇章段落里，“无为”被看作是理想君主的一个特点，而这个理想君主则是集道家、法家和儒家品格为一身的人物。第 12 章开头，尤其是第 13 章的开头部分，是调和论者的调和主义的最好例子。例如，13 章的开头段将法家“形名”观念、儒家的先王传说与成就、庄子本人的核心思想以及引自《老子》的思想等，都杂揉在一起。至于所提出的“无为”观念，则表现为某种极希望有所作为（据克莱尔的看法）的统治术。它不仅是保证治天下获得成功的一个策略，而且也是隐士们首选的目标。这段话里尤其反映出了法家这样一种思想：唯有君主才可以采用“无为”政策，他的臣民则必须是实实在在“有为”的。至于《庄子》中其他论及

“无为”的部分，则基本上都是描写心的至高状态的。

〔26〕见《庄子》的《大宗师》和《刻意》中有关论述。

〔27〕见《刻意》和《至乐》中有关论述。

〔28〕也请参见《庚桑楚》和《在宥》中有关论述。

〔29〕参见《逍遥游》《在宥》《天地》《天运》以及《知北游》中有关论述。

〔30〕格雷汉姆第481页将《庄子》8—10章以及第11章部分归之于原始主义学派；他把这一传统看作是“《老子》在前3世纪晚期开始流行并产生了出人预料的巨大影响的一个最早的有年代可考的证明（以《韩非子》为据）。”

〔31〕见《庄子》的《天运》《田事方》《天下》等篇。

〔32〕见《庄子》的《在宥》（《老子》13章），《至乐》（《老子》21、37、39和48章），《知北游》（《老子》48章），《庚桑楚》（《老子》37和48章），《则阳》（《老子》37和48章）。

〔33〕诚如华逊（Watson）在《墨经》前言（第7页）中所注意到的那样：“实际上，道家说了许多关于思想和行为自由的话，但这是蔑视和凌驾社会秩序的自由，而不是在其中起有益作用的自由。”

〔34〕道家务虚的立场受到了《淮南子·修务》篇的猛烈抨击。它将道家的“无为”观念说成是完全否弃人类文明，认为对原始主义的美化是十分幼稚的，这些都不无道理。它在提出了这种看法的同时，亦强调了人类智慧的重要性，并且对传说中的圣人君主的积极贡献作了详细描写，如说他们教人们如何去食、住，怎样去保护自己和预防疾病，以及如何以文明的方式建立相互关系，等等。他们在否定了道家关于历史是不断退化的观念的同时，提倡历史与文化的进化观，对那种将茹毛饮血理想化的原始乌托邦观念作了驳斥。《修务》的作者在指出了道家“无为”思想的缺陷之后，进一步提出了自己的观点。作者认为，“无为”即是要求遵从事物的自然趣

向，从而利用它们推动人类的进步。而“有为”则是与这一思想原则明显背离的。事实上，《修务》中举凡标有“无为”的思想，都确实体现了道家对于“有为”——主动地开发利用自然条件——的否定。如宫本腾第28—35页中所云：此篇中的“无为”思想，简直可以说是体现了某种合理地开发利用自然的科学方法论。

〔35〕虽然法家学说的发展（至韩非子集其大成）是以《商君书》为其先驱，但是诚如《韩非子》批评商鞅的政治理论所指出的那样，它是不知“术”的，而“无为”恰恰是一种极重要的术。见《韩非子·定法》。

〔36〕《管子》卷一《乘马》中《立国》一段话语意极类似于《老子》38章，而卷十五《势》中一段话则看上去很像是上面一段的解释。另外，卷六《兵法》中一段则可以同《老子》7、25、37以及41章等相比较。剩下的六次则都包含在《心术上》一篇里。

〔37〕此段话是对本篇开头一行话的解释。

〔38〕这一点似乎也可以说成是儒家的“无为”观念，因为理想的儒家君主仍然负有选拔贤臣德吏的职责，这亦可以说是政治体制的一个不可分割的部分。然而，在法家学说看来，实际上只有臣的角色才构成政治体制运作的一个成分，而君主本人则是凌驾于政体之上的，表明君臣角色之间有明显的差别。

〔39〕克莱尔从许多文献中收集了申不害的资料后发现，在这些有限的资料中，具有强烈的法家含义的“无为”一词曾出现过六次，相比之下，“无为”在整部《韩非子》中只出现过十七次，其中有八次都出现在《解老》一篇里，而且并没有表达法家思想。另外，克莱尔指出，《韩非子·外储说右上》一段将对于“无为”概念的法家解释直接归之于申不害。见克莱尔《论道家》第63页。

这里引用的《韩非子》的一段话，其行文结构上缺乏对称，显然是版本上的讹误，我对此尽量作了校正。

〔40〕梁启雄《韩子浅释》下册，第319页。

〔41〕钱穆《先秦诸子系年》，第501—502页。

〔42〕在法家理论里，“无为”或许是“术”的核心内容，而关于政治思想上“术”之一派，则向来都追溯到申不害。

〔43〕申不害（申子）和“郑长者”在《韩非子》同一章里被相提并论这一事实，似乎说明了这一篇的作者是将二者看作两个不同的人。另外，《韩非子》的这一篇至少是在申不害死去一个世纪后所作的。

〔44〕见第六章的“利民”思想的论述。利民的观念往往同典型的法家重农思想合在一起被讨论，而且这一经济上的目标又需公正的政治来保证。这一点表明，君主的税赋必定同农业收获的状况有联系。此外，利民的思想也并不只出现在《淮南子》的这一篇里，它是贯穿整部著作中（如《缪称》《氾论》《修务》等）的一个反复强调的论题。这个论题根源于早期的儒家著作，而到了汉代初期，它已经成为新儒学的主要宗旨之一。

〔45〕见《孟子》的《梁惠王上》《万章上》《尽心下》；见《荀子》的《议兵》和《王制》。

〔46〕见附录《主术》第1、6节。

〔47〕见诺瓦克对自由主义与无政府主义的区分。

〔48〕见附录《主术》的第3、4节。

〔49〕见附录《主术》的第5节。

〔50〕见附录《主术》的第6节。

〔51〕罗宾《古代中国的个人与国家》第62页说：“无论是从东方还是从西方的眼光看，主张国家与民众的关系乃是一种对抗关系的观点，都是法家理论同其他政治思想派别所可以区分的一个显著特征。”尽管这一看法将法家思想的这一特点说成是唯一的颇有夸大之嫌，但是若将这种对抗特点看成是它的最突出的特征之一，则是正确的。

〔52〕《韩非子·外储说右上》认为，人主必须维护自己的秘密，

防止泄露。《定法》则提出利用众人之视听的观点。这两个思想因素在《韩非子》中都各有明确的表述，不过在这里则着重强调的是二者的互补性。

〔53〕例如《庄子》的《秋水》和《知北游》等篇。

第三章 势

讨论《主术》的政治哲学，紧接着要分析的一个概念是“势”。这个概念一直被看作是法家学派上升时期的三大基本概念之一，这三大基本概念就是：法、势、术。我认为，“势”这个概念虽然是早期法家学者所采用的一个核心概念，但在此之前这个概念即已存在。而关于这一点尚未见有深入的研究，因而有必要对这一概念的发展从整体上作一阐明。“势”的概念随着发展其含义不断增衍，但前后各层含义之间并非没有联系。正因为如此，它在早期文献中的含义同它所有后来的含义常常被混淆对待。如果我们能对早期文献中“势”这一概念作出确切的解释，那么它就可以成为我们研究其后来不断扩延并发展的含义的某种出发点。

显而易见，那些后来被称为“兵家”的早期思想家（至少是生活在公元前6世纪的孙武及其同时代人），他们就已经把“势”用作表示某种军事情势的术语。以后，法家思想家又发展了这个词语，并将其原有的军事含义扩大到政治方面。不过其用法在许多地方仍类似于早期兵家的用法。最后，具有儒家倾向的著作如《荀子》等亦同法家一样，把“势”这个概念当作政治术语来用，并使它适合于自己的政治哲学。而正如我们将要揭示的那样，“势”概念在《主术》中的运用，其含义更接近于儒家的变种，而不是法家原初的意义。

徐复观认为，“势”最初是兵家用来讨论战争中如何利用地势的一个概念[1]。这一看法不仅可以从早期文献中有关兵家的材料里得到证明，而且可以进一步由现存的兵家代表著作，尤其是孙武[2]和孙膑的著作中得到证实[3]。

首先，早期文献中有一些材料可以说明兵家一些学者同“势”这一概念之间的一定联系。例如《荀子·议兵》篇，叙述了临武君[4]同荀子在赵孝成王面前议兵之事[5]。这场争论开头就提到了兵家孙武和吴起同“势”概念之间的联系：

> 临武君曰：“不然，兵之所贵者势利也，所行者变诈也。善用兵者，感忽悠暗，莫知其所从出。孙、吴用之，无敌于天下，岂必待附民哉！”[6]

另外，《吕氏春秋》卷十七亦云：“孙膑贵势。”《史记》孙膑传则确信他曾这样说道：

> 夫解杂乱纷纠者不控捲，救斗者不搏撠，批亢捣虚，形格势禁，则自为解耳。
>
> 善战者因其势而利导之。

以上是早期文献中关于兵家的为数不多的几条史料[7]。从这仅有的几条史料就足以设想，“势”这一概念应看作是兵家学说的核心概念。这一想法可以由对现存的兵家著作研究中得到证实[8]。

在《孙子兵法》中，尤其是在《势》一篇里，人们会注意到“势”概念有许多含义。首先，在《地形》篇里有几个例句，除了这个词的一般含义外，它或许还有“条件”或“情势”的含义，如其中说道：

> 远形者，势均，难以挑战，战而不利。
>
> 夫势均，以一击十，曰“走”。

其次，“势”还有更复杂的用法来表达“位置”“形状”“展开之形”或“形”等含义。诚如 D.C. 劳所指出的[9]，在《孙子》中下面两段话里，“形”与“势”是作为近义词使用的：

> 胜者之战民也，若决积水于千仞之溪者，形也。(《形》)
>
> 故善战人之势，如转圆石于千仞之山者，势也。(《势》)

有时《孙子》也论及这两个术语间的近似关系，如下面一段即十分明显：

夫兵形象水，水之形，避高而趋下；兵之形，避实而击虚。

水因地而制流，兵因敌而制胜。故兵无常势，水无常形。(《虚实》)

“形”与“势”的这种近义用法是因为它们的含义实际上是相通的。看来“势”概念的最重要含义是“形势”，但此形势并非固定，它是一种战争过程中不断变动之势。正如水之流势是由地形所决定的那样，形势之“势”也是由情况之变动所决定的。地形意义上的“形”也是取势的重要因素之一〔10〕。“势”或许基本上即意味着占据利地或“地位”及获得它所提供的有利之战略态势〔11〕。在《孙子·势》中，运用了水和木石从高处冲（滚）下这一形象比喻，来说明“势”之含义，如云：“激水之疾，至于漂石者，势也。”又云：“任势者，其战人也，如转木石。”《孙子》还把意味着有利态势的“势”比作张满的弓弩：“势如彍弩，节如发机。”(《势》)〔12〕

在战争中，“势”之概念涉及此一方面之势与彼一方面之势的关系。势可以分为“奇势”与“正势”两大类，《孙子·势》篇即如此描述道：“战势不过奇正。奇正之变，不可胜穷也。”〔13〕这两类势的实质差别大概在于是否能出乎敌人预料。如果被敌方预知先机，则曰“正”；如果出其不意，则曰“奇”。故关键在于夺敌方之势，关于这一点，《孙子·势》说得十分明白："故善战者，求之于势，不责于人。"《孙子·计》中的一句话或许应看作是对用兵之"势"的一个最明确的定义，其云："势者，因利而制权也。"

如上所述，"势"概念在《孙子》中至少有三层含义：(1)条件或情势；(2)与兵力部署相关之形势；(3)占据利地以获得潜在的利势。就这一方面而言，"势"这个概念无论是对集团作战抑或是对单兵作战，都指的是利地、它的利势和对此利势之控制。

像《孙子》这样一部薄薄的著作里，"势"概念得以频繁地运用和强调，无疑说明，它是这部著作中的一个核心概念。"势"概念以后一直成为兵家思想中的一个重要内容，这由它在《孙膑兵法》《商君书·兵守》和《管子》等中所处的地位，可以得到充分证明。

尽管《孙膑兵法》中的某些例句运用到"势"概念的时候，更多地着眼于其"情形"或"情况"这些一般层面的含义，然而，它在把"势"概念用作专门的兵学术语方面，则较之《孙子》是有过之而无不及的。《孙膑兵法》中只有两个句例似乎可以解释为"情形"或"情况"[14]，而其他更多似应理解为"形势"[15]，剩下的句子则着重其地利之势。在有些句子中，它直接的含义就是"战略之优势"或"地位"：

兵之胜在于篡卒，其勇在于制，其巧在于势。(《孙膑兵法·篡卒》)

以火乱之，以矢雨之，鼓躁敦兵，以势助之。(《孙膑兵法·十阵》)

主人安地抚势以胥，夫客犯隘逾险而至。(《孙膑兵法·客主人分》)

另外，如《孙子·势》篇中一样，在《孙膑兵法》中，“势”这个概念常组成“战势”这一复合词。譬如：“故战势，胜者益之，败者代之，劳者息之，饥者食之。”(《孙膑兵法·奇正》)〔16〕然而最重要的是下面两段句子，“势”作为影响战争结局要素的概念被使用：

田忌曰：“权、势、谋、诈，兵之急者邪？”孙子曰：“非也。夫权者，所以聚众也；势者，所以令士必斗也；谋者，所以令敌无备也；诈者，所以困敌也；可以益胜，非其急者也。”田忌忿然作色：“此六者，皆善者所用，而子大夫曰非其急者也……”((孙膑兵法·威王问》)

黄帝作剑，以阵象之。羿作弓弩，以势象之。禹作舟车，以变象之。汤武作长兵，以权象之。……何以知弓弩之为势也？发于肩膺之间，杀人百步之外，不识其所道至。故曰，弓弩势也。……凡兵之道四：曰阵，曰势，曰变，曰权。察此四者，所以破强敌，取孟将也。(《孙膑兵法·势备》)

我们通过对上述《孙膑兵法》的例句之剖析，可以得出明确结论："势"是整个先秦兵家思想中的一个核心概念。这一结论通过对《商君书》和《管子》中有关兵战各章使用这一概念的分析，将得到进一步的证实。

"势"在《商君书》出现，有的含有"情形"之义[17]；在《管子》中出现，也有用其"形势"之合成义。然而，在这两部著作中最常见的用法，则是取其占据利地优势的含义。譬如，《商君书·弱民》云："事无羞，利用兵。久处利势，必王。"又如《管子》卷二《七法》云："故明于机数者，用兵之势也。大者时也，小者计也。"[18]

最后，为了证明"势"是兵家的一个关键性概念，我们再检讨一下它在《淮南子》第十五章《兵略》中的用法。作为一部借鉴了早期文献而成为先秦思想简编的《淮南子》，它反映了汉代学术对早期各家学说基本思想的一个总结。它不仅保存了大量资料，流传下来供后人研究，而且也以其独特的方式保存了早期中国思想的财富。

《兵略》中有许多相似的句子可以直接说明，它受到其他兵家著作的重要影响。《淮南子》附录《要略》对《兵略》这一章内容的扼要介绍里，"势"概念两度出现，这个事实说明了"势"的重要性，如《要略》云：

> 兵略者，所以明战胜攻取之数，形机之势，诈谲之变……诚明其意，进退左右无所失击危，乘势以为资，清

静以为常，避实就虚，若驱群羊。

在《孙子》的某些地方，“势”可能直接的含义是“情形”或“情况”[19]，而在这里，它也含有“形势”或“兵力配置”的含义[20]。不过，重要的是它继续保留了其专门的兵学用意：必须占据的战略利地或地位及对此地位的控制。我们从这一章里发现，它对作为军事术语的“势”的解释，与我们在任何其他早期文献中所见到的解释相比较，都是最明了的。如云：

兵有三势，有二权。有气势，有地势，有因势。将充勇而轻敌，卒果敢而乐战，三军之众，百万之师，志厉青云，气如飘风，声如雷霆，诚积逾而威加敌人，此谓气势。硖路津关，大山名塞，龙蛇蟠，却笠居，羊肠道，发笱门，一人守隘，而千人弗敢过也，此谓地势。因其劳倦怠乱，饥渴冻暍，推其旝旝，挤其揭揭，此谓因势。（《淮南子》卷十五《兵略》）

这一段话证实了上引《孙子》论势的重要观点，即“势”是与战争双方数量对比有所区别的。它并不指兵力数量，而是如“势”的军事含义所表明的那样，体现为“气势”“地势”“因势”等因素。

《兵略》中多数所论之“势”，最确切的含义应是指“战略之利”[21]。其中所云：“所以决胜者，钤势也。”清楚地说明了

“势”对于决定战争胜负的至关重要性[22]。据《兵略》云，真正的上将能充分估计到影响胜负的每一种因素：天时、地利和人心向背等，因而他绝无破军败兵。而中将则以势助人，故亦有取胜之机：“虽未必能万全，胜钤必多矣。”下面一段话将“势”比作用巨斧伐木，以弓弩射箭，强调了它远超其他所有因素的重要性：

> 夫以巨斧击桐薪，不待利时良日而后破之。加巨斧于桐薪之上，而无人力之奉，虽顺招摇[23]，挟刑德[24]，而弗能破者，以其无势也。故水激则悍，矢激则远。夫栝淇卫箘簵，载以银锡，虽有薄缟之幨，腐荷之矰，然犹不能独射也。假之筋角之力，弓弩之势，则贯兕甲而径于革盾矣。(《淮南子·兵略》)

看来正是兵家以“势”来涵括战略之利的意义，因而为稍后的法家思想家所继承，并将其改造成为他们哲学体系中的一个核心概念。因而，我们接下去要研究法家传统主要著作中的这一概念，试着去阐明“势”的概念是如何从有效的战争原则发展成为某种政治原则的。除了法家著作《慎子》《商君书》《管子》和《韩非子》外，我们还将考察《吕氏春秋》和《荀子》这两部法家思想上升时期的著作，它们反映出对这一概念发展的不同看法。

第一节　作为法家特定概念的“势”的发展

“势”作为法家的特定术语，可以被解释为“政治地位”(political purchase)。我们何以选择“purchase”(身份或地位)这个词来对应“势”这个概念，这一点可以通过一个简单的类比来加以说明。虽然君主作为个人其规范他人行为之能力是有限的，然而他却可以凭借王位所带来的权势，运用他君主的政治地位去扩大对他人的影响。君主的政治地位及其作用，是增强其影响和维持其（权）“势”的重要手段（值得注意的是，法家引用了挥斧和张弩等类似的手段来比喻势）。因此，“势”概念所表达的政治作用，揭示了君主的地位与其他阶层之间的关系，这一关系可以用政治之差异或“势”来形容。

《慎子》

现代学界对法家思想发生和发展的研究表明，法家最初有三个不同的学派，《韩非子》则后来集其大成。三派中慎到（约生于公元前360年）学派被认为重“势”，申不害（卒于公元前337年？）学派被认为重“术”，而商鞅（公元前390年—前338年）学派则被认为重“法”[25]。这一观点认为，根据《韩非子·难势》所记载的一场争论来看，正是慎到赋予了“势”这个概念特定的法家含义，其推论是，如果不是慎到发展了这一概念的话，韩非也不会集中讨论慎到对这个概念的论述。在现存的著作中，有两处论“势”的思想可归之慎到[26]。

我们在研究这两处材料之前，应该对其他文献中记载有关慎到的材料先有所了解，这样也许会对认识慎到对“势”概念发展的影响有很大助益。

《庄子·天下篇》以道家的口吻叙述了慎到的思想，然而值得注意的是在这不长的叙述里，三次提到了慎到“弃知”的思想〔27〕，这至少说明这样一种观点：治天下用势而非用智，用法而非用道德说教。《荀子·解蔽》亦云：“慎子蔽于法而不知贤。”在《非十二子》篇中又云：“尚法而无法，下修而好作……是慎到、田骈也。”

治之以法是慎到思想的显著特征。《吕氏春秋》卷十七《慎势》篇将下面一段话归之于慎到，这段话里强调了定分的重要性：

> 慎子曰：“今一兔走，百人逐之。非一兔足为百人分也，由未定。由未定，尧且屈力，而况众人乎？积兔满市，行者不顾，非不欲兔也，分已定矣。分已定，人虽鄙，不争。故治天下及国，在乎定分而已矣。”〔28〕

基于这些早期文献中有关慎到思想的史料，我们认为，他的基本思想属于法家。如他完全否定德治观点，主张治之以法，并且提出了社会政治之定分是治理天下国家之必要条件这一思想。尽管慎到思想的这三个特征包括了“势”概念的一般含义，然而需要回过头来对《韩非子·难势》中记载的议论作一更确切的解释。

《韩非子》中有关慎到议论的这段引文无论是语气还是含义都非常接近《慎子》中有关段落；因此，可以想象它是《慎子》的一个扩充和阐释。我们如设想实际上是慎到首先赋予、提倡和使用了“势”的政治含义，那么，《韩非子》的这段材料就应看作是研究这一重要法家概念之全部含义的一个出发点。也正因为如此，我们有必要对这段材料作一详细的分析：

> 慎子曰：“飞龙乘云，腾蛇游雾，云罢雾霁，而龙蛇蝇蚁同矣，则失其所乘也。贤人而诎于不肖者，则权轻位卑也；不肖而能服于贤者，则权重位尊也。尧为匹夫，不能治三人，而桀为天子，能乱天下，吾以此知势位之足恃，而贤智不足慕也。夫弩弱而矢高者，激于风也；身不肖而令行者，得助于众也。尧教于隶属而民不听；至于南面而王天下，令则行，禁则止。则此观之，贤智未足以服众，而势位足以缶贤者也。”（《韩非子·难势》）

慎到大概是求见君主，向他进上了自己的某些看法。这些看法包括：其一，能否统治他人，并不取决于个人的贤、德或知的程度，因而贤者可能受制于不肖者，反之也一样。其二，正如云是飞龙之所以成为飞龙的必要条件，权位也是一个人成为统治者的必要条件。这就是说，即便飞龙已具备了一条飞龙所应具备的所有属性和特征，亦无济于事。只有当它乘云之时，它才能成为一条飞龙。同样，一个人虽具备了成为统治者的智能也是不够的，只有当他获得了君主的权位，也就是说当他获得了“势”时，他才能真正成为一位君主。另一方面，如果一位智能低下的人获得了君主的权位，他也有可能在某种程度上成功地实行其统治。总之，贤智之人能够治天下，正在于君主之权位赋予其足恃之势，因而才能令行禁止[29]。

《商君书》

学界一般都认为，《商君书》是一部公元前3世纪以后约100年里编成的作品[30]。今本《商君书》中实际包括了商鞅（公元前390年—前338年）本人的作品在内，这一点虽不能确定，但却是完全有可能的[31]。

认为法家学说与兵家思想之间有着理论上的一致性，这一点实际并不奇怪。譬如“势”这个概念，既含有强烈的兵家思想色彩，又为法家学者所继承和发展，而法家与早期兵家思想之间的这种契合，或许在《商君书》中论兵法之三篇——现存有关商鞅兵学著作的资料[32]，以及《管子》中之兵学诸篇里，表现得尤为明显[33]。

“势”概念在《商君书》中多有出现，故为我们分析其各种含义提供了基础。首先，“势”直接用其兵学含义的情况曾出现过三次[34]。其次，“势”在这部著作中常用作“乘势”，其含义所指正是从“今势”（如《慎法》中所云：“此其势，正使污吏有资而成其奸险”即是）到“变势”。势之变化使明主必须不断检讨其治世之方针，并因时作相应之变革：

> 圣人不法古，不修今。法古则后于时，修今则塞于势。周不法商，夏不法虞，三代异势，而皆可以王。故兴王有道，而持之异理。(《开塞》)

圣人手握治世之缰绳，在治理天下的实践中，必须不断对时势变化完全了解："圣人知必然之理，必为之时势。"(《画策》)时势变化影响甚巨，如果势乱而不利于治，即便是圣人也无力扭转。另一方面，君主可以通过政治名分（制度）的根本确立，来造成治世的形势：

> 故夫名分定，势治之道也；名分不定，势乱之道也。故势治者不可乱，势乱者不可治。夫势乱而治之愈乱，势治而治之则治。故圣王治治不治乱。[35] (《定分》)

当然，时势变化并不只对君主发生影响，它也影响到整个社会，可以变盗贼为君子，变君子为盗贼："势不能为奸，虽跖可信也；势得为奸，虽伯夷可疑也。"[36] (《画策》)

《商君书》中"势"的第三层重要含义，是其作为专门的兵学术语用义的一个扩充。诚如我们所了解的那样，作为兵学术语的"势"，即指兵家凭借其有利地位（如士气、战机及地形等方面之利）所获得并保持到最后（即战争胜利）的某种战略上的优势。在《商君书》中，“势”概念的含义被扩大，具有说明一般事物及其本质特征发展趋势的含义。

政治含义层面上的“势”，表明了政治地位与政治权势之间的联系。正如飞蓬乘风而行，君主亦恃势而治。

> 凡知道者，势、数也。故先王不恃其强而恃其势，不恃其信而恃其数。今夫飞蓬遇飘风而行千里，乘风之势也。……故托其势者，虽远必至。[37]（《禁使》）

正如应在“势”与兵力数量之间作出区分那样，对政治进程中的力量与“势”也应作出区分，“势”在这里即意味着政治之势。

《商君书》中论“势”大都集中于君主的地位，这种倾向与其说反映了王者恃势，不如说这或许正反映了法家思想家的某种看法。事实上，由于“势”是所有政治和社会地位的一种自然状态，因而“势”也为大臣政治上的地位所固有，但又必然处于他的君王的不断监督之下：“通数者不然也，别其势，难其道。”（《禁使》）尽管君主并不专倚其势，但是就政治范围而言，他的势至少在理论上是不能与他人分享的。他小心翼翼地守护着王位赋予他的权势，而且必须不断地采取各种步骤，以防止其臣民之势坐大，那样或许最终会对他的权势构成威胁。

由于《商君书》内容简短，故而其中可以引用的有关

“势”概念的材料也有限。为了作更进一步的阐述，有必要转向法家的另一部重要著作:《管子》。

《管子》

《管子》如《商君书》一样，一般也被认为是公元前3世纪初期的作品。这部著作尽管多有舛误残缺，但与《商君书》相比，仍是一部鸿篇巨制（后者约2万字，前者则有13万字），其中含有对“势”的更多用法。对这部著作的一个分析表明，这个词作为专门的兵学术语只出现过四次；作为“现今之势”[38]则出现过数次。此外，这个词的另一用法是专指地形[39]。然而《管子》中“势”的最重要的用法，是说明事物本质发展的趋势。如它用于说明社会关系:“在子期年，子虽不孝，父不能服也。”（第十六《法法》）但是更多和更重要的，则是用来说明与之相关的政治地位和利益。

与“势”的这一用法不可分离的是“威严”或“权威”概念的含义。它们常常被结合运用，以“威势”这个概念来表达。一般来说，法家的著作尤其是《管子》中的篇章，多是答王者策问之辞，所以毫无疑问，君主地位及与之相伴随的势是讨论的主题。这并非说，其他政治职位无“势”可言。例如大臣也有他的势:“故其立相也，陈功而加之以德，论劳而昭之以法，参伍[40]相德而周举之，尊势而明信之。”（第三十一《君臣下》）在第七十八《揆度》中则又一次提到了大臣之势:“人君失二五者，亡其国；大夫失二五者，亡其势；民失二五者，亡其家。”

撇开这些孤立的段落不谈，对君主之势这些固有的看法表明，这部著作中的政治观点都是从君主的角度和利益出发的。王位给君主带来的“势”，是他个人的财产；而且从根本上说，正是这个“势”才使他成为君主。故君主必须不断与臣民保持距离，并努力防止失去其势：

> 故人君失势，则臣制之矣。势在下，则君制于臣矣。势在上，则臣制于君矣。故君臣之易位，势在下也。在臣期年，臣虽不忠，君不能夺也。(《法法》)

这一点也为第六十四《形势解》所突出强调：

> 虎豹，兽之猛者也，居深林广泽之中，则人畏其威而载之；人主，天下之有势者也，深居则人畏其势。故虎豹去其幽而近于人，则人得之，而易其威；人主去其门而迫于民，则民轻之，而傲其势。

一旦人主失势，大臣僭越，王位没落就无可避免。而当臣民不再服从他的命令时，这就表明，他作为君主已经失去了手中的权势：

> 人主之所以制臣下者，威势也。故威势在下，则主制

于臣；威势在上，则臣制于主。夫蔽主者，非塞其门，守其户也。然而令不行，禁不止，所欲不得者，失其威势也。故威势独在于主，则群臣畏敬；法政独出于主，则天下服德。故威势分于臣，则令不行；法政出于臣，则民不听。故明主之治天下也，威势独在于主，而不与臣共；法政独制于主，而不从臣出。故《明法》曰："威不两错，政不二门。"（《明法解》）

而一旦君主的威势旁落，就再无可能恢复。他的朝廷和百姓都将弃他而去：

> 凡为主而不得行其令，废法而恣群臣，威严已废，权势已夺，令不得出，群臣弗为用，百姓弗为使，竟内之众不制，则国非其国，而民非其民。（《明法解》）

另一方面，如果君主能成功地维持威势，那么，对国治发生最重要作用的也是这个"势"，而决非其个人影响和努力。"势"将确保他对大臣们的控制并使其臣民绝对效忠于自己：

> 是故群臣之不敢欺主者，非爱主也，以畏主之威势也；百姓之争用，非以爱主也，以畏主之法令也。故明主操必胜之数，以治必用之民；处必尊之势，以制必服之臣。故令行禁止，主尊而臣卑；故《明法》曰："尊君卑

臣，非计亲也，以势胜也。”（《明法解》）

因此，君主使其臣民对他产生的情感不是“爱”，而是“威”或“恐惧”[41]。

君主维护其势的最重要手段是独掌生杀大权：

人臣之所以畏恐而谨事主者，以欲生而恶死也。使人不欲生，不恶死，则不可得而制也。夫生杀之柄专在大臣，而主不危者，未尝有也。故治乱不以法断，而决于重臣；生杀之柄不制于主，而在群下，此寄生之主也。故人主专以其威势予人，则必有劫杀之患，专以其法制予人，则必有乱亡之祸。如此者，亡主之道也。故《明法》曰："专授则失。"（《明法解》）

制群臣，擅生杀，主之分也；悬令仰制，臣之分也。威势尊显，主之分也；卑贱畏敬，臣之分也。（《明法解》）

为了防止近臣篡夺王势，君主必须公正无私，建立和加强常规不变的法度，用来惩罚逾轨行为：

国无常法，则大臣敢侵其势。（《君臣上》）

明君在上，便僻不能食其意，刑罚亟近也。大臣不能侵其势，比党者诛。（《君臣下》）

如果下面的百姓放纵行为，不守法纪，君主之势亦将受到严重损害，他的权威也会随之衰落：

> 然民淫躁行私，而不从制，饰智任诈，负力而争，则是过在下；过在下，人君不廉而变，则暴人不胜，邪乱不止；暴人不胜，邪乱不止，则君人者势伤，而威日衰矣。(《正世》)

从上引我们看到，君主地位和君主之“势”的作用间有着明确的关系；同时，《管子》对这个概念的阐明（尤其是第六十七《明法解》），不仅内容是最丰富的，其思想也是最具启发性的。尽管在《管子》中，“势”这一概念仍保留了许多它本来的兵学含义，然而其使用范围则确切无疑地已从军事领域扩大到了政治领域。

《吕氏春秋》

“势”的概念在《吕氏春秋》中的许多部分都可以见到，不过我们从《慎势》篇里实际上就可以了解它的发展。其开宗明义即称，君主必须恃其势，以维护王位不堕：“失之乎数，求之乎信，疑；失之乎势，求之乎国，危。吞舟之鱼，陆处则不胜蝼蚁。”[42]

如果君主失势，他会成为其臣属手里的傀儡。此篇不仅强调了“势”对于维护王权的至关重要性，而且更进一步用“势”来规定王权：“王也者，势也；王也者，势无敌也。势有敌，则王者废矣。”君主失势，必会模糊他与近臣之间的等级差别，并且最终会威胁到他的王权：

> 权均则不能相使，势等则不能相并，治乱齐则不能相正，故小大、轻重、少多、治乱不可不察，此祸福之门也[43]。

因此，君主在维护其王位的过程中，首先关注的是，不断保持他本人与他所控制的那些人在“势”上的差别：“诸侯不欲臣于人，而不得已。其势不便，则奚以易臣！”

《慎势》强调了“势”对于君主的重要性之后，进而阐明了王国实际上是建立在便利君主用“势”的原则基础之上的。其中“以大令小”的原则在文中不断被重复强调：

> 故以大畜小吉，以小畜大灭，以重使轻从，以轻使重凶。

> 故以万乘令乎千乘易，以千乘令乎一家易，以一家令乎一人易。尝试反此[44]，虽尧、舜不能。

依据本文，“以大令小”原则，历史上曾用在分封制上，其结果在加强君主之“势”。确实，王国经分封成诸多的侯国，曾是治天下所施行过的最有效的控制方法。对君主而言，统辖若干个小国恰是最为有利的：

> 天下之地，方千里以为国，所以极治任也。非不能大也，其大不若小，其多不若少。众封建，非以私贤也，所以便势全威……

这一治世原则的有效性已被历史实例所证明：“故观于上世，其封建众者，其福长，其名彰。神农十七世有天下，与天下同之也。”

大国之中存在着众多小国，它们都在天子的掌握之中，但并非是随意设置的。相反，封建必须遵循一定的规模和方针，以便利帝国的控制。首先，天子必须将宫廷设置在本国的政治与地理中心：“凡冠带之国，舟车之所通，不用象、译、狄鞮，方三千里。古之王者，择天下之中而立国，择国之中而立宫，择宫之中而立庙。”王国的封建是以帝国中心向外辐射，越靠近中央，采邑越大越重要，而天子的个人领地则是其中面积最大和最重要的一块：“王者之封建也，弥近弥大，弥远弥小，海上有十里之诸侯。以大使小，以重使轻，以众使寡，此王者之所以家以完也。”

本篇首先强调了“势”对于天子努力维持其“大”的重要性，并且阐明了“以大使小”的封建原则。接着认为，用

“势”的相对重要性即在于它与用贤是相对立的。这里表明的对“势”的看法，所坚持的正是先王的观点和做法，即“势”越大，便越容易达到目的。虽然贤德确实为人所向往，但获得成功的基本因素不是贤德而是“势”，这一点明确无疑：

> 所用弥大，所欲弥易。汤其无郼，武其无岐，贤虽十全，不能成功。汤、武之贤，而犹藉知乎势，又况不及汤、武者乎！

此外，本篇还明确指出，君主为了维持其势以确保其国王之地位，他必须完全认识到政治等级差别的重要性并且努力去维护这些差别：“有知小之愈于大、少之贤于多者，则知无敌矣。知无敌则似类嫌疑之道远矣。”尽管国王的个人领地在王国中是最大和最有势力的，然而，相对于整个封建王国而言，王室的领地仍然是较小的。因而他如果用“势”来维持王国的分封，就可以保持大畜“小”，而不是小畜“大”。

正如王国是以易于君主用势的方式建立起来的那样，王国中的那些政治等级也是从同样的目的出发建立起来的。君主应十分警惕地注意社会和政治各阶层的等级秩序，以及他们各自的权利和义务，以保证现实结构的稳定：

> 故先王之法，立天子不使诸侯疑焉，立诸侯不使大夫疑焉，立适子不使庶孽疑焉。疑生争，争生乱。是故诸侯

失位则天下乱，大夫无等则朝廷乱，妻妾不分则家室乱，适孽无别则宗族乱[45]。

我们下面在考察《韩非子》中的“势”这一概念前，先来阐述一下韩非子的老师荀子的思想，这将是十分有用的。因为正是荀子对儒学这一富有生命力的学说的发展和传播，作出了特殊的贡献。

《荀子》

对《荀子》深入研究后，我们认为，它对“势”的看法标示了这个概念发展的一个新阶段。在先秦后期充满生气的百家争鸣中，法家的政治理论虽居中心思想的地位，但并非没遇到任何挑战。《荀子》或许是先秦所有文献中最有批判性和说服力的一部论集，我们在《荀子》中看到儒学对法家认为必须把“势”而不是把德智看作有效政治控制的首要条件这一观点的辩驳。

《荀子》中“势”的用法包括了所有兵家和法家著作中这个词用法的全部含义。另外，“势”最常用的是如法家思想家所发展的专门概念那样，用来表示政治地位和伴随而来的权势之含义。尽管《荀子》采用了“势”的兵家与法家的特殊含义，但这并不等于说，他接受他们所提出的这一概念，相反，《荀子》用“势”是反对他们的观点的。

《议兵》篇一开头即反对兵家用兵的非道德主义态度。认为孔子的道德教义既可以用于治国，也可以用于治兵。《荀子》附带提到了临武君运用这个术语来重申《孙子》和《孙膑兵法》的观点，以表达他与荀子的不同看法。其中如“权”“谋”“变”“诈”和“势”等概念，是兵家著作中所常用的，并且其含义恰如读者所理解的一样。此外，由临武君所提出并遭到荀子即刻驳斥的那些战争法则，亦给人以深刻印象：它们确是兵家理论中的基本思想[46]。《荀子》这一篇里，否定了兵家强调“势”在兵战中具首要性的观点，而把它看作是次于诸如民众拥护和上下同力等因素的东西。并认为“势”只是德治的一个辅助手段。决定战争胜负的并不是暂时的军事优势，如兵力与地形上的优势等，而是人心的向背。因此，从《荀子》的观点看，“势”即意味着君主获得民众的拥护，而这是他首先应关心的德治的一个结果。

除了不赞同法家对于用兵之“势”的重要性予以过分强调外，《荀子》在论述中还反对法家在其治国思想中将“势”置于首要地位的做法。正如我们所了解的，法家的政治哲学排斥儒家仁德忠义的教化，主张恃势与苛政，因而不赞同儒家“选贤任能”的基本主张。尽管儒家寄希望于君主转变成为圣人，但法家则强调其位势的客观性。

当我们全面了解了荀子对儒家学说的阐释和实际应用的贡献，认识了荀子在法家思想登峰造极时所处的作为儒家思想的旗手地位以后，我们对认为正是荀子反对了法家“势”的观念，并承当了捍卫儒家学说发展重任的看法，就不会完全感到意外了。荀子在某种程度上接受了法家任势而治的主张，在实际中，他也称赞古代圣人的任势而治，承认它对社会秩序的巩固作出了贡献：

> 故古者圣人以人之性恶，以为偏险而不正，悖乱而不治，故为之立君上之势以临之，明礼义以化之，起法正以治之，重刑罚以禁之，使天下皆出于治，合于善也。(《性恶》)

荀子虽然对秦国的政治方案持有保留意见，但仍承认这一基于法家君主恃势等思想的方案的效用性[47]。荀子在坚持儒学信念的同时，指出对于获得和维持统治，为政以贤德较之恃势更应居于优先地位：

> 处胜人之势，行胜人之道，天下莫忿，汤、武是也。处胜人之势，不以胜人之道，厚于有天下之势，索为匹夫不可得也，桀纣是也，然则得胜人之势者，其不如胜人之道远矣！(《强国》)

为了说明这一点，荀子指出，一个势力有限之封侯，凭借个人贤能及治理国家的具体表现，即可以王天下[48]。与此相对照，他还引用了历史上暴君桀与纣的例子，他们虽继承了王位并享有因此而来的权势，但却由于道德沦丧而失去了这一切，最终落得众叛亲离[49]。因此，君主虽是握天下利势之人，但如果他偏离了儒家的王道，则其虽有利势却远不如没有：

> 国者，天下之制利用也；人主者，天下之利势也。得道以持之，则大安也，大荣也，积美之源也；不得道以持之，则大危也，大累也，有之不如无之。(《王霸》)

荀子谴责了法家要求君主倚势制其下臣的做法，认为这是强迫其下臣服从的非常拙劣的办法："非劫之以形势，非振之以诛杀，则无以有其下，夫是之谓暴察之威。"(《强国》)

荀子的思想与法家"势"的观念的主要分歧在于：法家把"势"看作是治国的一个充要条件；而荀子则确信，没有民众的拥护，"势"犹如一条沉船，是浮不起来的。"势"的获得与保持，只是赢得民众的一个结果："聪明君子者，善服人者也。人服而势从之，人不服而势去之，故王者已于服人矣。"(《王霸》)而唯有对民众利益有实际贡献的仁德君主，也即儒家所谓的圣人，才能为人所服。聪明的君主服务于民众，是认识到民众的支持亦可保证他的安全；昏暗的君主则不然，他只关心他的"势"：

> 故明主急得其人，而暗主急得其势：急得其人，则身佚而国治，功大而名美，上可以王，下可以霸；不急得其人，而急得其势，则身劳而国乱，功废而名辱，社稷必

危。(《君道》)

总之，荀子的“暗主”与法家功利型君主的形象有着惊人的相似。

《韩非子》

《韩非子》是公元前3世纪中叶的作品，被认为是集先秦法家各派之大成的著作。从许多方面看，它都可以看作是公元前3世纪中叶的某些流行思想的一个集中体现和详细阐述。这些思想需要的正是某个严厉批判的头脑（而不是玩世不恭的头脑）把它们融会贯通，纳入一个具有内在统一性的政治哲学体系。而这个体系中的核心思想之一就是“势”。

《韩非子》使用“势”概念，采纳了所有此前法家著作中赋予它的特定含义。实际上，这部著作对“势”这个特定的法家概念作出了最透彻的阐释。由于《韩非子》运用“势”的思想较任何其他早期著作更为广泛，因此，仔细研究这部著作中的有关内容，将会使我们对这个概念及其在法家政治理论中的重要性，有一个更加清晰的理解。确实，正是由于韩非以其深刻的辩论阐明了法家的核心概念，“势”在法家的治国理论中才开始占有如此重要的地位，以致讨论政治若不论及“势”，将是无法想象的事。《韩非子》用了整整一章来论证这一概念的重要性。

这部著作中有关“势”的用法大体上有三个方面需要特别

注意。首先，其中只有四段句子中的“势”是涉及兵战的[50]，但是这些又都太一般化，以致不能体现作为特定军事术语的“势”的含义及其用法。其次，“势”在某些地方常用作“现今之势”[51]。其三，或许可以断定，“势”在《韩非子》中最常见的，是作为特定的法家术语用来表示事物及其发展的趋势。在人之“分”（社会和政治身份）与“势”（它表示这种身份的某种状况）之间，有着明确的关系。“分势不二”的提法书中曾出现过两次[52]。关于这类用法书中则有大量例子，如：认为普通社会身份的人无“势”[53]，而晋升之人[54]、为公者[55]、王储[56]、朝官[57]、王后和嫔妃[58]、大臣们[59]以及所有侍奉君主左右的人[60]等，他们都有符合其身份地位的“势”。当然，“势”是分等级的，君主自己的势等级最高。

《韩非子》作为一部君主治国的必备参考书，自然非常关心君主之位与势的作用的关系。《韩非子》对这一关系的描述多沿用了此前法家著作中的说法，尤其是上面分析过的《管子》中的法家部分。

在法家传统中，正式的“分”概念表示的是某种政治地位所应承担的权利和职责，它作为区分和确定官吏个人权力的理论方法，早已有详尽的阐述[61]。在《韩非子》中，政治的核心理论是“形名”，它首先是建立在对官僚阶层的权利和职责的明确规定之上的，并且其具体的贯彻实施亦绝对遵循这一规定。当一位大臣或官吏向君主献策时，他被要求对他的政策何以对国家有利作出详尽的说明。是否采纳他的政策，是根据他的预见的准确性来定夺的，当大臣们的实际工作与其职责相一致以及当他们的策论与实际效果相一致时，他们就会获得大量的奖赏；反之，当缺乏这种一致性时，即会依惯例给予公正和严厉的惩罚。

从君主的眼光看，形名理论有双重意图：首先，职责的履行与政策的落实，这些都一股脑儿落在各级朝臣的肩上；其次，分隔每个下臣的权势以保护王室的权势。

君主的地位能否巩固，这是由能否保持他的“势”来决定的：“万乘之主，千乘之君，所以制天下而征诸侯者，以其威势也。威势者，人主之筋力也。”（《人主》）为了维护他的统治，能干的君主不允许各级官吏的权利与职责出现混乱：“参疑之势，乱之所由生也，故明主慎之。”（《内储说下六微》）如果君主不去牢牢掌握其地位带给他的权势，却热衷于去做臣属们所做的事，他会发现自己在两个方面都一无所获：“夫不躬亲其势柄，而欲为人臣所宜为者也，睡不亦宜乎！”（《外储说左上》）

君主除去其作为君主的身份外，也有其个性。然而如果君主治世依靠的是其个性而不是他的位势，那么他就是在以个人之力同国中每一个人相竞争：

> 国者，君之车也；势者，君之马也。夫不处势以禁诛擅爱之臣，而必德厚以与天下齐行以争民，是皆不乘君之车，不因马之利，释车而下走者也。（《外储说右上》）

君主若只依靠其个人的统治才能，并不能很有效地控制王国的权力，他只有发挥他作为君主的作用，才能做到这一点：

> 不任其数，而待目以为明，所见者少矣，非不弊之术也。不因其势，而待耳以为聪，所闻者寡矣，非不欺之道也。明主者，使天下不得不为己视，天下不得不为己听。故身在深宫之中而明照四海之内。(《奸劫弑臣》)

显然，维持统治的根本在于君主之势，而不在于他个人的聪明才智："夫有材而无势，虽贤不能制不肖。"(《功名》）运用君主的作用和影响，甚至一个非常平庸的人也能有效地统治："且夫以身为苦而后化民者，尧舜之所难也；处势而骄下者，庸主之所易也。"(《难一》）反之，如果没有君主之势，即便是一位理想的政治首领也无法有效地治理国家："无威严之势，赏罚之法，虽尧舜不能以为治。"(《奸劫弑臣》)

君主之"势"的作用在于保持对其臣民的控制，"民畏所以禁，则国治矣"。(《八经》）在君主同臣僚的关系中，如果君主想保持地位不堕，那他就必须只相信他的权势，而不是臣僚的忠诚："(君主）恃势而不恃信"[62](《外储说左下》)。民众为君主所用并不是由于君主向他们示以仁爱，而是在为其所用的过程中，也能得到他们自身的利益："彼民之所以为我用者，非以吾爱之为我用者也，以吾势之为我用者也。"(《外储说右下》）当君主用势达到十分纯熟时，它就不仅可以制止大臣的放纵违纪，也可以用来防止阴谋邪恶，在它发展到威胁他的地位之前挫败它："故子夏曰：'善持势者，蚤绝奸之萌。'"（《外储说右上》）

君主之"势"是依靠他手中的生杀大权来维持的："君执柄以处势，故令行禁止。柄者，杀生之制也；势者，胜众之资也。"（《八经》）但是，这同一个"势"如果不作为君主独有的财产而掌握在他的手里，就有可能为他属下的人所借用，而"偏借其权势，则上下易位矣"。（《备内》）书中还反复警告君主，切不可分势给他的下臣："人主又安能与其臣共势以成功乎？"（《外储说右下》）如果他给了某位下臣一点点特权，那么此例一开，就有可能让他输出百倍的利益："权势不可以借人，上失其一，臣以为百。"（《内储说下六微》）

一旦君主的"势"被剥夺，就难以有卷土重来的机会。因为完全有可能在一片混乱之中，君主本人被杀死，他的国家也会被吞没："势重者，人君之渊也[63]。君人者，势重于人臣之间，失则不可复得也。简公失之于田成，晋公失之于六卿，而邦亡身死。"（《喻老》）

尽管《韩非子》对于"势"的作用的描述基本上同我前面分析过的《管子》中的描述大致相同，但是，《韩非子》至少有三个方面偏离了早期法家的思想。首先，《韩非子》重视君主左右的监督大臣和其他近臣，而在更早的法家文献中则不是这样。从历史的观点看，这或许可以解释为对紧张的政治斗争时期的一个创见性看法，正是在这个时期，阴谋、谋反和大臣的犯上作乱成为政治变动的焦点。《韩非子》把政治生活解释成个人私利的不断冲突过程。只有懂得如何利用其威势的君主才是精明的和有决断力的，才能够持久地掌握权力。所有人倚之为立身之本的高尚情感如爱、真诚、荣誉和仁慈等，都已被那些心怀鬼胎的大臣们以及权势的觊觎者所抛弃，取而代之的是权力斗争中的冷酷无情和勾心斗角。《韩非子》提出的疑虑并非是针对社会制度和关系的，事实上，越是接近权力中心的人，对君主的威胁越大。因此，君主要想避开对他权位的挑战，就必须时刻警惕，因为这些威胁很可能就来自他的身旁。

其次，由于《韩非子》体现了法家学说的系统化，因而毫不奇怪，“势”概念在这部著作中已完全融入一个成熟的政治哲学体系。它已不再表示为某种独立的概念，而是一个同其他的法家核心概念，如“术”“法”“二柄”以及“形名”等相互关联不可分割的概念。

最后，或许也是最重要的，《韩非子》中“势”的思想并不只是作为某种纯粹的政治理论提出的，而是作为某种实践政治理论体系的核心原则提出的，这一实践的政治理论体系较之它的两大思想来源儒家与墨家学说更成熟，并取而代之成为当时流行的理论。因而，在《商君书》和《管子》中讨论和阐述到的“势”，均只是着眼于它自身的含义及特点，但在《韩非子》中，它的实际含义则常常可以同“治”的概念相对照，例如说：“且民者固服于势，寡能怀于义。”（《五蠹》）这段话下面还接着指出，孔子贵仁义，却只能使七十人服从于他，而鲁哀公（有关史料不详）则使其治下所有人臣服，也包括孔子在内。孔子的道德仁义对君主（即便他是很平庸的）的势其作用是相矛盾的，但起决定作用的则是君主的势。而且孔子的道德与知识才能对他的君主也丝毫没有影响，他毫无选择，只能服从于哀公的势。

《韩非子》在证明了“势”作为治国手段的重要性之后，进而对当时的一些儒家和墨家学者作了严厉的批评，指责他们只知向其君主鼓吹仁义，不知教其如何用势。他警告说，这种做法是假定君主是孔子，普通百姓都是他的门徒，这实际上是不可能的。

《韩非子》还在另一段里批评了孔子答叶公子高问政所说的“政在悦近而来远”（《难三》）这句话。《韩非子》认为，这样做即等同于“是舍吾势之所能禁而使与下[64]行惠以争民”，其结果仍可以断定是必然行不通的。

如果说在这些段落里法家与儒墨之间的对抗还只是某种因素的话，那么，在《难势》中，这一对抗则已是整个议论的主题。《难势》大部分内容，是关于法家在一场公开辩论中驳斥一些人的用贤而治的观点，并且为自己的用势而治观点作辩护。其辩论分作三个部分。

第一部分包含了一段声称引自慎到著作[65]的关于“势”作为某种统治手段之重要性的论述。今本《慎子》中亦有类似的一段话，但是更简略。而这里则显然因作者的某种意图作了扩充。这段论述指出，虽然君主的贤智亦可以有益于治，但这绝不能被看作是有效之治的充分条件，这一点已由历史得到证明：例如尧无威势，故而他在政治上是软弱无力的。没有足够的威势，贤者在政治中简直无足轻重。这也由历史得到证明：那些无德材薄之君主如桀等，能够恃势支配和左右那些远比他们有价值的人。慎到由此认为，位势是治天下的充要条件。

第二部分是一段从某种儒家观点对慎到的论述的反驳，提倡的是用贤而治。虽然它也承认势是政治所需的一个条件，但却绝不是一个充分的条件，这一点亦可以由类比的方法和历史事实来证明。如它用类比的方法（实际上即是用慎到的类比方法）说，飞龙腾蛇的确需要乘云雾（比喻为势）以飞行，然而蝇蚁即便是有云雾可乘，也不能飞行。因此云雾虽然是飞行所需要的条件，但并不是一个充分条件。它还用历史实例（用的也是慎到所列举的历史实例）来说明，贤德的君主用势可以治天下，而不肖者即便是有势，亦不能有效地治理天下。事实上，他们的势只能助长其暴乱并扩大他们的破坏性影响。而同样的势若掌握在贤明君主手里，则会更加有利于天下的治理。因此，一个政论家如果只知以势的原则作为治的充分条件，而丝毫不考虑君主是否贤能，其结果将很有可能更容易破坏天下之治的局面。

第三部分内容是通过进一步阐明慎到文章中的思想精髓，来驳斥儒家的上述辩解，以捍卫势的原则。这一部分也展示了韩非子自己的立场。他在阐明慎到思想的同时，也分析了两种不同的势："必于自然之势"和"人之所设之势"。"必于自然之势"是指人类无法控制亦无法影响之势。文章引用了历史上尧舜（古代圣贤样板）和桀纣（典型的暴君）为例，来说明这类"势"。这类势亦即如《商君书》中所说的："故势治者不可乱，势乱者不可治。"（《定分》）由于这类势不可能受到人力的重大影响，故在治论中不必作重点考虑，那是毫无意义的。因此作者明确说："吾所为言势者，言人之所设也。""若吾所言，谓人之所得势也而已矣，贤何事焉！"（《韩非子·难势》）

作者接着试图证明用贤而治的思想与用势而治的思想是不相容的：

> 夫贤之为道不可禁，而势之为道也无不禁，以不可禁之贤与无不禁之势，此矛盾之说也。夫贤势之不相容亦明矣。（《难势》）

这就是说，由于这两种治政的方法是不相容的，所以只能在两者中选择其一。作者认为势之所以优于贤的理由在于：前者即使对处于乱世的平庸君主来说，依然可以采用；后者则只适用于最圣明的君主。例如圣贤如尧舜或暴虐如桀纣，他们都有人之不可得之势（即自然之势），并且几乎没有真正要解决的治的问题。故人们必须面对两种选择：一种是用势，这可以获得千世之治；另一种是用贤，致力于道德教化，其结果则必须忍受千世之乱，却难得一见圣人所期望的天下之治。因此，《韩非子》的核心思想即是要为一般材质（甚至更糟）的君主设计某种政治体系，并且申明它的政治哲学的实用性。当儒家于幻想中迫使他们的君主步履蹒跚地攀登道德之巅，并鼓励他们去追求可望不可及的理想目标时，《韩非子》则令人满意地提出了一个与当时那些君主的实际能力相适应的方案。统治被看作是一种技巧，而“势”则被看作是某种政治交易中必不可少的工具。

第二节 《主术》中的“势”

“势”在《主术》中的运用，与它在历史上较早的法家著作中的运用，有着密切的联系。我们将其中的有关句式与那些较早的法家著作如《韩非子》中的内容作一比较，就可以证明这一看法。因为我们马上就可以发现，二者之间在语言与内容上都有着惊人的相似。《主术》虽然与法家著作有某些相同的术语和思想基础，但也同时融合进了那些只能看作是与传统的法家思想根本不同的思想内容。这些各异的思想在《主术》中获得了本质上的一致性。

《主术》中论势的部分有些是直接用法家语言来阐述的，有些则是法家思想同借取于其他学派思想的某种复杂的合成物。为了分析它们的含义和倾向，需要对这些内容逐段进行研究，抽象出法家的成分，并把它们同其他思想来源分离开来。

1. “势”是治政的一个有效手段

《主术》中有三段内容以驾驭马车来比喻政治，其中有一段在倾向上似乎完全是法家的：

> 权势者，人主之车舆；爵禄者，人臣之辔衔也。是故人主处权势之要，而持爵禄之柄，审缓急之度，而适取予之节，以天下尽力而不倦。夫臣主之相与也，非有父子之厚，骨肉之亲也，而竭力殊死、不辞其躯者，何也？势有使之然也。

在这段内容里包含了一些法家的思想因素。确切地说，它对君臣关系的表述，是完全基于君主的想法和利益的。我们也注意到使用了驾驭马车的比喻（参见《韩非子》的《外储说右上》《外储说右下》和《难势》等篇中类似的内容），并且把“势”看作是保证君主凌驾一切的手段。君主因势即可以不必在同一水准上与其臣民竞争，而独自占有至高无上的统治权。还有说明它具有法家影响的是，它主张运用适当的赏罚作为制驭群臣的一个手段。另外，作为法家因素对它的影响还体现在它强调臣对君忠这种关系的局限性，并且否定将这种关系看作是确保下臣勤恳诚实地为君主服务的一个有效方法（亦见《韩非子》的《奸劫弑臣》和《难一》中之有关内容）。人们最终会注意到它主张君主应通过保持他的至高无上的地位和因此而形成的威势，来迫使臣民对他绝对服从。

2. 君臣的共生关系

《主术》中另一段以君主驾驭马车喻治的内容，其思想倾向则相对要复杂一些。其云：

> 圣主之治也，其犹造父之御，齐辑之于辔衔之际，而急缓之于唇吻之和，正度于胸臆之中，而执节于掌握之间，内得于心中，外合于马志，是故能进退履绳，而旋曲中规，取道致远，而气力有余，诚得其术也。
>
> 是故权势者，人主之车舆也；大臣者，人主之驷马也。体离车舆之安，而手失驷马之心，而能不危者，古今未有也。是故舆马不调，王良不足以取道；君臣不和，唐、虞不能以为治。执术而御之，则管、晏之智尽矣；明分以示之，则跖、蹻之奸止矣。

这段话显示了同法家思想的密切联系。而且可以注意到它也使用了驾驭车马的比喻（请参照《韩非子》中的《外储说右上》、《外储说右下》和《难势》中的类似内容）以及提到了善驭者王良和造父。同时我们看到它也强调“术”。这里我们还注意到它的另一个法家思想因素是，认为如果君主弃其车马而不用，置自己于其下民之同等地位而相争，其处境会是相当危险的（参照《韩非子》中的《外储说右上》前一段类似内容）。此外，这段话还提到了两位法家的杰出人物管仲和晏子。最后，人们还可以注意到，这里运用了“分”的概念，以及阐明了明确划分和维持各阶层的身份、权利和职责的重要性（参照《韩非子》中的《内储说下六微》中有关内容）。

第二段内容的基本倾向显然是法家的。然而，它又强调一种君臣间共生关系——一种相互合作、互利互助的关系——以反对君主的独裁专制，因而可以看出它也受到一定的儒家思想的影响[66]。这一思想的影响同法家所谓“上下一日百战”（《韩非子·扬权》）的这种永恒对抗的看法，形成鲜明对照。儒家这种对君臣共生关系的解释，在下面一段话里成为中心议题：

> 夫疾风而波兴，木茂而鸟集，相生之气也。
>
> 是故臣不得其所欲于君者，君亦不能得其所求于臣也。君臣之施者，相报之势也。是故臣尽力死节以与君，君计功垂爵以与臣。是故君不能赏无功之臣，臣亦不能死无德之君。君德不下流于民，而欲用之，如鞭蹄马矣。是犹不待雨而求熟稼，必不可之数也。[67]。

我们可以将《主术》的这一段话同《韩非子·难一》中一段类似的话作一有趣的比较：

> 明主之道不然，设民所欲以求其功，故为爵禄以劝之；设民所恶以禁其奸，故为刑罚以威之。庆赏信而刑罚

必，故君举功于臣而奸不用于上，虽有竖刁，其奈君何？且臣尽死力以与君市，君垂爵禄以与臣市[68]。君臣之际，非父子之亲也，计数之所出也。君有道，则臣尽力而奸不生；无道，则臣上塞主明而下成私。

从表面看，两段话在行文与内容上都有着明显的一致性，然而仔细推敲即可以看出，《韩非子》所直接阐明的是有关赏罚政策的基本思想，而《主术》则正如它所集中讨论的那样，说的是君臣关系的共生性。

《主术》在阐明上述几段思想内容时，列举了豫让和武王这两位历史人物的事迹，来说明君主仁德的重要性。阐明了君主仁德之厚同号令于天下有着直接的联系。在《韩非子》中，赐予臣民的奖赏和荣誉，只是令其为君尽忠死节的某种利害手段；但在《主术》中，给予臣民爵禄和恩惠，一般被认为是君主应尽的道德责任。君主施其仁德与恩惠予其臣民，作为回报，臣民即应尽忠尽职，为其提供良好的服务。反之，若君主对臣民的利益和需要漠不关心，那么实际上他是在削弱他自己的权位。《主术》在阐释君臣关系时所注入的这种道德责任的观念，清楚地表现它已不再是法家思想的某种翻版。

此外，法家著作最显著的思想特点之一就是，它完全是从君主利益的观点出发来阐述其政治理论的。然而在《主术》上述的那段话里，对君主与臣民关系的描述则完全基于相互的责任与义务。如果说与前者有差别，那么即在于它更着重的是臣民的利益。它不仅要求君主不要奖赏无功之臣，而且亦明确主张臣民也不可为不负责任的君主做事。《主术》这种包含有鲜明地主张君主与臣民间共生关系的“势”的思想内涵，体现了对儒家思想的一个明确继承。

3. 君主的“势”被篡夺，是衰落的征兆

尽管在《主术》中有许多地方着重借鉴了儒家传统的思想，来取代法家的政治理论，然而也不应忘记，其中仍有很多方面的内容是法家思想观念占主导地位。例如下引的一段就其倾向而言，完全是法家的：

> 乱国则不然，有众咸誉者无功而赏，守职者无罪而诛。主上暗而不明，群臣党而不忠，说谈者游于辩，修行者竞于往。主上出令，则非之以与；法令所禁，则犯之以邪。为智者务于巧诈，为勇者务于斗争，大臣专权，下吏持势，朋党周比，以弄其上，国虽若存，古之人曰亡矣[69]。

前面一段说的是贯彻了法家政治理论的政治安定之国家，而这一段则描写的是抛弃了这些理论原则的乱国衰世。而且明确指出，衰乱主要表现为臣夺主势[70]。

4. 重势而不重个人才智

《主术》中体现出来的另一个我们熟悉的法家思想原则，

是主张君主治政应依靠其王者之势，而不应恃其个人才智：

> 吞舟之鱼，荡而失水，则制于蝼蚁，离其居也。猿狖失木，而擒于狐狸，非其处也。
>
> 君人者释所守而与臣下争〔事〕，则有司以无为持位，守职者以从君取容，是以人臣藏智而弗用，反以事转任其上矣。
>
> 夫富贵者之于劳也，达事者之于察也，骄恣者之于恭也，势不及君。
>
> 君人者不任能，而好自为之，则智日困而自负其责也。数穷于下则不能伸理，行堕于国则不能专制，智不足以为治，威不足以行诛，则无以与（天）下交也。

从这段话里可以很容易看出有某些法家的思想因素存在。例如，认为君主必不可以放弃运用他的位势，而与他的臣民做平等之争（参见《韩非子·备内》）。君主应用势来统治他的臣民（参照《韩非子·八经》）。人们还可以注意到它对定分的强调（参照《韩非子·外储说左上》）。最后，它亦认为君主个人的聪明才智是不足以治政的（亦请参照《韩非子·外储说右上》）。

下面一段话反复强调了君主应恃其势而不应恃其聪明才智的道理，断言甚至贤智之人亦不能不受制于君主的权势：

摄权势之柄，其于化民易矣。卫君役子路，权重也；景、桓公臣管、晏，位尊也。怯服勇而愚制智，其所托势者胜也。

故枝不得大于干，末不得强于本，[何？]（则）[言]轻重大小有以相制也。若五指之属于臂，搏援攫捷，莫不如志，言以小属于大也。

是故得势之利者，所持甚小，（其存）[所任]甚大；所守甚约，所制甚广。

是故十围之木，持千钧之屋；五寸之键，制开阖之门。岂其材之巨小足哉？所居要也。

认为事物之势主要是指它在整个结构中所处的重要地位（“所居要也”），这个看法同《吕氏春秋·慎势》篇有某种联系，并且同一般的法家势的思想亦不无一致性[71]。这段话中也提到了儒家“化民”的基本思想，这是颇为难得的。

5. 化民

“化”这个概念是道家和儒家思想中的一个概念。然而传统的法家学说则认为，君主能够令行禁止，是因为他有势，而不是由于他的道德影响。《管子》说：“凡人君之德行威严，非独能尽贤于人也。曰人君也，故从而贵之，不敢论其德行之高卑。”（《法法》）[72]为了确保社稷秩序，法家君主以赏罚制其臣民，用法治而不用道德教化。《韩非子》说：“故法之为道，

前苦而长利；仁之为道，偷乐而后穷。圣人权其轻重，出其大利。”（《六反》）

相反，儒家思想则常举先王之例来说明，教化人民是当政者的首要职责。例如《诗经·正义》云：“先王以是经夫妇，成孝敬，厚人伦，美教化，移风俗。”

此外，《论语》中有一段非常著名的话，其云：“季康子问政于孔子……对曰：‘子欲善而民善矣。君子之德风，小人之德草，草上之风，必偃。’”（《颜渊》）在这段话里，政被解释为影响、教育和改善的能力。《荀子》中对学习的强调以及相信通过教育可以改善民性、富裕人民的生活，同这种化民思想有明显的联系。在社会职能方面，道德教化占有较优先的地位：

> 论礼乐，正身行，广教化，美风俗，兼复而调一之，辟公之事也。全道德，致隆高，綦文理，一天下，振毫末，使天下莫不顺比从服，天王之事也。

或许在古代中国文献中讨论教化最多的当属《淮南子·泰族》。在这篇文章里，“化民”是完全从儒家的观点提出的。通观全篇，它阐述了所期望的那种道德教化之治，并且同强制性法治下的许多政策做了对比。下面一段话提供了一个将道德与法律做反复对比的例子：

治身，太上养神，其次养形；治国，太上养化，其次正法……民交让争处卑，委利争受寡，力事争就劳。日化上迁，善而不知其所以然——此治之本也[73]。

利赏而劝善，畏刑而不为非，法令正于上而百姓服于下——此治之末也。

应记住的是，儒家政治学说的基础是有机的形上学理论，因而人在教化的过程中其作用并非是消极被动的。事实上，尽管要求教育者确信，道德教育是教育的根本，但实际的学习动力则来自学生自己的勤奋努力。仁道的作用是维持一个有助于人们自我完善的环境，它不会强迫和压制本性的发展，只会促进自我成长的进程。

道家的政治思想亦与此相类似。从制度上说，宽容的政治可以直接为百姓提供一个自为的环境：

故圣人云："我无为而民自化，我好静而民自正，我无为而民自富，我无欲而民自朴。"（《老子》五十七章）

道家君主同人民的关系类似于常道与万物之间的关系：

道常无为而无不为。侯王若能守之，万物将自化。（《老子》三十七章）

理想之君主所采用的“化民”或“民化”思想，在儒家和道家理论中占有重要地位。相反，法家主张约束人的能力，使之服务于君主的目的，因此，“化民”原则上并不符合成熟的法家学说。然而《主术》中阐述的“化民”思想，却被完美地融入了一个实际中的法家体系：

> 得失之道，权要在主。是故绳正于上，木直于下，非有事焉，所缘以修者然也。故人主诚正，则直士任事，而奸人伏匿矣。人主不正，则邪人得志，忠者隐蔽矣。
>
> 夫人之所以莫抓玉石而抓瓜瓠者，何也？无得于玉石，弗犯也。
>
> 使人主执正持平，如从绳准高下，则群臣以邪来者，犹以卵投石，以火投水。
>
> 故灵王好细腰，而民有杀食自饥也；越王好勇，而民皆处危争死。由此观之，〔执〕权势之柄〔者〕，（其）〔可〕以移风易俗矣。
>
> 尧为匹夫，不能仁化一里；桀在上位，令行禁止。由此观之，贤不足以为治，而势可以易俗，明矣。

《主术》这段话的第二部分列举了历史上楚灵王和越王勾践的范例，来说明君主压倒一切的影响。这里的中心思想是，一位正直的君主，可以对他治下的臣民发挥道德上的影响和作用。以楚灵王和越王勾践为例来说明问题并不始见于《主术》，在

《管子》和《韩非子》以及其他更早的著作中就已经出现过[74]。在所有的著作里，如同在这段话里一样，都以这两个君王来表明王权的深刻影响。关于这一点，多数著作都更倾向于同样的看法。所不同的是各自以此来说明不同的想法和目的。通过对它们以同样的历史人物来阐明不同的思想这种方式进行比较，人们即可以发现，某种程度上《主术》已经打上了儒家思想的色彩。

《管子》在一段话里提到了楚灵王和吴王，它强调的是作为国之根本的农业的至关重要性：

> 故一人之治乱在其心，一国之存亡在其主。天下得失，道一人出。主好本，则民好草菜；主好货，则人贾市；主好宫室，则工匠巧；主好文采，则女工靡。夫楚王好小腰，而美人省食；吴王好剑，而国士轻死。死与不食者，天下之所共恶也。然而为之者何也？从主之所欲也。

君主竟有如此之权势，以致他希望不断保持这种对臣民的支配力量。《管子》的这段话揭示了君主的影响与臣民活动的关系，同时也说明了农业生产将决定国家的强盛与安定。但如果君主扰民，使之不能专心于耕种，则粮食势必匮乏，不能满足于国民的需要，从而也必然破坏政治的安定。作为法家学说中的一贯思想，农业被认为是百姓生存的命脉，也是统治者必须注重的一个目标。

《韩非子·二柄》中一段话为我们提供了一个例子，使我们可以将其体现出来的法家的专制思想目的同《主术》中表现出来的教化思想目的，作一更鲜明的比较，它说：

> 人主有二患：任贤，则臣将乘于贤以劫其君；妄举，则事沮不胜。故人主好贤，则群臣饰行以要君欲，则是群臣之情不效；群臣之情不效，则人主无以异其臣矣。故越王好勇而民多轻死；楚灵王好细腰而国中多饿人；齐桓公妒而好内，故竖刁自宫以内；桓公好味，易牙蒸其子首而进之；燕子哙好贤，故子之明不受国。

此段话之要义正在于：君主不可以对臣民表露其好恶。如果他这样做了，那么他们就能够利用这一点谋私利。这个问题在官吏的晋级过程中就变得特别明显。如果君主明确表示他提升的是贤能之士，那么他的大臣们就会争着设法给他留下一个印象：他们就是贤能之士。从《韩非子》的观点看，这并非就意味着这些大臣们会受到感动，从而去追求君主的理想，相反，他们只会装模作样地去欺骗君主，使他对他们的实际品质和能力做出错误估价。《韩非子》中的君主所采取的政策立场正好与上面所引《主术》中的主张构成异趣。在《韩非子》中，君主被建议掩藏他的权势目的，以防止下臣迎合其模式，并因而欺君罔上。然而《主术》主张，君主运用权势向其臣民推行某种合理的行为模式，并且推动他们去实现他的道德理想。在

《韩非子》中，下臣了解和效仿君主的模式只会是某种欺骗手段；但在《主术》中，它却构成教化的基本内容。

十分清楚，《主术》通过以灵王和勾践王的例子所说明的政治态度，同法家著作中那些看上去相似的内容中的观点是大相径庭的。我们下面从《荀子·君道》中引了一段话，其观点基本上同《主术》的观点有着同样的深刻性：

> 君者，仪也，民者，景也，仪正而景正；君者，槃也，民者，水也，槃圆而水圆[75]。君射则臣决。楚庄王好细腰，故朝有饿人。

从对《管子》《韩非子》《荀子》和《主术》的比较中我们可以看到，他们都承认"势"作为某种可以用来影响人们行为的力量，是很有效的。而在这之中存在着两种法家观点，一种认为势的这一影响可以用于鼓励农业；而另一种则认为，君主须隐藏其好恶之心，以避免受到其下臣的欺骗。它们显然都是法家学说中的重要观点。然而，在《荀子》和《主术》中也都持有另一种观点，认为"势"还可以用来教化人民。君主给人们做出某种道德的表率，人们就会努力去模仿它。君主凭借其作为一位君主所具有的权势，可以有效地规范臣民的德行。这种观点是法家和儒家学说的混合物。

化民思想从根本上说是同法家学说相对立的，但它却是道家和儒家学说中的一个主要思想。在道家和儒家传统中，尽管他们化民思想的具体规定各异，但却有其共同之处，即都认为君主不必主动去化民，或有意识地迫使人民去做某些事情，因为这是与人本性的发展相冲突的。相反，他的作用或责任只是激励人民去自发地完善其本性。《主术》接受了“势”可以有效地用作实施政治理论的某种手段的思想，主张积极探讨改善人的问题。它承续了道家和儒家的传统，坚持认为，君主用其权位之势来引导人民，使他们能集中精力于自我本性的发展，并相信个人、社会和政治的实现是相依相成的。

6. 恃势而治与用道德教化而治

在对《荀子》“势”的思想进行分析时，我们注意到，荀子虽然受法家的某种影响而承认“势”的作用；但在同时，他也反对法家坚持认为用势便足以治政的观点。《荀子》的政治理论认为，势最终依赖于民众的支持，而民众的支持则是运用儒家伦理准则治政的一个直接结果。在阐明这一观点时，《荀子》尽力为受到法家攻击的儒家政治哲学作了辩护。

《韩非子》与法家先驱人物的思想也有不同之处，其中一个主要的思想特点是，它并非将势治理论看作是孤立的，而是看作较儒家学派的德治思想更进步的思想。《主术》中“势”的思想则与此异趣，它代表了某种儒家和法家的综合，或者更准确地说，由于它试图最终解决法家势治思想与儒家德治思想之间的矛盾，因而似应看作是《荀子》思想的一个承续。一方面，它毫无困难地承认了“势”的重要性和作用；而另一方面，它又认为，“势”作为法家基本的治政手段，它也可以用来完成儒家教育人民和提高他们道德意识的任务。换言之，“势”的最终效果取决于君主能否遵循儒家的道德准则。

7. 民为势之本

《韩非子》的三段话都用了驾驭车马的比喻，把国家比作马车，把君主之势比作马。《主术》列举的三个类似的比喻句子，其中一段将“用众”的提法同“势”的概念联系起来，故或许是与法家学说在思想上最有一致性的一段：

> 今使乌获、藉蕃从后牵牛尾，尾绝而不从者，逆也；若指之桑条以贯其鼻，则五尺童子牵而周四海者，顺也。
>
> 夫七尺之桡而制船之左右者，以水为资；天子发号，令行禁止，以众为势也。

这段话鼓励君主用其作为君主可以利用的一切之势，因为它不仅是最有效的治政手段，而且也由于这样做是“顺也”。他不应当恃其个人的能力去统治他人；相反，他应当依靠其优越的王权地位来统治他的臣民，通过依赖势而不是依靠个人的能力去获得民众的支持，这样，他就可以集合其王权统治下所有人的能力。由此而获得的力量和洞察力将远远超过个别的一小撮反对他并觊觎他统治权力的人。关于“用众”的思想虽然在《管子》和《韩非子》[76]中也偶或可以找到一些资料，但在《主术》中它已发展成为一个中心议题。对此，我们将在下面予以更详细的阐述，它足以揭明“势”同“众力”概念之间具有的密切联系，而把握这种关系就会使统治者能够成功地高踞于民众之上并掌握他们的能力。

综上所述，《主术》中所使用的“势”的概念始终是一个法家的术语，并且看上去是同法家思想密不可分的，它反复阐明了法家的基本理论，对我们理解先秦政治思想很有帮助。然而它的贡献并不仅限于此。它的真正贡献在于体现了汉初流行的折中主义精神，对于选择与综合各家思想做出了不懈的努力。就“势”的思想而言，它试图以儒家的温和仁学来调和激进的法家理论，而这一努力在以下两个方面体现得最为明显。首先，它重新阐述了理想的君臣关系，认为这是一种共生的关系，双方是互应互存的；其次，论证了“势”作为治政手段的效用性，及其对实现儒家的化民善民之目标所起到的作用。这一对“势”的内容所做出的修正的阐释，同它在法家体系中作为某种政治压迫工具的作用，形成十分鲜明的对照。

《主术》的思想内容是前后一贯的，它提出了一个成熟的和自我圆满的政治理论体系。虽然在这一政治理论中某些思想因素是十分重要的，不过相对地说它的论述重点则更多地放在那些能够决定整个体系的倾向的思想因素上。因此，我们在确定《主术》的思想倾向时，应更进一步去思索的，不仅是它从法家传统中汲取了哪些内容，而且也应去思索它是如何论述它所汲取的内容的，以及它从中摈弃了什么。例如，在《韩非子》中，“势”的讨论常常涉及对放纵的下臣予以无情的压制，故存在着某种维护君主政治特权的偏见。然而《主术》的主旨则重在和谐、合作，而不是控制和竞争。《主术》在确定了“势”概念的基调之后，将它纳入一个折中的政治哲学之中，并努力将法家学说的实用性同与之争鸣的其他传统思想中更为人道的考虑结合在一起。

注释

〔1〕见徐复观《两汉思想史》第 2 卷，第 143 页。

〔2〕郭化若《十一家注孙子》第 2 页总结道：孙武所作的《孙子》，是对春秋时期战争特点的一个总结。它是吴国进攻楚国所获得的战争经验的结晶，是对吴王阖闾和伍子胥以及其他人的军事事务研究的一个产物。《孙子》经过了一个多世纪的口头传述，后来由孙武的后裔孙膑增补编定，成为现在所见到的十三篇。虽然这一意见曾经在学术上很有代表性，但由于近来出土了《孙子兵法》残简和从未见到过的《孙膑兵法》，因此，这一意见已值得重新考虑。根据 1972 年银雀山的发现，《孙子兵法》应归功于孙武一人所作，并应恢复其作于春秋时期的地位。见《文物》1975 年第 12 期第 20—24 页，《孙子兵法》成书年代相对来说较早，这至少可以由它的部分内容同《商君书》有关军事的篇章中一些论述相类似这一点予以证明（见杜文德克的《商君书》第 244—252 页）。

〔3〕钱穆证孙膑的生存年代为公元前 380 年—前 320 年。1972 年银雀山汉墓出土的《孙膑兵法》简书三十篇，或许正是《汉书·艺文志》所记孙膑八十九篇的一部分。另外，同时出土的属于

《孙子兵法》的那部分简书文字，使我们能够对这两位兵家的代表人物及他们的著作做出区分。《孙膑兵法》各篇原简摹写本，《文物》1975 年。

〔4〕注者认为临武君为楚将。

〔5〕赵孝成王（约公元前 265 年—前 245 年）。

〔6〕参见《孙子·军争》。

〔7〕亦见《韩非子·五蠹》和《淮南子·兵略》。

〔8〕郭沫若在《沫若文集》第五卷第 205 页里，根据《吴子》的内容认为，它产生于战国晚期或汉初。而第 802 页注者则认为，这一说法年代上有误，因为从《吴子》中所提到的兵器来看，其成书年代大约在六朝时期。由于《吴子》一书的编订缺乏可靠性，而且“势”在其中也只出现两次，所以，我将这部分略去不提，而宁愿依据较为可靠的《孙子》和《孙膑兵法》。

〔9〕见刘殿爵《孙子简注》，第 332—333 页。

〔10〕“形”“势”二词合用见《管子》第二篇《形势》和第六十四篇《形势解》，以及第十三篇《八观》，其含义似乎是指“事物之形”和“现有的条件”。此外它也出现于第六篇《七法》中，其含义似更着眼于防御的物质设置，如城郭、濠沟和堡垒等，它们必须建立在有利的战略位置上。“形势”的表述也出现于《淮南子·兵略》：“凡物有朕，唯道无朕。所以无朕者，以其无常形势也。”

〔11〕“势”（purchase）这个词常在支配或控制的含义上使用，也就是说可以使人施加影响和压迫力来完成某件事。它可以指用来加强影响力的具体谋划或设计，也可以指运用这一计谋所获得的有利的态势。我这里有意识地避免使用“power”（力或权力）或“force”（力量）作“势”的对应词，是由于我认为，关于某事件的“势”，往往是与为完成某事件所需要的实际能力有很大区别的。它是一种“力”（power），但这里若解释为“力”则太笼统了。

〔12〕也见《孙膑兵法》第111—122简及《淮南子·兵略》。

〔13〕有关这段含义的讨论，可参见劳的《孙子简注》第331页。我认为“势”是一个专门的兵家术语。《文物》1974年第12期所载《孙子兵法》简书中一段话里，“奇势”乃用其合成的含义（第145—146简），这是支持我的观点的一个佐证。另外，从第18页的讨论看，这段话缺误太多，使人不敢贸然做译解。

〔14〕虽然《孙膑兵法》第243简缺损严重，无法做出确定的解释，但是其中“势”的概念似乎仍可看出是指“情形”或“情况”。另外，“势”这一含义的使用亦可见于第257—260简：

> 夫犯益（隘）（下缺）退敢物（刎）颈，进不敢距商（敵），其故何也？執（势）不便地不利也。執（势）便地利，则民自进（下缺）自退。所胃（谓）善战者，便執（势）利地者也。

〔15〕见《孙膑兵法》第349简：“有所有馀，有所不足，刑（形）執（势）是也。”

〔16〕亦见《孙膑兵法》第359简：“故战執（势），大陈（阵）□断，小陈（阵）□解”。在第32简也有类似的表述。“兵势”，其云：“威王曰：‘善哉！言兵執（势）不穷。’”

〔17〕见《商君书立本》“行三者有二势”。

〔18〕这里首先参考的是《四部丛刊》中的资料，其次是朱师辙的《商君书解诂定本》，它对版本问题的研究是十分出色的。

〔19〕见《淮南子·兵略》：“故德义足以怀天下之民，事业足以当天下之急，选举足以得贤士之心，谋虑足以知强弱之势。此必胜之本也。”

〔20〕见《淮南子·兵略》：“凡物有朕，唯道无朕。所以无朕者，以其无常形势也。”

〔21〕例如是《淮南子·兵略》：“人虽众多，势莫敢格。……势

胜人。”

〔22〕此文中的“钤”据许慎注，乃是为避“权”之讳而用的替代词。

〔23〕“招摇”为北斗星的第七星的名称，构成北斗的长柄部分。《淮南子》卷五《时则》是关于依招摇星所指示的时辰方位而举行社稷之礼仪大典的详细说明。招摇指寅，时为孟春；指卯，时为仲春，依此类推。见《淮南子》卷五内容，以及见李约瑟《中国科技文明史》第5卷第250页。

〔24〕“形德”的含义是指十二辰（支）和十日（干）。

〔25〕见冯友兰《中国哲学史》第1册第318页。《韩非子·定法》清楚地指出了申不害和商鞅分别为重“术”和重“法”的代表，但是并没有像这样明确地说过慎到同“势”概念的联系。

〔26〕见汤普森的《慎子佚文》13（第236页）和71（第274页）。《佚文》13与《韩非子·难势》和《淮南子·主术》中一段很相似。

〔27〕见《庄子·天下》：“而笑天下之尚贤也”和“而非天下之大圣。”以及“……无用贤圣”。

〔28〕类似的归之于慎到的话也见《意林》卷2和《太平御览》907卷（第4022页）。另外，类似的但并不归之于慎到的话见《商君书·定分》和《尹文子》等。

〔29〕由于法家思想主要是说给君主本人听的（多是关于如何维护其独有的特权的统治术），因此，如何去获得一个君主的权位这样明显的问题实际上是不会出现的，故这个问题或许没有什么价值。只有如何去扩大君主的政治势力才是他们所关心的核心问题。

〔30〕见罗根泽的《诸子考索》第510页，认为《商君书》成书约在公元前260年—前233年之间；陈启天《中国法家概论》第234页将其中的11个部分的内容归于商鞅或“可能是商鞅”所作，而将其中的12个部分归于西汉以前的后人的作品。杜文德克则在

《商君书》（英文版）第 141 页认为其中一些基本内容至少作于公元前 3 世纪。高亨则在他的《商君书注译》序里，表示了与杜文德克同样的见解。

〔31〕见杜文德克《商君书》第 131 页，以及高亨《商君书注译》第 10—11 页。

〔32〕《汉书》之《艺文志》列公孙鞅于“法家”类，而《刑法志》则云：“吴有孙武，齐有孙膑，魏有吴起，秦有商鞅，皆禽敌立胜，垂著篇籍。”

〔33〕如见《管子》第 17、26 和 28 诸篇。

〔34〕见上面关于“势”为专门的兵家术语的讨论。

〔35〕我从朱师辙据《群书记要》所引，读此段文中的两个“世”为“势”。也可参见《韩非子·难势》，其中引用了这段话的一部分。

〔36〕参见《商君书·定分》。

〔37〕这段话不同版本之间有相当大的不同。我从朱师辙的著作第 86 页引尹万里本。

〔38〕在这部著作里，如同在《商君书》中一样，其使用的含义是十分广泛的。其中突出强调的一个用义便是“现今之势”，如《轻重》篇云：

> 管子对曰：“和宜乘势，事之利得也，计议因权，事之囿大也。王者乘势，圣人乘易，与物皆宜。”（从于省吾读“厌”作“和”；从郭沫若读“幼”作“易”。）

另一个着重强调的用义是“必治之势”。下引《管子·明法解》一句颇类似上引《商君书·定分》中一段话，它指出乘现今之势即能够得其治：“明主在上位，有必治之势，则群臣不敢为非。”断言乘势而治，将会产生难以抗拒的影响，以致可以使盗贼变为诚实的人。这样的说法在《商君书·画策》和上引《定分》里都可以见到。亦可以见《管子·八观》:“故形势不得为非，则奸邪之人悫愿。”

〔39〕《管子》第76篇《山至数》讨论“国之五势”:“桓公问管子:‘请问国势’，管子对曰:‘有山处之国，有氾下多水之国，有山地分之国，有水泱之国，有漏壤之国。此国之五势。’”

“天势”的说法亦见《揆度》:“共工之王，水处什之七，陆处什之三。乘天势以隘制天下。”这两段话见闻一多的著作第1139和1159页。

〔40〕《淮南子·泰族》对“参伍”一词做了明确的解释：先王仰观俯察而立“参”：家、国、官；序君臣、父子、夫妇、长幼和朋友之伦常，此之谓“五”(参见附录《主术》译文注129)。

〔41〕此例证见《管子·明法解》。

〔42〕比较《韩非子·难三》，其中有一类似的话被归之于申不害:“申子（申不害）曰:‘失之数而求之信，则疑矣’。”

〔43〕比较《荀子·王制》:

> 分均则不偏，势齐则不壹，众齐则不使。有天有地而上下有差，明王始立而处国有制。夫两贵之不能相事，两贱之不能相使，是天数也。

汤普森第98页引《意林》记慎到的一段话亦曰:“两贵之不能相事，两贱之不能相使。”

〔44〕从毕沅注读“尝试及此”作“尝试反此”。

〔45〕我从陶鸿庆第125页，释“疑”作“拟”，有“比拟、趋同、觊觎”之意。

〔46〕见姜尚贤《荀子思想体系》第344页，以及韦政通《荀子与古代哲学》第118—119页，他们列举了在这场争论中荀子实际被曲解的例子。

〔47〕见《议兵》篇。

〔48〕见《王霸》篇。

〔49〕见《强国》篇。

〔50〕见《韩非子》中《爱臣》《孤愤》《内储说上七术》等。

〔51〕正如我们所指出的那样，在早期法家著作里，这个词的含义是相当宽泛的。一个突出的用法即是指“现今之势”，如“惠子曰：‘置猿于柙中，则与豚同。’故势不便，非所以逞能也。”（请比较《淮南子·俶真》篇中类似说法）另一个显著的用法是说两个事物间的相形之势。尽管这可以婉转地说成是相互“关系”，不过需要提示的是，“势”在它最初兵学上的用义本就是形容两军之间相互所处的地位，也就是说，指的是两军双方的相互关系。我们这里“势”的意思是形容两国之间互为倚借的关系：“夫虞之有虢也，如车之有辅，辅依车，车亦依辅。虞虢之势正是也。”（见《韩非子·十过》）

〔52〕见《难三》和《八经》。

〔53〕见《五蠹》。

〔54〕见《功名》。

〔55〕见《外储说右上》。

〔56〕见《奸劫弑臣》。

〔57〕见《和氏》。

〔58〕见《备内》。

〔59〕见《外储说右上》和《外储说右下》。

〔60〕见《八说》。

〔61〕譬如《商君书》里即有一篇为“定分”。在《管子·明法解》里，“分”也是一个重要的概念。

〔62〕参见《商君书·禁使》。

〔63〕见《喻老》：“制在己曰重。”这是对《老子》26章的一个注解。

〔64〕见《难三》。我从顾广圻注读“不”作“下”。

〔65〕见汤普森第234页，

〔66〕见徐复观第143—144页，其中也讨论了儒家的影响。

〔67〕在《淮南子·二柄》篇这段充满叙旧情调的话里所使用的“德”这个词，是同“刑”相对立的：“二柄者，刑、德也。”何谓刑、德？曰：“杀戮之谓刑，庆赏之谓德。”

〔68〕我据《淮南子·主术》对这段话做了校勘。

〔69〕参照《管子·明法解》。

〔70〕在第十三卷《氾论》篇里有一段类似的话，以完全法家的口吻告诫大臣，不要去染指君主的政治权势：

> 昔者齐简公释其国家之柄，而专任其大臣。将相摄威擅势，私门成党，而公道不行。故使陈成田常、鸱夷子皮得成其难。使吕氏绝祀而陈氏有国者，此柔懦所生也。

这里作者严厉批评了齐简公放任他的大臣争权夺势的做法。这是同法家预言君主的权势被逐渐侵夺以及君主本人最终将会灭亡的过程相一致的。

〔71〕也见《淮南子·主术》“是故人主处权势之要……”。

〔72〕“化”这个概念出现于《管子·君臣下》和《君臣上》。然而“化”在《管子》的这两段话里并不具有“自为”的含义，它们表达的是正统的法家理论。例如《君臣上》云：“身立而民化，德正而官治。治官化民，其要在上。”“化民”这一观念不仅为后来的法家所摈弃，而且甚至在《管子》的这些篇章里，也已经受到了君主立德并非是关怀其臣民这样的思想原则的挑战。

〔73〕我从王念孙读“上”作“本”。

〔74〕见附录译文注释所开列的一系列有关资料。

〔75〕我从梁启雄《荀子简释》第165页读此段的意见。

〔76〕见《管子》的《法法》《形势解》；《韩非子》的《定法》《八经》《难三》。

第四章

法

在这一章里我要讨论的是“法”这个词从其“模式或准则”之原初意义到“刑法”概念的演变。这并不是说在此之前中国还没有一个刑法的观念。正相反，学者们一致同意，所有早期出现的人类社会，在其生活中都发展了某些对付犯罪行为的惩罚方式〔1〕。《左传》中即提到了夏律，而且确实在商代中叶，随着书写语言的逐步发展和完善，以及政治统治方式的精致化，某些刑法律令被明确地表述并记载下来〔2〕。

叔向和孔子针对铸刑鼎的批评说明，直到公元前6世纪为止，法一直是统治阶级的特权和责任。据《左传》记载〔3〕，接受（确切地说，如何接受的方式并不明了）、解释、运用以及世代相传其祖先遗留下来的法律，这只是贵族长子继承权的一部分。事实上，统治阶级运用法律，无疑是维护现存阶级结构的一个重要因素。虽然这要求他们具有诉讼断案等方面的专门知识和能力，但正是这一点使他们获得了平民的尊重和服从。

叔向在一封书信里〔4〕，将公布和铭刻子产的法律同夏时的《禹刑》、商时的《汤刑》和周时的《周刑》的编集做了比较，这个编集亦正如子产的法律一样，它是那些较早的刑律确定化的产物，但要想知道它们何时被记录下来则是相当困难的事[5]。

在公元前6世纪中叶，法律被铸刻在青铜鼎上，从而为大众所了解。这件事首先发生在郑国，然后是秦国[6]。这些法律后来为李悝的《法经》所沿用。依《晋书·经法志》所说，李悝的这部著作开法典之先河，而其内容则是参考了诸国之法律。正是李悝的这部法典，构成了商鞅著名的政治体系的基础。商鞅的刑律则构成了秦汉刑法的框架。

为了阐明包含了刑法内容的“法”的概念演变，我考察了它在法家学派出现以前的一些文献中的用法。同时，我还期望能对“法”的含义充实之前用来表达刑法思想的语言材料作出分析和说明。虽然由于材料的年代及真实性难以确证，但作出某种存疑性的假设还是有可能的。首先，早期文献中所出现的“法”这个词语，其绝大多数用意都说明，早在法家学派形成前，“法”是被用来表达“模式或准则”的。而唯有进入战国时期以后，随着法家学者采用了这个概念并注入了他们自己的思想意图，它才开始具有了“刑法”的含义。其次，在“法”的概念被用来表述“刑法”的含义之前，这层含义通常是用“刑”这一概念来表述的。“刑”的最初含义是指“刑罚”，以后才扩展到“刑法”。我下面将顺着这一基本的思路，来逐一考察法在先秦主要思想学派道家、儒家和法家中的地位和作用。

第一节　先秦政治哲学中的“法”

道家传统

由于《老子》并没有直接论及法，因此我必须从它对于政治的一般态度来加以推断。《老子》七十五章中的一段话里，有它对其政治态度的一个简要说明：“民之难治，以其上之有为，是以难治。”这种政治上的“有为”是与作为道家政治思想核心的“无为”截然对立的。《老子》否认法律是某种社会公正的客观准则，反对把它作为某种维护社会秩序的方法。相反，它认为强制性的法律和礼仪规范是一些利益集团为巩固其权势和攫取私利所采用的某种工具。《老子》第五十三章刻画了现实的政治，表达了对其现状的极度愤懑：

> 朝甚除，田甚芜，仓甚虚；服文彩，带利剑，厌饮食，财货有余，是谓盗夸。非道也哉！

《老子》否定任何礼法的普遍准则，认为它们关系到的是那些给社会带来极大损害的人的利益，并且认为它们只是为极少数当政者服务的。它们被强加于大多数人的头上，人为地限制了他们的自然发展：如果这样，那它们就同“压迫人性的方式”[7]没什么两样。由于法律和规范限制了人性的自然发展，因此，当政者的压迫和专制同人的自然发展本性之间的矛盾会日益加剧。而政府越是以严厉的手段来处理这种紧张的矛盾，就越会遭到人民的强烈反抗。《老子》第五十七章对这种无疑是引火自焚的政治方式做了生动的描写：

> 天下多忌讳，而民弥贫；人多利器，国家滋昏；人多伎巧，奇物滋起；法令滋彰[8]，盗贼多有。

因此，以任何“有为”的方式或手段去影响社会的秩序，结果只会加速它的瓦解。而一旦政治的压迫和暴行达到了极点，政治压制同本性发展之间的尖锐矛盾就会一触即发。民众虽面对死亡的威胁，也会义无反顾，起来摧毁导致这一矛盾的根源：

> 民不畏威，则大威至。（七十二章）
>
> 民不畏死，奈何以死惧之？……常有司杀者杀。夫代司杀者杀，是谓代大匠斫。夫代大匠斫，希有不伤其手矣。（七十四章）

一个国家迫不得已用残暴的刑政，恰恰说明它已开始走向衰落，因而它需要这些严酷的手段；但这些手段并非治世之良方，是不可能实现社会安定的。具有讽刺意味的是，当政者若以死刑来威胁人民，其结果只能是敲响自己的丧钟。由于以刑罚为治政有效手段的这种思想同《老子》的思想要旨是那样的扞格不入，因此，要想说明道家思想同法家思想之间的微妙关系就有相当的困难[9]。

我在讨论《庄子》中的刑法思想时，采纳了学界普遍认为只有“内篇”才是庄子本人所作的看法[10]，这七篇的内容应该是《庄子》的核心思想。“内篇”首先关心的是个人对于道以及至真至神的精神境界的追求，它提出了某种个人修养的方法，即通过对私我的克服以及返朴还淳、回归于自然来实现自己。社会政治问题只是违背自然的个人自私欲望的派生物，因此，即使重要，也只能屈居第二位[11]。“内篇”诸文的一个重要的思想特点，即认为，所有法令规定，均是人的观念作用的结果，故而是相对的。法令应视为是建立在某种普遍的道德观念之上的，因此，庄子反对将它作为某种专制与个人独断的东西[12]。故进而言之，“内篇”这部分的一个一以贯之的主题，是对人的自然生命超越[13]的期望。庄子一方面反对将任何体现了专制思想道德准则的专制法令归之于人的固有品性，另一方面“内篇”中也有更多的材料而不只是零星提示表明，庄子也主张同现实状况和准则保持某种有益的一致性[14]。“其人”虽认识到政治强制的规范在根本上是无意义的，但是他也不会因此公然冒犯这些当政者，故意惹祸上身。

关于这七篇“内篇”，还有一点颇值得注意。正如格雷汉姆所指出的：“‘内篇’诸文十分有趣，均以一些残疾之人为热诚的布道者。当然他们各自的观点是相当不同的。文中对他们丝毫未表示出任何同情或怜悯，而是把他们像王侯或圣人那样看待和尊重。”[15]这些残疾者中多数都是残肢之刑的牺牲品——通常是被砍掉了一只脚。尽管他们遭受了刑法如此残酷的对待，但他们中多半仍被看作是圣贤般的人物。正由于如此，我们认为，庄子并不主张以触犯刑律为理由，来抹杀一个人所具有的高度觉悟。

我们也许还应考虑到《庄子》中有关法和刑罚之态度的另一部分思想内容，格雷汉姆将它们称为“原始主义者的作品”。这些篇章极不同于“内篇”，它们非常注重社会和政治问题，其中一些段落的句子内容引自更早的文献，有的极类似于《老子》。这些原始章节中的一个主题如同《老子》一样，讨论的是历史“退化”的理论〔16〕。它其中的一个思想是，不仅坚持认为国家应是一个自在、简易和素朴自然的社会，绝不需要任何智识和违背自然的强制秩序，而且还进一步谴责了当时政府的法律、税赋以及由此而来的腐化堕落，认为这些东西看上去是那么神圣无瑕，但其骨子里却是牺牲多数人的利益以满足极少数人的放纵与享受。这种历史退化论的观点，批判了近世的文明，颂扬了上古之世极其素朴简易，把它看作是理想的社会。

《马蹄》一篇描绘了理想的和充满罗曼蒂克色彩的上古村落社会。它远离文化与文明的堕落的影响，永远保持其淳朴的状态。法律及所谓圣人所作的社会道德礼仪，均是文明设下的一个陷阱，因而遭到否定。《胠箧》篇则清楚地陈述了这样一种观点：“殚残天下之圣法，而民始可与论议。”法律及符、玺、斗、衡，所有这些文明所创造的值得骄傲的东西，都应受到谴责，因为正是这些东西蒙蔽了人的本性。故《在宥》篇中又说：“自三代以下者，匈匈焉终以赏罚为事，彼何暇安其性命之情哉？”

虽然道家著作都没有特别论及刑法等问题，但是它们却都从其基本的观点出发，对整个政治问题作出了广泛的思考。《老子》的观点同《庄子》的核心思想往往是一致的[17]。两者都认为，法是所谓文化的糟粕，它是同“无为”的观念相对立，并且是与生活在它制约下的那些人的本性发展相冲突的。我们从道家“无为”的思想中可以进一步推论他们对法的看法和态度。

我在别的地方已论述过，由《老子》《庄子》和《淮南子》代表的道家政治学说所主张的彻底的无政府主义，包括了四个方面的思想条件：某种人性论，其人性之完成与实现是因其“自由”的结果；排斥强权对于人的自由的限制以及因此对人性之实现所造成的阻碍；某种对于将来可以实现的无压迫和权威的社会，以及人性及其能力因此可以直接和毫无拘束地充分表现的理想观念；某种从现实的权力社会向无权威的理想社会过渡的实践方法[18]。这第二个条件依照道家“无为”观念，或是最充分的，而且或许也是最类似于西方无政府主义理论的特征。以“无政府主义”或“无为”这一概念来表征的政治学说，其哲学上有着惊人的相似之处。因为二者都否定统治者或权威。“无为”思想如“无政府”思想一样，并不是对个人理想行为的描述，它说明的是事物间所应实现的某种关系，是对由某一事物来决定其他事物的这种权威性的否定。由形上学而言，“无为”是对先知先觉、神设天命的否定；就政治学而论，它是对专制独裁的否定。在道家的政治架构中，它表达了人的自由。

十分重要的是，“无为”是某种消极的“自然”方式。通常我们可以转译为“natural”（自然的或天性的）或“spontaneous”（自发的或本能的），但或许译成“spontaneous natural arising”（本性自然地呈现），更为确切。这就是说，它否弃人为的强制性规范，而主张顺从天道和谐。此正如《庄子》所云：“无为为之之谓天。”（《天地》）“无为”被用来表明至真至圣的人其行为同人类和自然环境所处的关系：“圣人者，原天地之美而达万物之理。是故至人无为，大圣不作，观于天地之谓也。”（《知北游》）“无为”的这种“自发的”含义，使我们看到政治上的道家同西方无政府主义理论家如普朗顿（Proudhon）和柯林（Colin）等的一致性。这两位学者曾明确指出，无政府主义阐明的主要不是政治上治与不治之间的差异，而是下面自发的自然之治同来自上面强加的人为之治如法律和规范等之间的差异[19]。

在道家政治思想同西方无政府主义理论之间，存在着一个重要的差异。道家基于它的个人与社稷共同发展关系的观念，并不拒绝人为建构的国家；相反，它把国家看成是一个自然的体制，或许类似于家庭。《老子》确实反对专制君主和权力统治，然而值得注意的是，他又十分重视圣人君主庇护下无压制与无权威的社会。《老子》第十七章含蓄地表达了这种作为某种自然体制的国家观念：

太上，不知有之；其次，亲而誉之；其次，畏之；其次，侮之。信不足焉，有不信焉。悠兮其贵言。功成事遂，百姓皆谓："我自然。"

一个国家君主的最好处在于，他自然地可以起到特殊的组织作用，而不是以一个权威的角色出现。

"无为"作为取代强制性的法律与规范的一种观念，在《淮南子》首篇《原道》中，得到了进一步发展。首先，它强调了"无为"的重要政治含义并给予了更简洁的阐释：

漠然无为而无不为也，澹然无治也而无不治也。所谓无为者，不先物为也；所谓无不为者，因物之所为。所谓无治也，不易自然也；所谓无不治者，因物之相然也。

该文接下去对统治制度作了描述，并且比较了自然之治同强权政治的差异：

夫天下者亦吾有也，吾亦天下之有也，天下之于我，岂有间哉！夫有天下者，岂必摄权持势，操生杀之柄而以行其号令邪？吾所谓有天下者，非谓此也，自得而已。自得，则天下亦得我矣。吾与天下相得，则常相有，已又焉有不得容其间者乎！

虽然道家不接受自然状态的君主与政治制度观念，不过它不遗余力地反对法律和规范所象征的权力之治，并揭示了这种“力”治方式中隐含的矛盾。因此对道家来说，值得一试的最起码的理想目标，即是以无为而治取代刑法之治。

儒家传统

孔子

在探讨儒家学派对待法的态度时，我发现一些著名学者对这个问题持有某种共同的看法，不过我对这种看法却不能苟同。这里有必要对这种看法的主要特点略作分析〔20〕。首先，他们认为孔子及其教义的早年追随者，都主张某种通过道德教化实现社稷之治的政策。换言之，实现社稷之治的政策方案是教人循“礼”(社会规范和制度)。其次，认为这些早期儒家把刑罚看作是同他们的礼仪制度相冲突的。因而他们都主张反对使用刑罚，尤其反对将刑律条文公之于众。也可以说，孔子及其早期信徒对刑罚怀有毫不掩饰的敌对情绪。最后，认为儒家在后来的发展中逐渐开始承认刑罚的必要性，以致“在汉儒中已相当普遍地认为，刑罚可以作为道德教化之补充。”〔21〕

虽然我在这里无法对这一观点作细致的剖析，但我仍要指出，这种提法犯了历史的错误。可以断定，孔子所提到的礼法之间的对立，直到几个世纪以后，当儒家被迫开始面对上升的法家的挑战时，才真正出现。

上述这种流行观点的一个主要缺陷，乃是绝对化了孔子儒家政治哲学与法家之间的对立。其基本的看法则是认为礼与法是水火不相容的，并由此进一步认为法家的立场正是对刑罚的绝对信仰和对礼的彻底否定。

萧公权对礼法以及关于这个问题看法上所存在的混乱曾经做过恳切的考察，他的考察是有说服力的[22]。他指出，“礼”与“法”既有狭义，也有广义。“法”的狭义是指审理诉讼和断案的条律；“礼”的狭义则是指礼仪典章尤其是指宗教和社会制度的条文。在这一狭义的层面上，这两个概念被混淆的可能性是极小的。然而在广义上，“法”和“礼”都是指管理政府和规范人民的某种制度。这两个概念之间含义上的这种相互交迭，是中国社会演变所产生的一个结果。中国社会结构最初是以氏族制度为基础的，并且直接从氏族制度衍生出各种社会制度。但是当氏族社会让位于封建社会之后，统治者即发现需要以某种“贵贵”的观念取代“亲亲”的观念。而在这种新的制度出现以后，“礼”这个名称却保留了下来。不过，这种新的“礼”制，无论是其范围还是内容都较氏族社会的“礼”更宽泛和更复杂，因此它也涵盖了“法”的许多方面。

因而，在早期氏族社会里，我们发现有两种明确区分的概念——刑罚和代表了各种礼仪的规范。在封建制度时，“法”日益变得更复杂和多样，它逐渐含括了各种错综的关系和制度。与此同时，“礼”与新的社会结构相适应，其内涵也日益丰富和周详。“礼”与“法”这两个概念的差别，正是在内涵的这种逐渐扩充过程中，不断缩小。由于“礼”最终体现为完整的社会礼仪、制度和风俗习惯，且由于法之制定又总是不断与某些现实的道德相适应，故而两者间的联系显得非常密切。

前述关于孔子儒家的那种看法认为，法家抛弃了礼制而建立了法制。我认为，在法制的国家里，礼对于稳固社会秩序仍是不可缺少的，因而具有相应的结构。只有当人们同法律发生了冲突，现存的礼才会由法令来取代。没有礼，法制国家也无法建立社会秩序。试问：这样的话，人与人之间将如何相处？而如果贵族因其社会地位所获得的俸禄不会增加，那又将怎样？法家的立场并非是要完全以法来取代礼，只是确信仅有礼是不足以实现法家的强国与政治稳定的目标而已。基于这种看法，法家坚持主张，礼只能作为法制的某种补充。

基于上面的分析，我认为无论是在儒家传统抑或是在法家传统，法和礼的关系，远不是对抗那么简单。事实上在它们各自的实用政治概念中，礼法是互补的因素。我相信，这种互补的观点与孔子对待刑罚的态度有联系。对这一点，我们可以从《论语》和《左传》的材料中给出证明。

据《论语》记载，孔子主张效法先王，治之以道德说教，这是他的政治哲学的核心。然而，对道德教化的重视，并不妨碍注重实际的孔子在他的政治思想中给予刑罚一席之地。这对道德教化虽是不幸，但却又是其得以实施的必要保障。孔子就像后来的孟子一样，在理论上是平等主义的，但是在实践上，仍倾向于封建的社会等级制：“子曰：‘民可使由之，不可使知

之。'”（《论语·泰伯》）

孔子在比较君子和小人时，表示他注重的是刑罚，而不是小恩小惠，这反映出了孔子理想的某一特点。如他说：“君子怀刑，小人怀惠。”《论语》中还有一段话，将德政与刑政相提并论：

> 道之以政，齐之以刑，民免而无耻；道之以德，齐之以礼，有耻且格。”（《为政》）

在这段话里，导之以刑政与导之以德礼之间成鲜明对照。这段话也常常被解释成提出了两种不同的政治方法〔23〕。然而对孔子来说，社会即是道德创化之成果。这段话突出强调的是，刑政本身还不足以构成最理想的社会及政治方式的基础，要想实现真正有效和永久的政治和谐，道德礼教应置于优先地位。只有当它失去了作用时，才可以使用法律。《论语》中对德教与适当地运用刑罚的关系说得很清楚：“事不成则礼乐不兴，礼乐不兴则刑罚不中。”（《子路》）

在森严的封建等级制度中，“礼”即是指维护等级差别的传统规范体系。它的作用主要在于明确差别并使之制度化。另一方面，“乐”则是一种和谐的影响，其功能在于促进社会的亲和与凝聚。上面这段话很好地阐明了儒家以教育民众为国家首要职能的主张。只有当礼的全部内容已经过教育反复地向民众灌输了之后，也只有在这时，才可以将刑罚加诸那些该罚之人。故《论语》云："子曰：'不教而杀谓之虐'。"（《尧曰》）可以认为，运用得当时，礼和法便不再是相互冲突的因素，而是互补的因素：两者并存对社会治安是大有助益的。

除了上引的这段话之外，学者在讨论孔子对待刑罚的态度时，还经常论及下面几段话：

> 季康子问政于孔子曰："如杀无道，以就有道，何如？"孔子对曰："子为政，焉用杀？子欲善而民善矣。"（《颜渊》）
>
> 子曰："善人为邦百年，亦可以胜残去杀矣。诚哉是言也！"（《子路》）
>
> 子曰："听讼，吾犹人也。必也使无讼乎！"（《颜渊》）

与某些学者的意见相反[24]，我不同意这些话体现了对刑罚的完全否定。简单地说，只是因为孔子并不认为刑罚是治理社会的最好办法，所以他认为以死刑来惩罚谋杀是不甚妥当的。他辩解说，一旦德政付诸实施而百姓有了道德上的责任感，那么他们就不会去犯谋杀罪。不过，孔子作为一位非常实际的哲学家，他对实现其理想的可能性又并非很有把握。

有关孔子对刑罚的态度，我们还可以从《左传》中找到一些材料，这些材料大体上同《论语》中的思想有着一致性。其中有一个子产铸刑鼎的著名例子。里面提到一封叔向致子产的信，激烈地谴责了这一行为，表达了一个十足的"儒家"对待刑罚的立场（尽管是在孔子之前）[25]。然而据《左传》记载，孔子无论何时提到子产都是赞誉之词[26]。如称赞他是“足以为国基矣。”[27] 他也称赞叔向治国制刑，正直不偏[28]。在《左传》（昭公二十年）中孔子也评论到子产死后的政治，竭力强调治政时宽猛并用的必要性，认为唯有宽猛相济，才可以收政和之效。虽然孔子以德治及无犯罪和法律国家为其理想，然而他同时也清醒地意识到，唯有依赖人类的努力才能达到他的理想目标。例如在《论语》中，他就曾经指出：即便是善人为政亦需百年为期，通过反复地向人们灌输道德教义，最终做到不再使用残杀之刑（参见《子路》章）。孔子确信，在从他所处的乱世一直到实现理想之世的这个进步过程中，德教与刑罚将扮演同等的角色。在《左传》（哀公十一年）中他指出，仅以法治国，必将大乱。

确实，在我研究孔子对待刑罚的态度时，最令我不解的是《左传》（昭公二十九年）中孔子反对将范宣子所著刑法铸在青铜鼎上（即公元前 513 年）的一段话。这段话同叔向致书子产的话颇有相似之处，这往往使学者将孔子对刑法的态度同叔向的看法联系起来[29]。克莱尔则对《左传》将这段话归之于孔子存有异议。他说的这段话同我们所确信是他思想的那些话的整个精神是扞格不入的。”[30] 我不同意克莱尔的观点。与杜国庠的看法一样[31]，我不认为这段话包含的思想是同孔子基本的思想精神相左的。在此，我想谈一点我自己的看法。

首先，孔子这里并不是反对刑法。相反，他反对的是，以范宣子在春季会盟时颁布的那些低劣的法律概念来取代由周武王之子唐叔所受晋文公所守的高尚的法律制度。其次，孔子的立场是，法同礼一样，必须去适应社会创造性的发展。因此，公布法律并将它们刻在鼎上的做法，会损害为确保法律适应变化的情况而不断改革的进程。最后，孔子反对刻刑法于鼎上，也是担心从此会贵贱失序。青铜鼎这个值钱的祭器，其本身也许会变成尊贵的对象，人们从此将不再尊贵那些执法者。故对孔子来说，首先重要的是圣贤之人的决断，而不是法律条文。

因此，《左传》中的材料没有任何一条可以说明孔子否定了法。相反，它们同《论语》中所描绘的孔子形象是一致的。我们有充分理由相信，孔子虽然将法列为治政的次要方面，但却认为是必不可少的。

孟子

孟子对刑罚的态度的最显著特征，是承传和阐释孔子的思想精义。正如他以前的孔子一样，孟子要人们确信，理想政治有赖于那些当政者的德绩。孟子称这种理想政治为“仁政”。“仁政”观念包含了孔子要求君主及其大臣必须注重个人的品性修养这一基本思想。他们自身德性的完善，将为那些依赖他们引导的人们所效法，并且双方相得益彰。那些普通人对他们领导者的人格力量之表率满怀敬意，并以自己的道德行为作出响应。

孟子认为，尽管所有普通人都具有实现其善端的本能[32]，但是作为一个有着明确的社会分工和机会限制的、其结构相当完善的封建社会中的成员，他们不得不依附于少数统治者。正如他的一段名言所说的那样："故曰：或劳心，或劳力；劳心者治人，劳力者治于人。"（《孟子·滕文公上》）这或许是相当实际的见解。理论上孟子是个平等主义者，但实际地说，他始终相信，有贵族和圣贤之人，就必然会有平民百姓和道德低下之人，这是人类社会之必然。贵族阶层接受了传统道德的熏陶，他们各司其职，共同负起道德公正的责任，决定着社会行为的进程。而下层百姓，由于他们蒙蔽了本性，迟钝难悟，因此在这同一个社会进程中，只能受社会的强制性准则和法的指导与约束。孔子和孟子显然都认为，心中诚服于德性的指令远胜于勉勉强强屈从于外在的强制力："以力服人者，非心服也。力不赡也；以德服人者，中心悦而诚服也，如七十子之服孔子也。"[33]（《孟子·公孙丑上》）

君主左右的近臣可以去实现仁政的理想，他们根本用不着倚恃外力之强迫手段来获得国民的屈从。当暴政需要通过严酷刑罚和横征暴敛来维系自身的时候，仁政却无须依靠这些强制性的和物质的手段，就能够赢得民众的支持："王如施仁政于民，省刑罚，薄税敛……可使制梃以挞秦楚之坚甲利兵矣！"（《孟子·梁惠王上》）反之，如果为政者一开始就忽视了他应保证其百姓有令人满意的生活水准这个道德上的责任，并因此在百姓本能地起来反抗时采取残酷镇压的政策，那么就等于是故意为百姓设下陷阱："有恒产者有恒心，无恒产者无恒心。

苟无恒心，放辟邪侈，无不为己。及陷乎罪，然后从而刑之，是罔民也。”[34]（《孟子·滕文公上》）

我们从下引《孟子》中的一段话里可以发现，孟子对待刑法的态度还存在另一方面，这是孔子的教义中没有提到过的：“贤者在位，能者在职，国家闲暇。及是时，明其政刑，虽大国必畏之矣。”（《孟子·公孙丑上》）在一个治理良好的国家里，统治者应及时向其人民明确各项制度和法律。

如孔子一样，孟子也厌恶使用刑罚。然而当必要时他也坚持认为，必须对那些危害国民利益的人给予严肃的法律制裁。例如对于战争贩子，他说：“争地以战，杀人盈野；争城以战，杀人盈城。此所谓率土地而食人肉，罪不容于死。故善战者服上刑。”（《孟子·离娄上》）因而总的来讲，孟子对待刑罚的态度仍是孔子思想的一个承续。这两位哲学家都对德政理想满怀憧憬，又都将刑罚看作是不幸的、然而有时为了巩固社会体制又不得不使用的东西。

荀子

我在探究孔子和孟子对待刑法的态度时，为了把握思想内在的联系，尽量选择原始的材料，有时也借鉴他人更为明彻的看法来作出推断。荀子的情况却不同。由于孔孟皆以弘扬道德教化为宗旨，故而对法这个问题的论述是十分草率的。然而当法家对儒家的挑战不断增加之后，这个问题也就日益紧迫和突出。为此，荀子就这个问题十分周详地阐述了自己的观点，表明了自身的立场和态度。作为一位后来者，荀子对法的阐述不仅通俗明了，也非常富有理论性[35]。

荀子在《君道》篇起首，阐明了他的儒家前辈遗留下来的问题，同时，也表明了他与早期儒家相异的思想特征：

> 有乱君，无乱国；有治人，无治法。羿之法非亡也，而羿不世中；禹之法犹存，而夏不世王。故法不能独立，类不能自行，得其人则存，失其人则亡。法者，治之端也；君子者，法之原也。故有君子则法虽省，足以遍矣；无君子则法虽具，失先后之施，不能应事之变，足以乱矣。

从这一思想来看，荀子对待法的态度可以归属儒家。其重点即在于将君子看作是法的革新者、阐释者和执行者，而客观的法本身则只起辅助作用。荀子曾在某个地方指出，法是国家的一个基本因素："故土之与人也，道之与法也者，国家之本作也。"（《荀子·致士》）同时他又强调法是从属于那些立法和执法者的[36]。法由人类所设立，并且需贤能之人的支持。法既可以导致治，亦能够导致乱，其本身是无法保障社会之稳定的。实际上唯有贯彻法的人的素质才是最重要的因素："故有良法而乱者，有之矣；有君子而乱者，自古及今，未尝闻也。"[37]（《荀子·王制》）人比法重要，是荀子反复强调的论题。甚至当法建立起来，并且付诸实施以及证实了它是行之有效的之后，仍然如此。此即"得其人则存，失其人则亡"

之谓[38]。

荀子关于人是治世的首要因素，冷酷和抽象的法则是次要因素这一观点，是同孔孟的传统一脉相承的[39]。他对法的态度的另一个特征，是主张社会等级和阶级秩序，这显然也是从儒家先驱承继而来的。如此前的孟子一样，荀子也从理论层面阐述了人类本性平等的观点[40]；同时亦如孟子一样，在实际层面强调社会道德进程中人与人有着明显差别。他认为，对那些已受过道德教化之人，应节之以礼仪；而对大多数道德未开化的下层庶民百姓，则必须制之以法："由士以上，则必以礼乐节之；众庶百姓，则必以法数制之。"（《荀子·富国》）

荀子对待法的态度还有另一特点，尽管这个特点已包含在传统的儒家教义中，但在荀子之前并未得到真正的阐明。同法家的实用主义相对照，荀子则对法的精神和意义以及法的条文与细节作了明确区分，认为"不知法之义而正法之数者，虽博，临事必乱。"[41]（《荀子·君道》）这种对精神与具体条例所作的区分，揭示了儒家与法家有关法的思想的鲜明差异。或许正是由于法家对儒家思想的挑战，促使荀子来阐明这种差异。儒家认为，法是传统道德成就的集中体现，因而主张在应用法的条文时，必须理解和把握其中隐含的意义。而法家则坚持主张，法必须保持其客观性，并且不受人的因素的影响。荀子强调的正是儒家法的思想中道德精髓的重要性。

荀子在下引的一段话里，强调了政治的教育职责，并且重申了孔子和孟子的观点[42]：刑罚的采用只有在当政者尽一切努力用包含了法的道德教义教导民众之后，它才是合乎情理的。“故不教而诛，则刑繁而邪不胜；教而不诛，则奸民不惩。”（《荀子·富国》）

尽管荀子对待法与刑罚的态度同孔子和孟子在实质上并无分歧，但是他对其观点的表述则较其前辈更为明晰透彻。当然总体上讲，他是遵循了儒家以人的行为定赏罚这种常规看法的。荀子曾针对当时一些学者关于“治古无肉刑，而有象刑”这种毫无根据的看法，明确辩答说：

> 是不然。以为治邪？则人固莫触罪，非独不用肉刑，亦不用象刑矣。以为人或触罪矣，而直轻其刑，然则是杀人者不死，伤人者不刑也。罪至重而刑至轻，庸人不知恶矣，乱莫大焉！凡刑人之本，禁暴恶恶，且徵其未也。杀人者不死而伤人者不刑，是谓惠暴而宽贼也，非恶恶也。故象刑殆非生于治古，并起于乱今也[43]。（《荀子·正论》）

无疑，唯有惩罚才可以根除恶的因素。不仅如此，它也是有助于道德教化的一个积极手段。荀子之所以主张使用严厉的刑罚[44]，首要的理由是他确信已经反复向人们宣传了犯罪的危害性，以及增强了人们的善恶观念。相反，法家承认惩罚的威慑作用，但是却对教育民众毫无兴趣。

至此，我们可以归纳出儒家对待法与刑罚之见解的某些代表性的思想特点：

(1) 完善的法并不是社会之治的充分条件。社会之治是有道君主实施仁政的一个结果，当然，某种法律制度是他最好的借助。因此，君主之好坏是能否实现政治安定的关键因素。

(2) 法是传统道德成就的一个抽象概括。因此，贤明的当政者必须阐明这些法律中蕴含的精义。这一主观因素是法律公正的根本保证，而机械地运用法律条例是绝不可能实现其公正的。主观之评判是第一位的，法则只是准绳。

(3) 法及随之而来的刑罚，只有当对民众做了道德教育的种种努力之后，其使用才是合理的。

(4) 法及刑罚都有教化之功能。

(5) 法作为唯一的准绳，必须是可以解释的，这样才完全符合法之精神。也正因为如此，法必须具有灵活性，以应对不断变化的情况。

(6) 社会的较高等级受到传统礼仪的教养，已具备了道德意识，他们一般都能够遵循其道德修养的要求和指导；但是对下层的庶民来说，则必须要有法的强制，才能使他们循规蹈矩。一个人是应节之于礼仪，还是应制之于法数，取决于其道德意识的程度。从上可以看出，儒家大体是主张以道德来教化社会，同时全面地推广礼制。因此至少可以认为，他们在理论上首先的理想目标是平等，而不是法律。

(7) 在理想社会里，法仍然是需要的，不过由于人们道德的进化，这些规范的东西已经不再那么严酷可怕了。

(8) 在实践方面，儒家思想家不得不争取实现其最低的理想社会目标，即要求贯彻其量刑而罚的一般原则。

(9) 由于法是传统道德成果的集中体现，所以君主不仅受法的约束，同样也受到其自身道德意识的约束。

法家传统

我在分析法家对于“法”的看法时，主要讨论的是《商君书》中提出的思想，暂不论其同《韩非子》中思想的歧异[45]。我们在讨论法家传统中的“法”时，有理由把《商君书》置于优先地位。首先，商鞅关于法与刑罚的学说（一种几乎通篇都言不离法的学说）[46]，吸收和借鉴了古代中文文献中大量的资料。在法家传统中，这些资料往往同商鞅的历史观结合在一起，因此有人甚至认为他是“法”的学说的奠基者。我想这样说的理由主要是，“法”在他之前或许只表现为“模式或准则”的含义，是他采用了“法”的概念，并为其注入了新的含义及赋予了更广泛的用法，使这个概念贯穿他的整个政治哲学，成为其中的主要思想原则。也有一些学者对《商君书》及其中许多内容的真实性提出争议[47]，但大多数学者都同意这部著作包含了商鞅政治学说的基本思想。另外，尽管这部著作各部分内容成文的年代可能不尽相同，以及可能经过了不同作者之手，然而其内涵总体上是相互统一的，甚至有些地方相互重复[48]。因此，我们从这部作为“法”的学说某种开端的著作出发，就有可能去阐明整个“法”的学说的主要思想特征及其内在的思想联系和演变。

其次，《韩非子》将“法”的政治哲学的建立及发展的功绩归之于商鞅，而且总是对他表示出由衷的钦敬。尽管如此，它仍然认为，商鞅的政治方案几乎完全是建立在“法”的思想之上的，因而有明显的局限性[49]。韩非子吸取了商鞅政治哲学的基本思想和精神，但也接纳了其他思想家的政治思想来架构他的体系，为此他不得不修正原初“法”学说的某些方面。我下面所做的就是对《商君书》中“法”思想以及《韩非子》同这一思想来源之分歧的详细探讨，并希望能在此基础上把握住法家对待法与刑罚之态度的总体特征。

商鞅

商鞅的政治理论和统治方法既表现为某种观点，也体现出某种目的。商鞅体现了法家理论家的特点，他的政治方案是进呈给君主的，是为君主的利益服务的，这一点从他的著作本身直接反映出来，而其最终目的则是为了政治上的生存。这也就是说，在中国先秦诸侯并立的实际情况下，与对手竞争的失败，即意味着政治上的灭亡。历史的教训证明，结盟乃至和平共处的这种妥协方法，并非是安全之策。唯一的和压倒一切的是获取对各国的统治和霸权。这一目的贯穿于商鞅政治哲学的始终，构成了它的思想色彩。因此，我们在分析他的思想时，亦应始终将注意力集中在这一点上。

对商鞅来说，政治上的霸权只有经过军事征服才能实现[50]。在一个战争已成习惯的时代，这个结论既非不切实际，也非过分。为了强兵，君主需要人力与物力的支持。而为了将暴民转变为守战的兵士，君主亦应当以秩序来约束民众，以其君主之威势，将民力引导向实现其国家之目的方面去。这即是商鞅向君主陈述的问题，并且他对解决这个问题的回答则是“法”。

商鞅说其君主云，制约民众犹如冶工锻铁、陶工抟土：“故胜民之本在制民，若冶于金，陶于土也。本不坚，则民如飞鸟禽兽，其孰能制之？”[51]（《商君书·画策》）

法作为国家秩序之来源，乃治国之根本：“法令者，民之命也，为治之本也，所以备民也。”（《商君书·定分》）法令的严明，将对农战之成功大有助益，而农战正是国家事务之根本和互补的两个方面：“故明主察法，境内之民无淫辟之心，游处之士迫于战阵，万民疾于耕战。”（《商君书·弱民》）

君主通过重法和严厉刑罚，使民众畏惧日生，正是民众对其统治者的畏惧使他们成为勇敢的士兵：

> 国无力而行智巧者必亡。怯民使以刑，必勇，勇民使以赏，则死。怯民勇，勇民死，国无敌[52]。国无敌者强，强必王。（《商君书·去强》）

商鞅以法的概念为核心，建立起了他的政治哲学。但是他并没有停留在抽象的理论意义上，幻想着统治者在贯彻施行假设的法律。相反，其法制的根源、性质及内容等都是非常实际的。商鞅针对保守派关于任何变法的举动都只会损害公众秩序的攻击和抱怨，坚持认为，不同的历史时期，就应有不同的法。若今时以昔日之礼法治世，就意味着走向灭亡过程的开始[53]。商鞅承认，上古之世人民朴直，故可以行德教之治。然而今时之民众巧伪，人心险恶，故需以刑罚制之[4]。法不仅须顺应时代环境之变易，同时亦须顺应民情风俗：

> 故圣人之为国也，不法古，不循今[55]；因世而为治，度俗而为之法。故法不察民之情而立之，则不成；治不宜于时而行之，则不干。[56]（《商君书·一言》）

正如这段话所明确指出的那样，君主考虑民俗并非是为了要施仁慈予百姓。恰恰相反，他只是意识到，法律制度若不能与人们的生活习惯相适应，就必然会受到抵制，并将会被证明是无效的。商鞅并不刻意将法说成是神的指令，或者看作是体现了远古太上那样的权威。相反，他只是进呈了一些“善法”给明主。这些法之所以称之为“善”，是由于它们反映出了对习俗及时代情况变化之洞察与了解。君主在颁行新法、革除旧法时，必须尊重人的本性，不可稍加忽视。其所罚必是人之所恶，所赏必是人之所好：

> 人生[57]而有好恶，故民可治也。人君不可以不审好恶，好恶者，赏罚之本也。夫人情好爵禄而恶刑罚，人君设二者以御民之志，而立所欲焉。（《商君书·错法》）

法的性质是这部著作中最常见的一个议题。法若要有效地发挥其功能，必须简易明了：

> 故夫智者而后能知之，不可以为法，民不尽智；贤者而后能知之，不可以为法，民不尽贤。故圣人为民法，必使之明白易知，愚智遍能知之。(《商君书·定分》)

法的制定，一旦语言上做到明白易知，有关其是非的私下议论就应予以积极清除："法已定矣，不以善言害法。任功则民少言，任善则民多言。"(《商君书·靳令》）而如果法是唯一的准则，那么欺诈也就无所用之："使吏非法无以守，则虽巧不得为奸；使民非战无以效其能，则虽险不得为诈。"(《商君书·慎法》)

法及其作用必须总是平等的、绝对客观的，并且要严格地贯彻和执行：

> 所谓一刑者，刑无等级。自卿相、将军以至大夫、庶人，有不从王令、犯国禁、乱上制者，罪死不赦[58]。(《商君书·赏刑》)

通过严格的执法，国家便可使其百姓对犯罪与刑罚之间的必然联系产生深刻的印象。任何人犯了罪，都逃脱不了法的制裁。

而刑罚作为法的痛苦的手段，其严厉性亦必须达到足以能阻止其他人重犯同样的罪的程度。儒家遵循了依罪量刑的一般原则，但是法家则不然，甚至主张对极轻微触犯法律的行为，也要处之以重刑："故行刑重其轻者，轻者不生，则重者无从至矣。"（《商君书·说民》）法家的理由是，若将轻微的罪行作蓄意犯罪及重大罪行之开端论处，那么国家就可以防止犯罪活动的增加和升级。由于轻重之罪同罚，国家用重刑的做法最终会变得多余[59]："行罚重其轻者[60]，轻者不至，重者不来，此谓以刑去刑，刑去事成。"（《商君书·靳令》）

尽管奖赏与刑罚是促使民众服从统治的互补方法，然而事实上刑罚却受到了更多的注重。商鞅提出，对于王者之治，二者之间的适当比例应是刑罚为九、奖赏为一："王者刑九赏一，强国刑七赏三，削国刑五赏五。"[61]（《商君书·去强》）当法与刑罚被付诸实行并不断强化时，社会就会逐渐趋于理想。这种理想的社会状况是常常被以自相矛盾的词句来描述的。如"此谓乏以刑去刑……"（《商君书·靳令》），"以刑去刑国治，以刑致刑国乱。"（《商君书·去强》）

这部著作的最后一节，以这类自相矛盾的语言十分清楚地阐明了理想统治的特点：

> 故圣人立天下而天下无刑死者，非可刑杀而不刑杀也。行法令明白易知，为置法官，吏为之师，以道之知，万民皆知所避就，避祸就福，而皆自治也。故明主因治而

终治之，故天下大治也。(《商君书·定分》)

据《韩非子》，这段话里所描述的理想状况已经在秦孝公及其能干的大臣商鞅手中得以实现：

故奸莫不得而被刑者众，民疾怨而众过日闻。孝公不听，遂行商君之法。民后知有罪之必诛，而告奸者[62]众也，故民莫犯，其刑无所加。是以国治而兵强，地广而主尊。(《奸劫杀臣》)

总之，这些就是商鞅法学说中的主要思想原则。不过，一般的思想原则和抽象的理论，只是商鞅政治哲学中三个方面的第一个方面。这第二个方面之内容则在第二十六章和它所详细描绘的法家治国的蓝图中体现出来。这一章大致勾画了一个特殊的官僚制度，作为天子之辅弼，它是完全为贯彻法制而设置的。这一法制机构有几个特点，其中一个突出的特点是任命“法官”，他们被授权制订和修正法令，然后奏呈天子。天子个人高踞于法令之上，并将法令或修正的内容指示给法官。法官则负责将法令传达给各层官吏及民众。法官有变更或离世，需要不断地补充，这必须经过某种特别严格的学习程式。除了天子外，没有人有权删改法令。法官的职责是说明法令，并只能依照规定回答所有的询问。为了保证法令的客观与公正，还采取了一些措施，如设置禁室和法令副本等。从宫廷一直到下面各层级都设置了法官，从而使天下吏民都能知道法令。

商鞅政治哲学第三个方面的内容，是他的政治制度。这个由他本人在秦孝公时期确立起来的政治制度，到了秦始皇统一中国时发展到了顶峰。尽管商鞅制造的残暴的专制主义激起强烈的反抗，然而他对内集权、对外征伐的政治生存方案的有效性，则是不争的历史事实。当代汉学研究中争论的一个热门话题，即是关于中华帝国形成的过程中儒家与法家思想的相互影响。而无论这一争论的最终结论怎样，商鞅的“法”的思想对于中华帝国产生了深远影响这一点，应是毫无疑问的。

韩非子

我们上面已经大致勾勒出了《商君书》中“法”的思想的一些显著特征，接下去我们将要阐明它的发展，将这些思想特征同《韩非子》的思想特征作一比较。而我们在比较中所得出的最显著结论，远不是两部著作之间的明显分歧；相反，是两者之间的基本一致性。韩非几乎原封不动地采纳了商鞅法的思想[63]。尤其重要的是人们认识到这样一个事实，即虽然商鞅的政治哲学到韩非时代为止已经流行了一个多世纪，然而它的法的中心思想仍为韩非的政治学说所全部汲纳，且未作任何明显的改动。实际上，《商君书》的“法”与《韩非子》的“法”之间唯一重要的不同是，前者构成了商鞅思想中无可争议的核心，而后者在《韩非子》中的重要性，却由于韩非又提出了同样重要的基本思想“术”和“势”，因而某种程度上受到了削弱。《韩非子》明确指出，“术”如“法”一样，是统治者需要的东西，而且如果只有其中的任何一种，都是不满足的：“君无术，则弊于上，臣无法，则乱于下。此不可一无，皆帝王之具也。”（《定法》）

在揭示了法家“法”思想总体上的一致性之后，我们下面可以对法家有关法及刑罚之见解的典型思想特征作一概括：

(1) 善法是治天下的必要条件。没有法的君主等于没有君主[64]。这是因为圣人君主乃百年不得一遇，不能作为倚恃，故法家学说建构了某种不必直接依赖君主德能的体制[65]。

(2) 法及随之而来的刑罚，其根本之目的在于威慑。

(3) 必须尽一切努力使颁布的法能明白易知。只有这样的法，才能保证每个国民完全了解其内容及含义。

(4) 对法家来说，法已抛弃了其道德的和宗教的内核。法已取代了道德，成为善的唯一准则，与法保持一致的即是善，与法相违背的即是恶。由于法本身被看作是某种客观的和公正的标准，因此其客观目的即是要消除对主观意见的依赖[66]。法的理想职能类似于某种自动的和自我调节的机器之运作。

(5) 法家主张对哪怕是最轻微地触犯了法律的行为也要施以重罚。

(6) 所有的国民（只有君主本人除外）无论其地位或影响如何，都必须服从法的约束。

(7) 君主本人可以逍遥法外，而法则必须由君主来掌握并为他的利益服务。

(8) 法必须不断得到修正以适应时事的变化。修正的权力完全属于君主一人。法律虽顺时应变，但是它们必须统齐划一，对其解释不能迁就任何特殊的事例。法律的改革，将保证它始终是实现君主目标最有效的工具。

(9) 社会的理想化是法获得普遍理解并最终被搁置不用。

(10) 执有这样一种观点，认为国家和群体之目的同个体之利益，两者之间存在着基本对抗。这一对抗常以“公道”同“私利”的对立来表述。

第二节 《主术》中的“法”

在本章前面部分，我们已经追溯了“法”在中国思想演进中所孕育的几个阶段，以及这一重要思想在道家、儒家和法家各自传统中所表现出来的许多各异的主要思想特征。关于法与刑罚的作用，我们看到道家是彻底排斥这些人为方式的，把它们看作是政治上日益衰败的某种征兆。儒家[67]一方面期望的是一个提倡道德能够自觉发展的社会，另一方面却又不得不承认法律对于防范社会越轨行为的必要性。法家思想家可能是首先赋予“法”以“刑法”含义的学派，他们在理论上发展了一个具有一致性和实用的政治体系，这个体系则是确立在这样一种信念之上的，即认为百姓与政府官吏都应受到公正且普遍适用的法律的绝对约束。

现在，我们再来探讨《主术》中的政治思想，为其思想来源及倾向作一定位。在此文中，其他一些有关思想的调和特征十分明显。然而，尽管调和道家、儒家和法家之思想构成了《主术》的基本内容，但是它一系列关于法与刑罚的简短议论给我们的第一个印象是，这些议论之间并不具有一致性。事实上，当我们将这些论述罗列在一起时，就可以看出它们在文字上相互矛盾，显得非常不协调[68]。然而，这仅仅是《主术》表述法与刑罚之思想给我们的第一个印象而已。一旦我们深入地认识到，它的这些相互矛盾的论述是对治世不同水准的分别表述时，就能够以某种一致性将它们实际地贯通起来。

《主术》对三类不同水准的治及其各自的效果作了描述："太上神化，其次使不得为非，其次赏贤而罚暴。"[69]这段话可以用来解释《主术》对法的态度。其中所说的最高水准也是最理想的治，是指君主个人的品德可以化正百姓。其次的治，它的维持只需禁止那些危害社会及政治和谐的行为。值得注意的是，在这一水准上，政府的职能并不是去告诉人们他们应该怎样去做，而是作为社会发展的某种工具，用来确保人们没有危害社会和谐的任何机会，从而防止破坏行为；再次的也是最低水准的（运用赏罚的）治，是指建立某种激励和规范体系，从而明确告诉人们什么应该做和什么不应该做。

对于这三类不同水准中最高水准的治及"神化"之概念，需要做某些解释。战国后期至西汉的文献中常常提到先王圣哲身上蕴藏的某种神秘气质。这一气质往往同教化其臣民的能力有关，同时又微妙难识，为其臣民所不能企及。“化”体现为潜移默化，它极类似于神灵的感化[70]。“神化”的概念在《淮南子》中用得最为普遍[71]。《主术》这段话所描述的“太上神化”，指的是中华文明发展的黄金时代[72]。在这一黄金时代里，虽然刑罚仍有效用，但是在神农这样的圣人君主的统治下，是没有理由使用它们的：“是故威厉而不杀，刑错而不用，法省而不烦。故其化如神。”

由于神农之至精所感化[73]，严刑酷法是完全不需要的：“当此之时，法宽刑缓，囹圄空虚，而天下一俗，莫怀奸心。”与这一黄金时代成鲜明对照，近世的当权者则已失去了神农化民的气质，而热衷于激烈的政治手段，他们没有意识到，严厉的压迫政策只会激起社会的不满和政治的动乱：“夫水浊则鱼噞，政苛则民乱。”

只有当政府能够从根本上改良自身，从而以其“至精”之气质化正其人民，才有可能返归到这一黄金时代。反之，完全依赖刑罚和杀戮，将绝不会导致社会真正而持久的治：“刑罚不足以移风，杀戮不足以禁奸。唯神化为贵，至精为神。”作者引孙叔敖、宜辽和蘧伯玉等历史人物为例，来说明神化之功，并且强调，倚恃刑罚是毫无意义的。他总结道：

> 鞅鞈铁铠，瞋目扼腕，其于以御兵刃，悬矣！券契束帛，刑罚斧钺，其于以解难，薄矣！待目而照见，待言而使令，其于为治，难矣！

唯君主至精为神，方能够影响整个宇宙之进程，统治四方。与此深远的影响相比较，法令的执行与实施虽然也是顺理成章的，但这类方案却是毫无价值的：

> 古圣王至精形于内，而好憎忘于外，出言以副情，发号以明旨，陈之以礼乐，风之以歌谣，业贯万世而不壅，横扃四方而不穷，禽兽昆虫与之陶化，又况于执法施令乎！

由“神化”导致的理想社会之治，体现了道家某些思想因素与汉儒关于天人相应的思想因素的某种融合。从道家这一方面说，《主术》继承了它对远古混沌和素朴的自然和谐状态理想化的历史倒退论。虽然此章这一段内容并没有否定实践某种类型的政治的必要性，但是它明确指出，最成功的治，就是无以为治：“故圣人事省而易治，求寡而易澹。不施而仁，不言而信，不求而得，不为而成。”当此章引蘧伯玉以为历史上最成功之治的事例时，对“何以治国？”的问题之回答，唯以一言蔽之：“以弗治治之。”这部分内容也包含有对经典的道家著作的征引[74]，并且显然直接引用了一些道家传统的基本术语[75]。此外，所引用的最高统治者的历史范例也大都取自道家的材料[76]。

很容易看出，汉儒对此也有同样的贡献。或许它的最突出的汉代特点是天人相应的观念，这种观念在西汉广泛流行。精气蕴聚于君主胸中，即可化正其民，确保风调雨顺，五谷丰登。君主内蕴的神秘气质可以化其人民的观念，使人联想到传统的儒家“德”的观念。

《主术》开头即提到的“神化”，被置于达至理想之治的地位。这正如我们前面分析有关的思想[77]时所认识到的那样，《主术》政治哲学最大的特点之一，是它尝试提供某种实践的架构，它可以容纳统治者寻求的这种崇高而又朦胧的理想。《主术》一方面认为神化是真实可行并能够达到的，另一方面则又承认，使这样一种模糊的原则制度化，有着实质性的种种困难。因此，它又试图进一步提供某种能够实际起到控制作用的政治制度，在这一制度中，抽象的思想原则也能孕育和发展。这一实际可行的政治被形容为“使不得为非”，它所表达出来的政治思想，同法家的思想有着紧密的联系[78]。法被描述为统治者用来统治臣民的工具：

> 故法律度量者，人主之所以执下[79]，释之而不用，是犹无辔衔而驰也，群臣百姓反弄其上。是故有术则制人，无术则制于人。

当今之世，很少有人能自觉地做到以善和正的标准来约束自己：“夫民之好善乐正，不待禁诛，而自中法度者，万无一也。”因而对君主来说，最要紧的不是寄希望于臣民的自正，而是去劝诫他们不得为非："故治者不贵其自是，而贵其不得为非也。"

《主术》的作者如商鞅和韩非一样，厌恶诡辩者和游说者，认为他们的质疑和批评必将损害法治："说谈者游于辩，修行者竞于往。主上出令，则非之以与；法令所禁，则犯之以邪。"[80]那些对政事提意见的人，必须受到法律的严格约束："言事者必究于法，而为行者必治于官。……言不得过其实，行不得逾其法。"

如我们前面讨论"无为"时所揭示的，正是由于法制的自动和机械的职能，才使得君主能够处之无为。《主术》以度量一类的物事来比喻法制的客观与公正，将这一体制的成功归之于坚持无为之治：

> 今夫权衡规矩，一定而不易，不为秦、楚变节，不为胡、越改容，常一而不邪，方行而不流，一日刑之，万世传之，而以无为为之。

同法家的哲学家一样，本文作者认为，对于维护国家的存在，强有力的法律比君主个人更具有决定性。事实上，"亡国"的突出表现是它缺少一个实用的法律制度："所谓亡国，非无君也，无法也。"换言之，一个乱君统治的国家，不一定很快会灭亡。"故国有亡主，而世无废道！人有困穷，而理无不通。"如我们所知，法高于君主是因为它代表了人民的意志。君主只是一个管理者而已。《主术》一方面认为法的原则本身是恒常不变的，但同时也沿袭了法家传统，承认修改个别法律的必要性："变法者，非无法也。有法者而不用，与无法等。"然而，改革法律并不就此认为法是短命的。《主术》的政治主张在坚持法的客观与公正这一点上，一贯是十分明确的。它在强调法的公正之重要性时，常常将它们比作权衡和规矩一类的度量工具："衡之于左右，无私轻重，故可以为平；绳之于内外，无私曲直，故可以为正；人主之于用法，无私好憎，故可以为命。"法既不承认阶级的差别，也不屈从政治影响的压迫：

> 法定之后，中程者赏，缺绳者诛，尊贵者不轻其罚，而卑贱者不重其刑，犯法者虽贤必诛，中度者虽不肖必无罪。

法律的公正性是法家传统的一个突出特征，《主术》则更进一步，将法律看作政府用来衡量社会行为的绝对标准。我们在深入分析法家对待法的态度时已经注意到，尽管法的概念是作为某种普遍的准则来提出的，但是君主本人却明显不受这一准则的约束。从根本上说，作为法律的最高仲裁者，修改政策和法令则完全是他权力之内的事。《商君书》和《韩非子》中，法都是作为统治和约束人民的最有效工具、作为某种专为维护君主绝对权力之目的而建构起来的政治制度被推荐给君主的。然而在《主术》中则截然不同，下引的一段话说明，法是因政治及执行机构本身而存在的：

> 古之置有司也，所以禁民，使不得自恣也。其立君也，所以剬有司，使无专行也。法籍礼义者，所以禁君，使无擅断也[81]。

尽管这段话的第一层含义完全因循了法家的传统，但是它认为法同礼仪的设置是对君主权力的某种禁制，这却是一个重大的修正。在《主术》中，法被提升为某种超越了君主意志的至高无上的唯一准则。法家的理论家们都普遍认为，任何有关法的权威与君主意志的相互关系的讨论，都是不必要的和不明智的。《主术》则不然，它系统地阐明了法的至上性质。君主作为法的守护者和执行人，其地位是由人民授予的，故其职责是贯彻实施这些法律，并且有明确的义务去遵守这些他所执行的准则：

> 是故有诸己不非诸人，无诸己不求诸人，所立于下者不废于上，所禁于民者不行于身。……是故人主之立法，先自为检式仪表，故令行于天下。

君主的权威受到法的绝对权力的限制，这是由于法才是最根本的缘故。显然，某种意义上，谁掌握了法，也就掌握了统治权力。这一点构成了《主术》的另一层含义：

法生于义，义生于众适，众适合于人心，此治之要也。故通于本者不乱于末，睹于要者不惑于详。法者，非天堕，非地生，发于人间而反以自正。

《主术》的政治哲学不接受法家这类的看法，即认为法令是以某个独裁君主的专制命令为根据的。正相反，法被看作是以一定的道德文明成就为基础建立起来的某种绝对的行为准则，它反过来又与大多数人所认同和接受的东西保持一致。法不是自上而下强加的，它产生于社会内部，是社会用来规范自身的东西。人类的状况高于君主的意志，因而理想的君主形象，是变暴君而为百姓之公仆，为他们谋取福利并且以此为己任：

是故人主覆之以德，不行其智，而因万人之所利。夫举踵天下而得所利，故百姓载之上，〔而〕弗重也……

在《主术》中，法被看作是基于义。此文的最后一部分对道德与法律的互契关系做了大量的描述[82]。例如其云："府吏守法，君子制义。法而无义，亦府吏也，不足以为政。"可见《主术》在给法的概念做出某种道德的框定之时，就已决然转向了儒家的理论——此即如我们所了解的那样，将法看作是执行道德的、而且只有当教育和自觉服从不再有效时才诉诸的某种强制性手段。

总而言之，《主术》中法的概念是建立在法家框架之内的。下面的思想因素乃汲取于法家传统：

(1) 君主手中的法是用来统治的工具[83]。

(2) 法的作用不在于鼓励人们为善，而在于防止人们为恶。

(3) 法可以通过操纵人的好恶来贯彻。

(4) 必须主动劝诫人们不要对法律提出质疑。

(5) 法律制度及其程序的运作，是君主无为而治的基础。

(6) 就对于国家之重要性而论，法律制度甚于君主。君主个人之品质对于国家将来之影响是微不足道的，而法的作用则是绝对重要的。

(7) 法律必须予以严格执行。

(8) 法律应逐渐减少其实用性，可以根据变化的情况不断修订它的条律。

(9) 法律是不能够随意解释的，它们是公正的准则，其运用必须具有普遍性。

《主术》的政治哲学一方面接受了法家传统的上述思想特征，另一方面也做出了一些根本性的修正：要求君主的意志服从法的支配；主张法的建立是为了限制君主的政治权威；认为君主有遵守法律的义务并且要以身作责；使法的根本职能从体现君主的意志，转变为合乎人民的意愿，并将法置于义的基础之上；常规的政治结构实际被看作是一个“神化”理想得以实现、人民能够受到指导，并最终能够正之以教化的结构。

这些修正初看上去并未直接改写法家的基本教义，它的政治方法表面上仍体现出法家的倾向，然而它的变化却是实质性的。其表现为在法家的思想架构中综合并突出了儒家与道家的思想成果，因而政治的根本目的发生了变化。尽管法家思想框定了这个体系的架构，然而这个体系的思想目标、方针与倾向都发生了改变，它几乎不再是为集权专制之目的服务，而更多的是服务于人道之目的。法已降格为次要的制度，它的主要作用是为政府的实际职责——教化它的人民提供一个可行的基础。法起到一个温室作用，它能创造出一个可控的环境，政府的“神化”工作只有在这种环境中才能进行。通过坚持法以人的道德为本这一传统儒学的核心思想原则，早期法家法的观念已被做了重要的修改。另外，法家学说特别强调的君主的绝对权力也受到相当程度的削弱。在法家思想中，君主的权力之所以大于法，是由于法体现了君主的意志。但在《主术》中则截然相反，不仅人民的意志已取代君主的意志而为法律之本原，而且君主自己也要对法尽其责任和义务。或许更为重要的是，它认为法本就是为限制君主专制权力而设置的。

在《主术》的政治学说中，原法家政治哲学中两个核心的方面——法与君主其角色和地位发生了如此根本性的变化，这说明它已不再拘泥于法家的政治体系。它的“法”的思想基本可以看作是先秦哲学家们所创造和深化思想的一个综合。正是这种综合，发展出了一个寻求调和崇高理想与明智实用主义的政治体系，从而做出了它自己独有的贡献。

注释

〔1〕例如，胡适在他的《中国古代哲学史》第 86 页，反对将“法”的概念等同于“刑法”的看法。他认为后者起源于古代，相反，前者的出现则相对较迟。由于社会自身通常是确立在社会契约之上的，因此，它遵循的逻辑是，任何成员如果违反了这一契约，其结果是必然会受到社会中其他成员的惩罚。

〔2〕见克莱尔《国家管理溯源》第 161 页讨论了早期的法律。

〔3〕《左传》昭公六年和二十九年的记载。

〔4〕我们将在下文讨论这封书信，见“儒家传统”那部分。

〔5〕在《左传》里，“刑”通常表示那些经过使用而确定化的法律条例。

〔6〕子产在公元前 536 年第一个将成文的法律刻在青铜鼎上，这就是他的著名的《刑书》（见定公九年记载），这件事影响很大。公元前 513 年晋范宣子沿用了这种铸刑鼎的做法。（见《左传》昭公二十九年）

〔7〕见韦尔茨《道的分裂——论老子及其道家的思想发展》第 26 页。

〔8〕如果我的关于“法”这个词的“法律”之含义，乃是它的原初含义后来的一个引申义的假设是正确的，那么就可以证明《老子》这段话是相对较晚的，至少应在法家出现以后。《老子》一书的特点在于它是一部格言式的编集。然而在它确定了如今见到的这种格言体形式之前的某个时期，或许毫无疑问也是以某种流畅的文体陈述的。言“法”的这句话可能为后来所窜入。另外，在这部著作里这只是仅见的一例使用“法”这个概念的例子。（25 章中的“法”，其含义是模仿、仿效。）这两句话乃通行本的说法。需要注意的是还有一种本子（河上公本）则有不同的说法：“法物滋彰，

而盗贼多有。”

〔9〕法家乃是一个由许多思想上各不相同的学者所组成的学派，其整个思想体系非常广泛，因此需要不断地修正。还有如克莱尔在《申不害》第 140 页里所指出的那样，即便是我们这里所讨论的“法”的概念，它在慎到和申不害的著作里，较之在商鞅和韩非子的著作中有着更加不同的意义。更有可能的是，慎到的思想（也许还要加上申不害）是联系法家与道家传统的最初来源。杨鸿烈的《中国法律思想史》第 69—71 页采纳了武内义雄的看法指出，《老子》中的许多思想都对法家的发展产生过影响。他们都将《老子》的成书年代定为周烈王（公元前 375 年—前 368 年在位）与周显王（公元前 368 年—前 320 年在位）之间的几十年里。武内义雄则声称法家学说由《老子》和慎到（公元前 350 年—前 275 年）所创始，他们是法家之开山人物。杨鸿烈亦认为，《老子》许多章里所包含的思想，与慎到的基本思想极其相似，如《老子》3、18、19、20、48、64 和 65 等章。《意林》卷二中也有归之于慎到的话，极类似于《老子》18 章。慎到这段话的最后两句或许是注解，它们同《老子》18 章的思想是一致的。有关进一步的讨论，见武内义雄的《中国思想史》第 72—75 页。

〔10〕“法”在整部《庄子》里共出现过 34 次，不过在“内篇”里出现的并不具有“刑法”的意义，而出现在其余诸篇里的则具有这种含义。这一事实证明了这样一种论点：“内篇”的成文是较早的，其年代或许早于法家思想传播的时期。

〔11〕《应帝王》的开头部分也许是个例外。但即使这一部分所描述的治天下的方法，同时也就是个人至于道的方法。

〔12〕尽管法律往往是建立在某些公共的道德观念基础上的，但有时它所基于的一套准则，却看上去同道德原则没有多大的联系。法家就是这样一个例子——以君主的专横意志作为是非的唯一标准。

〔13〕例如见《人间世》中颜回与孔子及颜阖与蘧伯玉之间的对话，以及关于叶公子高的轶事等。

〔14〕例如见《大宗师》，以及见《德充符》中关于“哀骀它”的一段话。

〔15〕见格雷汉姆的著作，第470—471页。

〔16〕见第一章。

〔17〕见第二章注中关于《庄子》的论述。因为它是一部合成的著作，代表了几个互有分歧学派的思想，因此只能谨慎地引用那些阐述思想传统的部分。

〔18〕见安乐哲《道家政治上是无政府主义的吗？》

〔19〕见古林的《无政府主义》第17—18页里有关普朗顿（Proudhon）、马莱特斯塔（Malatesta）和伍林（Voline）等的评论；也见华德（Watd）《无政府的组织》第387页。

〔20〕见布迪和莫里斯著作第17—18页；瞿同祖的著作第226—279页；胡适《中国古代哲学史》第87页以下；杨鸿烈的著作第47—51页；芒罗的著作第110—112页。芒罗在列举儒家反对法的三个论点时，引用了《左传》昭公六年记叔向的一封书信中的两句话。当他在第110页说自己确信早期儒家反对用法来作为治理社会的手段时，似乎也意识到了这一说法不够圆满，因此又承认：“应该注意到，周儒并不完全排斥刑罚，有时也认可它们作为统治术的辅助作用。”（见第112页）罗宾的著作第65页（也见第18—20页）里说：“我在上面已经指出，孔子反对将法公之于众。因为他相信，成功的政治唯有依靠君主懿德。他认为刑（它们是中国最古老的法规）不仅不是必需的，而且只能带来伤害。”

〔21〕见瞿同祖的著作第271页。

〔22〕萧公权的著作（莫特译）第182页以下，尤其见182—183、194—198页。

〔23〕诚如陈大齐在他的著作第303—305页所指出的，合“政”

与“刑”，并同“德”与“礼”相互对比，区分了两种不同的治世态度。但这一区分就实际而言，前者只是强加给人们某种规范的行为模式，故是权宜之计；后者则相反，由于它教导人们去关心自身的道德修养，故是一种永久的方法。尽管这两种方法作用于人的效果不同，但是它们可以同时用于社会不同身份的人，从而调适他们的行为。郑因此主张，最妥当的解释是将此两种方法看作是相互补充，而不是相互排斥的，也请参见杨鸿烈的著作第47—51页。

〔24〕例如陈荣捷在他的《老子的道》第231页将“季康子问政”这段话解释为孔子反对死刑。

〔25〕布迪和莫里斯著作第16—17页虽然严格来讲叔向本人不能归类儒家，然而他的书信则可以说是阐述了地道的儒家对于法的看法。

〔26〕见《左传》昭公十三年和二十年记述。

〔27〕孔子在《论语》中表达了类似的关于子产的看法。见《泰伯》和《宪问》。

〔28〕见《左传》昭公十四年。

〔29〕见布迪和莫里斯的著作第16页注；见李约瑟的著作卷2第531页。尽管叔向和孔子都同样批评了将刑法刻在青铜鼎上的做法，然而他们各自反对的理由却是有所不同的。叔向的主要批评意见是，一旦法律被明确固定下来，就不仅可能无法应付意外事件，而且也会为奸人所利用来达到自己的目的。这样的刑书出现，将会使制度日益复杂化，并且最终会导致传统基于道德劝教的公议制度的废弃，而使民生逞智争胜之心。法律将不再是保护诚实的人们的武器，它成了奸人手中的工具。

另一方面，孔子反对范宣子铸刑鼎，是因为这一行为损害了作为国家基础的社会和政治等级制度。值得注意的是，孔子担心的是一旦刑制公之于鼎，就会搞乱庶人与贵族各自所应明确的责任和义务。因为以往制定和解释法只是统治阶级的事。也正因为如此，统治阶级才可以维持他们生来就是食于庶民者的世袭身份和地位。所以，将法律公之于鼎的做法，会逐渐使他们失去对法律的掌握，从而剥夺他们所拥有的一项重要特权。这不啻是取消贵贱之等级差别，对现存的社会结构将会带来严重的威胁。这是孔子所不希望看到的。

〔30〕克莱尔《中国国家管理溯源》第 162 页注 8：“这两段思想的文字（叔向和孔子的话）看上去好像后来增入的内容，类似的情形在《左传》里的确存在。这两段话之内容有着惊人的相似之处。后者以孔子的嘴说出，显得不伦不类……我已经在最近发表的一篇题目为‘周朝的法律制度与程序’的文章里详细指出这两段话的疑点。”

〔31〕见杜国庠的著作第 127 页。

〔32〕见《告子下》“人皆可以为尧舜”。

〔33〕参照《论语 · 为政》。

〔34〕参照《梁惠王上》，也请参照《论语 · 尧曰》：“子曰：‘不教而杀谓之虐。’”另见《荀子 · 富国》：“故不教而诛，则刑繁而邪不胜。”

〔35〕在《荀子》里，“刑法”（penal law）的含义多数往往是以“法”和“刑”的概念来表示。当然，“刑法”的含义并不足以反映其中所有“法”的概念，正如我们上面所注意到的，至战国末期，“礼”这一概念原初表示礼仪的特定含义，已经扩展到同“法”的含义在边缘上有更多的交叠。虽然“法”在其狭意上可以解释为刑法，但它的广义则是指为了维持社稷治安而设计的一个规范体系——这或许与公法的含义没什么不同。尽管礼、法的制度或许能够依其各自适用于不同社会阶层而加以区别，然而事实上两者都是以社会之治为指向的。因此，它们有着某种共同的基础。杜国庠著作第 128 页在讨论《荀子》的“礼”时，竟因此作出这样的结论：礼和法常常作为同义词来使用。这里关于荀子对于刑罚之看法的讨论，针对的正是所使用的“法”的狭义，也就是他首先关心的“刑

法”这一特定含义。

〔36〕见《儒效》中一段话。这段话里荀子将“道”看作是人之道以及为人之所独有：“道者，非天之道，非地之道。人之所以道也，君子之所道也。”

〔37〕也见《王霸》和《致士》等篇。

〔38〕引文见《君道》篇。可比较《淮南子·难势》篇，其中主张法的绝对支配力，而君主的能力则是无关紧要的。

〔39〕荀子似乎在赋予君主相对重要的地位这一点上，较之孔子和孟子前进了一大步。对君主地位的绝对重视，几乎即是在说明，一旦君主无法实现社会之治，所有的一切就立刻会失去。这种对于君主地位之重视，是证明荀子至少是韩非子法家学派某些方面思想来源的一个强有力论据。

〔40〕见《荀子·性恶》：“凡人之性者，尧舜之与桀跖，其性一也；君子之与小人，其性一也。”

〔41〕也见《王制》。

〔42〕参见《论语·尧曰》和《孟子》的《梁惠王上》及《滕文公上》。

〔43〕《韩非子·难二》：“夫惜草茅者耗禾穗，惠盗贼者伤良民。今缓刑罚，行宽惠，是利奸邪而害善人也，此非所以为治也。”

〔44〕譬如《富国》和《正论》篇中的论述。

〔45〕由于《管子》一书乃汇编而成，其哲学的见解十分宽泛，以至于前后篇的立场就各有分歧。因此，要想对它关于刑罚的看法作出统一的解释，看来是不现实的。这部著作中的某些部分有明确的法家倾向（见杨鸿烈的著作第84—87页），但是，里面关于“法”的见解，也几乎完全可以在《商君书》里找到。

萧公权的著作（莫特译）第333页以下讨论了《管子》中“法”的概念。他首先断言《管子》较《商君书》更早一些。其次，他将《管子》看作是有着内在一致性的著作，并且得出了可以预料的结论:《管子》的“法”有某种道德的含义，而商鞅和韩非的则没有。尽管商鞅和韩非将法与君主的权势看作是政治的基础,《管子》则仍然重视家族制度和人际关系。我觉得在《管子》里，或许有那么一些内容可以证实萧公权的结论，然而也有一些地方对于“法”的描述，其词义同商鞅和韩非的思想相比较则几乎没什么两样。萧公权通过将这部著作看成内容实质是统一的，从而把其中有更多儒家意味的这部分内容同反映了法家思想的那部分内容混淆在一起，并且由此得出了这样一种介于二者之间的解释。

〔46〕见《韩非子》的《内储说上·七术》和《定法》;《淮南子》的《诠言》《泰族》和《要略》。高亨的著作第195页以下集中了这些篇里的有关内容。

〔47〕见杜文德克《商君书》第141—159页，尤其第143—145页。

〔48〕见张心澂《伪书通考》第769—771页。

〔49〕见《韩非子·定法》篇。

〔50〕一般来讲，商鞅的政治哲学和法家学说同兵家理论亦有联系，这一点乃毋庸置疑。我们已经注意到,“势”这一核心概念也许在为法家学说所采纳之前，就已经发展成为一个专门的兵学术语。其次，如罗宾（第77—78页）所说:“以赏罚而治的原则首先是在军队里贯彻实行的，后来才被法家用作唯一的治理社会的一般方法。”在《韩非子·定法》《淮南子·泰族》和《汉书·刑法志》里，商鞅同兵家的吴起、孙膑和孙武等被放在一起来讨论。另外,《汉书·艺文志》亦将商鞅列入兵家类。在《荀子·议兵》里，商鞅被描绘成“所谓善用兵者”。

钱穆的著作第227—230页认为：商鞅的思想多来自李悝和吴起。钱穆指出，从他们的思想看，这三位理论家的共同特点都是重“法”。他认为，被《汉书·艺文志》列入“法家”类的《李子》（十篇），也许作者就是李悝。因而他将此三人看作是法兵家一派。这一观点揭示了商鞅哲学的精神实质，是值得认真加以考虑的。

另一个可以证明这些理论家具有兵家和法家双重身份的例子，是《商君书·战法》篇里的思想显然来自于《孙子》。《史记》卷六十五《吴起列传》关于吴起相楚（公元前384年），记述其治用的是法家术语，曰：“（他）明法审令，捐不急之官，废公族疏远者，以抚养战斗之士。”还有，《韩非子·和氏）中记载，吴起要求楚悼王通过削减由特权阶层把持的权力，来加强自己的权势。这显然也是商鞅的思想原则。商鞅思想对于战争的重视，恰好进一步证明了他的集法、兵家为一身的特点。

〔51〕此段引文首先见于《四部丛刊》，其次见于朱师辙的著作。

〔52〕我从杜文德克的《商君书》第201页注4，在这里插入了“国无敌”这句话。

〔53〕见《商君书·更法》，参见《淮南子·氾论》。

〔54〕见《商君书·开塞》。

〔55〕读“修”作“循”。

〔56〕见《商君书·算地》。

〔57〕我从陶鸿庆读“人群”作“人生”。

〔58〕商鞅法学说的这方面思想，是常被人作为他的集权主义的补充来引用的。某些学者甚至这样认为，客观的原则和普遍适用的法律，不仅对王子和贫民一视同仁，提供同样的保障，而且将进一步遏制君主本人随意行使他的权力。这一看法不仅在理论上不能成立，而且也不能以历史的实例来证明。首先，从法家政治思想的视角看，它断定君主的权力将是永久的。因此，建立普遍的法律原则并不是为了抑制君主的权力，而恰恰是为了保证他的统治的长久（例如见《画策》篇）。其次，“法必适于时势”同君主是法律的最后仲裁者这两方面思想之结合，使君主有权力随意解释乃至修改法律。商鞅提出刑无等级的观念之意图，并不是为了公正，相反，它是为君主达到他自己的目的而服务的。

正如我在讨论儒家“法”的思想时所指出的，封建社会的结构给了社会的高贵等级种种不受法律约束的特权。商鞅的“一刑”思想所追求的则是通过削弱特权阶级，来增强君主个人的权力。因此，这一思想的产生决非基于某种平等的意愿，实际上它只是强化中央集权过程中所无意产生出来的一个副产品而已。

〔59〕尽管有人会对轻罪重罪同用死刑的做法提出质疑，然而法家的回答却是，任何一种妄想都可能会遭致杀身之祸。而且，死一人比刑及家族显得仁慈得多（见《商君书》的《赏刑》及《画策》)。例如商鞅即运用了一系列的株连式的刑罚。见保德《中国的第一位统一者》第168页。

〔60〕这句话里删除了“轻其重者”一句。见杜文德克《商君书》第258页注4。

〔61〕也见《开塞》。

〔62〕我从王念孙读“告”作“私”。

〔63〕曹谦的《韩非法治论》第24—26页将韩非借取商鞅的思想以下面的标题作了概括：(1) 历史进步的观念；(2) 法因时而变；(3) 否弃旧道德；(4) 国家主义；(5) 弱民政策；(6) 紧张对立的上下层的利益关系；(7) 群体与个体利益之不相容；(8) 重刑罚；(9) 重农；(10) 法治主义；(11) 兵战学说；(12) 告奸者；(13) 群体的责任和义务。陈启天《韩非子校释》第934页认为，尽管韩非批评了商鞅，但是他的“法”思想大体上都是来自这位较早的思想家的。荆知仁著作的第23页赞同陈启天的看法，认为韩非有关“法”及“刑赏”的思想多来自商鞅，这一点毋庸置疑。

〔64〕见《商君书·开塞》：“今有主而无法，其害与无主同。”

〔65〕见《韩非子·难势》：

> 且夫尧、舜、桀、纣千世而一出，是比肩随踵而生也。世之治者不绝于中，吾所以为言势者，中也。……抱法处势，则

治；背法去势，则乱。

〔66〕见《韩非子·制分》："夫治法之至明者，任数而不任人。"

〔67〕我们注意到荀子代表了某种特殊的例子，因此不能毫无区别便将他归入孔子和孟子一路。

〔68〕例如《主术》这一段里说："块然保真，抱德推诚。天下从之，如响之应声，景之象形。其所修者，本也。刑罚不足以移风，杀戮不足以禁奸。"（见附录原文第3节）而另一段里则又说："所谓亡国，非无君也，无法也。"（见附录原文第12节）

这两段话初读时好像是颇为矛盾的，然而当我们从历史退化论（见第一章论述）角度来理解时，则可以看出它们说的是两个水准不同的治的阶段——前者指的是古代的理想之治，后者则说的是近世治的实际情形。因此更显示出了前后的一致性。

〔69〕请将这一段同《淮南子·泰族》"治身，太上养神，其次养形；治国，太上养化，其次正法"一段相比较。

〔70〕关于"神"与"化"的联系可见《孟子·尽心上》一段话（这段话亦为《荀子》的《议兵》和《尧问》所复述），以及《荀子》的《劝学》和《不苟》，还有《易·系辞下》等。这些例子多将某种神力归之于古代的圣人君主。而"化"则被形容为不可测知的，其例证亦可见《孟子·尽心下》和《荀子·赋》等篇。

〔71〕尤其见第1、2、10和20等篇。

〔72〕见附录原文第2和3节。

〔73〕神农精神之影响，不仅限于人类世界，而且弥沦宇宙，维持四季之节序，保证五谷之蕃植。这种天人相应的观念，是两汉思想的一个典型特征。亦见第3节（见注释）对殷汤王的描写。

〔74〕见附录该文第3节注对此文引证的例举。

〔75〕例如："至精"可见于《庄子》的《秋水》和《知北游》；"不言之教"则见《老子》2、43、73章和《庄子》的《德充符》

《知北游》各篇。

〔76〕例如：熊宜辽和孙叔敖（附录《主术》第3节）可以见于《庄于·徐无鬼》篇；蘧伯玉（同上第3节）则见于《庄子·人间世》篇。参见附录原文第3节注。

〔77〕见本书第二章。

〔78〕见《韩非子·显学》："夫圣人之治国，不恃人之为吾善也，而用其不得为非也。……故不务德而务法。"

陈启天《韩非子校释》第17页注17提出："恃人之为吾善"体现了儒家"德化"的思想。《韩非子》中《奸劫杀臣》篇也有一段话，表达了相似的看法："从是观之，则圣人之治国也，固有使人不得不爱我之道，而不恃人之以爱为我也。恃人之以爱我者危矣，恃吾不可不为者安矣。"《商君书·画策》亦有相似的一段话："所谓明者，无所不见，则群臣不敢为奸，百姓不敢为非。是以人主处匡床之上，听丝竹之声，而天下治。"

〔79〕制订法律度量一直被认为是统治权的一个重要责任。如《论语·尧曰》即云："谨权量，审法度。"

〔80〕这是一般的含义，但是在此文里则只是提出疑问。

〔81〕参见《吕氏春秋》卷四《用众》："凡君之所以立，出乎众也。立已定而舍其众，是得其末而失其本。"

〔82〕因为我保留了此篇的最后一节（它相当可能是后来增入的内容），所以我将竭力避免仅用这一节为依据来阐述我的关键性的分析。我这里引用了这段话只是举个例子而已。

〔83〕主张君主以法治其臣民，以及同时主张法的根源和依据是公众的意志，这两种观点并不矛盾。因为尽管法必须顺应和适合人们的状况，然而无论如何从实际的层面来讲，它们是由统治者来制定、颁布和强化的。

第五章 用众

在前面第二章里我们说过，君主能否采取无为的姿态，同他是否具备调和驾驭民众力量的能力有密切关联。在本章里，我打算对关于使用民众群体和谐之力的思想[1]，亦即经常提到的“用众”概念的内涵做一番探讨，并且对此概念在《主术》政治哲学中的作用及地位做出扼要的评述。虽然“用众”可以直接看作某种法家的原初概念，但是它同某些非法家的思想因素尤其是“各得其宜”的思想观念有着紧密的联系，因此，有必要对“用众”概念的历史背景先做一初步的考察。此外，由于《主术》是在法家的架构中发展它的政治理论，这一点已毋庸置疑，故对《韩非子》“用众”思想同《主术》的有关内容作一比较，亦将会有特殊的意义。

第一节 《吕氏春秋》和《韩非子》中的“用众”

“用众”[2] 体现了君主依靠民众的力量（体力和精神力）而不是从他个人或少数贤能之士[3] 的才能来治理国家的特定

的政策。换言之，“用众”思想的出发点是确信个人的才能终究有其局限性。这不是没有道理的。

《吕氏春秋》中的“用众”思想，是同它近儒反法的倾向相一致的。它认为，由于政权能否维系和巩固最终决定于民心之向背，以及由于民众之合力远超过最有才能的个人力量，因而明主的特长即在争取民众的支持。《吕氏春秋》说：

> 故以众勇无畏乎孟贲矣，以众力无畏乎乌获矣，以众视无畏乎离娄矣，以众知无畏乎尧舜矣。夫以众者，此君人之大宝也。(卷四《用众》)

人们可以发现，《吕氏春秋》的这段话充满了对民众利益及其优越性的关注，体现出对法家以君主为中心的权力主义的一个直接挑战〔4〕。然而在后期法家那里，由于他们坚决维护君主利益，故而“用众”有着截然不同的含义。《吕氏春秋》中的用众着眼于民众的利益，而《韩非子》中的用众则是为了控制他们从而强化君主自身的权力。

从《韩非子》对“用众”的阐释来看，其用众的思想乃是法家拒斥“尊贤使能”的某种体现。它否定以利益冲突为基础的儒家政策的明智性，同时也否定了这一依赖个别人的才智的做法，认为这缺乏可行的基础，因而根本上是不可靠的。更有甚者，它对儒家的先王政治理想嗤之以鼻，不屑一顾〔5〕。它尤其明确指出，大体上一位君主，他所自恃的个人才智同他个人能力的实际表现之间，不成正比：

力不敌众，智不尽物。与其用一人，不如用一国，故智力敌而群物胜。揣中则私劳，不中则任过。下君尽己之能，中君尽人之力，上君尽人之智。（《韩非子·八经》）

君主与其与众人为敌，远不如合众人之力：

救火者令吏挈壶瓮而走火，则一人之用也；操鞭箠指麾而趣使人，则制万夫。是以圣人不亲细民，明主不躬小事[6]。（《韩非子·外储说右下》）

《韩非子》列举了历史传说中那些具有超长智力与勇力的著名人物作为例子，他指出，甚至像尧、乌获、孟贲和夏育这类大智或大勇的著名历史人物，实际上仍有其局限性，因为他们毕竟只是个人的智勇而已：

故虽有尧之智而无众人之助，大功不立；有乌获之劲而不得人助，不能自举；有贲、育之强而无法术，不得长胜。（《韩非子·观行》）

不仅如此，《韩非子》还批评法家政治理论的先驱者们，指责他们只知倚恃个人能力，不知应建立一个集民众之力并且反过来可用于统治民众的专制制度。如《韩非子·难三》批评了子产凭个人之聪明才智来察办奸邪的做法，并总结道：

> 且夫物众而智寡，寡不胜众，智不足以遍知物，故因物以治物。下众而上寡，寡不胜众者，言君不足以遍知臣也，故因人以知人。是以形体不劳而事治，智虑不用而奸得。

申不害认为，一个官吏不应提供其本职工作以外的情况，此即所谓“治不逾官，虽知弗言”。韩非对此以君主需要了解所有情况为由进行了反驳。他说：“人主以一国目视，故视莫明焉；以一国耳听，故听莫聪焉。今知而弗言，则人主尚安假借矣？”（《韩非子·定法》）

《韩非子》的“用众”思想有几个特点，它们可以用作同《主术》有关这一概念阐述进行比较的一个基础。首先，在法家思想中，它的出发点是服务于君主之利益。事实正是如此，“用众”思想的确立，恰在于排除了个人能力的实际效用。因为期望君主都具有超常的才能或者期望君主总能觅获良臣的辅佐，那是不现实的。在一个持久和自我调整的政治体制里，诸如此类的圣明之君或贤智之士并不多有，故不能倚为立国之本。退一步说，即使偶或有此类天才出现，其个人才能亦远不敌联合起来的众人的智慧和力量。

其次，《韩非子》反对依靠贤人的政策，“贤”即涉指儒家和道家的自我实现的观念。人们的天性与自身能力的发展，只有当他们的这种能力用于克尽职守、维护君主和国家的无上权益时，才会受到鼓励。天性与本能的发展是同法家的“形名”理论所要求的听命和尽忠职守背道而驰的，因而不仅不能提倡，而且要坚决予以抵制。

最后，《韩非子》将利用民众的能力和智慧看作是某种手段，其真正的目的只是要将他们的力量引导到有利于君主权益的轨道上来。尽管《韩非子》中提到“用众”只有几处，其论述亦未充分展开，然而它对“用众”的含义则已经做出了明确的界定，即认为其含义只能是指将民众之力用于那些贤智之士尤其是君主之目的。

第二节 《主术》中的“用众”

当我们将《韩非子》中未展开的“用众”思想同《主术》中含义非常丰富并且有了根本不同阐释的“用众”思想进行比较时发现，这两部著作甚至还有《吕氏春秋》中有关“用众”的论述，看上去有一个共同的思想材料来源[7]。这一事实为我们的研究提供了思路。这也就是说，《主术》中的“用众”思想看上去是对《韩非子》中类似内容的某种修正和发展。

《主术》中最有价值的部分，应属中间那部分中对于“用众”的论述。此一部分开始即云：“故得道之宗，应物无穷。

任人之才，难以至治。”正如我们在《韩非子》中看到的那样，《主术》的“用众”思想也是建立在否定任人而治的基础上的，尤其是它也意识到了君主个人的明显局限性：

> 智不足以为治，勇不足以为强，则人材不足任，明也。而君人者不下庙堂之上，而知四海之外者，因物以识物，因人以知人也[8]。

个人哪怕是一位圣人君主，也很难说是天地间最杰出的。即使君主个人在某一方面表现卓越绝伦，他仍无法同民众的合力匹敌。在确信了个人才智的微不足道后，君主的方法抑或可说是他成功的保证，就只能是依仗合民众之力：“故积力之所举，则无不胜也，众智之所为，则无不成也。”

正是在这一点上，《主术》标出了它同《韩非子》的根本分歧。它通过“各得其宜”的命题的提出，对否定君主任人为治的思想做了进一步修正。而“各得其宜”命题的基本的思想原则，即在于承认自然意义上的每一个体，都有自身独立的发展倾向，以及独特的作用和价值：“夫华骝、绿耳，一日而至千里。然使之搏兔，不如豺狼，伎能殊也。”[9]由于每个个体都会做出自己独特的贡献，因此没有哪个事物应比其他事物具有更多的权利：

> 是故贤主之用人也，犹巧工之制木也，大者以为舟航

柱梁，小者以为楫楔，修者以为櫓榱，短者以为朱儒枅栌。无小大修短，各得其宜；规矩方圆，各有所施。

天下之物，莫凶于鸡毒，然而良医橐而藏之，有所用也。是故林莽之材，犹无可弃者，而况人乎！

讲求实际的君主能够了解每个人的能力大小，并对其各自的表现都会给予适当的期许和估价："聋者可令嗺筋，而不可使有闻也；瘖者可使守圉，而不可使言也。形有所不周，而能有所不容也。"[11] 从生产的方面而言，这就意味着君主使民可以做到用其所能：

故古之为车也，漆者不画，凿者不斲，工无二伎，士不兼官，各守其职，不得相奸，人得其宜，物得其安，是以器械不苦，而职事不嫚。夫责少者易偿，职寡者易守，任轻者易权。上操约省之分，下效易为之功，是以君臣弥久而不相厌。

当这一原则用在政治领域时，这也就意味着讲求实际的君主善于依据每个人的能力不同委任以相称的官职：

是故有一形者处一位，有一能者服一事。

力胜其任，则举之者不重也；能称其事，则为之者不难也。……

人有其才，物有其形，有任一而太重，或任百而尚轻。是故审毫厘之计者，必遗天下之大数；不失小物之选者，惑于大数之举。譬犹狸之不可使搏牛，虎之不可使搏鼠也。今人之才，或欲平九州，并方外，存危国，继绝世，志在直道正邪，决烦理挐，而乃责之以闺阁之礼，奥窔之间；或佞巧小具，谄进愉悦，随乡曲之俗，卑下众人之耳目，而乃任之以天下之权，治乱之机；是犹以斧劗毛，以刀（抵）〔伐〕木也，皆失其宜矣。

《主术》进而认为，当每个个体都能够在无任何外来强制性阻碍的情形下表现和施展自身的天赋才能时，这些因素才会共同以合乎自然之道的方式发挥作用。君主利用这一原则，就是要审查他的用人情况，真正做到使每个人都能处其所宜，尽其所用："毋小大修短，各得其宜。则天下一齐，无以相过也。圣人兼而用之，故无弃才。"在另一段论述中，我们看到这一原则可用之于政治：

是故君臣异道则治，同道则乱。各得其宜，处其当，则上下有以相使也。

夫人主之听治也，虚心而弱志，清明而不暗，是故群臣辐凑并进，无愚智贤不肖莫不尽其能者，则君得所以制臣，臣得所以事君，治国之道明矣。

《主术》调和了“各得其宜”，这一命题中的“用众”思想，认识到了允许每一个体表现其天性及特性的至关重要性。如果我们理解无政府主义的首要目的是反对专制权威——这即是指一个人或集团以某种特定的行为方式约束另外一些人——以及无政府主义思想的首要目标即是要从所有的政治领域根除这种权威，那么，由于《主术》提倡充分利用群体中每个成员的自发贡献，发挥其个人的创造性行为的特点，因此可以肯定它的这一思想是更多地指向道家无政府主义。在早期儒家和道家那里，个人的实现是同家族、社会乃至政治的实现密不可分的。正因为如此，某些政治的组织形式譬如家族，被看作是某种自然的构成。《主术》所勾画的这一政治架构之目的，看来不是别的，正是要为社会所有成员的群体实现，提供一个某种程度上可以实行的体制。而且这一政治体制的职能与其说是为权威服务的，不如说是为整个社会群体服务的。

《主术》关于“用众”所作出的这一有着明显道家意味的阐释，证明了它的整个政治哲学具有内在的一致性。“用众”思想构成了其统一的政治体系的基本要素，并且对其整个政治理论中其他思想成分的含义及关联有着重要的影响。

例如，《主术》的“用众”思想是同它的“无为”思想相一致的。这一思想上的综合，从法家一面来说，即体现为要求君主依靠臣民的力量，而不是个人的才智。只有放弃对他个人才智的依赖，才能使君主成为一个令其臣民无从捉摸的人。他个人的品质和能力的优劣，对于治国是无足轻重的。从道家一面而言，此二者的综合则体现为“用众”理论——用其群力并使之各得其宜——同作为限制以政治权力压抑人的自然行为的某种政治原则的“无为”思想相结合。它调和了道家整个宇宙阴阳冲气以为和的思想，认为事物的个别及其各自的发展过程之间看上去存在有差异和对立，然而在总体上它们自在地构成了自然之和谐有序。这同道家主张每个事物都有其存在的必要和独特的价值，以及所有的事物与整体的关系都因此处于同等地位的观点若合符契。“用众”与“无为”思想都反映了价值判断的相对性，并且排除了建立某种适应一定政治阶段的、决定一个人参与到国家政治生活中去的价值观念的必要性。从根本上讲，“用众”思想主张所有人都可以依其各自的自然趣向参与到社会和政治生活中来，因而是同尊贤使能的这种杰出人物治国的理论相矛盾的。事实上，正是人们的自然趣向最终决定了政治机构的实际内容和关心的目标。

《主术》中的“用众”同其提出的“势”的概念也是完全相契合的。由此“势”的概念在这篇文章中呈现为两种不同的修正义。第一层修正义在于它以不同阶层相互之间的互利和谐关系取代了带有明显的法家理论特征的君主对下的支配关系。此外，“势”被看作是维持某种合乎理想的政治制度的有效手段。为此这个制度不再是推行法家的集权主义专制方案的一个工具，它已成为有助于完善每个人的制度。

“势”这一概念的实质即在于要求君主用其权势而不是依仗其个人的才智来维系国家的存在。这也就是说，他的君主之势位使他可以“用众”，而且为了维护安定的局面，他也必须利用国家的物力与智力等方面的各种资源。君主身为一国之主，若能利用所有臣民的帮助，他所获得的力量和智识或眼光即可远胜于任何可能会觊觎其权势毁其社稷的个别人或一小撮分子。君主为了维护其作为君主的地位和权势，他必须用众人之力，故“用众”与“势”这两个概念的一致性是十分明显的；也正是他作为君主的“势”才能使他得到上下的支持。

《主术》中的“用众”思想也是同它的“法”的思想相一致。它的“法”的思想同法家那些先行者们的思想最突出的分歧点在于，它主张法以人心为基础。根据人们的不同趣向来使用他们，以及依靠他们的群力，这些思想是对作为某种不幸的但也是必要保障的法的思想的一个补充。因为人们有以某种适合于他们自身情况的方式来单个或群体地表现自己的自由。理想的法律是记载于法典中但却几乎永远都不会付诸实行的法律，它最好被看作是防止那些违背“用众”之根本精神（社会中每个人的共同实现）的极端行为的一个屏障。

第三节　结语

在较早的《韩非子》中的“用众”概念与《主术》后来发展了的这一概念之间，既有重要的相似之处，也有不同之点。首先，二者都反对运用个人的才智，强调整个社会群体的作用。不过在《韩非子》中，为了加强君主权益，要求对每个人的作用都严格地加以监督，而在《主术》中则有所不同，个体的作用即是指每一个体在同有机整体的交流中的自发表现。

其次，两种观念都反对尊贤使能，和以“贤能”为普遍适用的价值准则。不过在《韩非子》中，可以想象只有那些忠于职守的人才有资格作为贤能之士，并且可以顺阶晋升。但是在《主术》中，则主张每个人都依其各自的趣向参与国家的政治生活。

最后，《韩非子》所阐述的“用众”思想，只是进呈给君主使之可以用来利用民众的力量和智慧的某种“术”，它是控制民力并将其纳入为他个人利益服务的一种手段。然而，《主术》则视发掘民众中蕴藏的无穷无尽之才智本身为目的。《韩非子》一贯反对人们为了自身的缘故去获得教育和发展，认为其结果定会威胁到君主的权益，它提倡设官分职并不是为了让不同才能的人各得其所宜，而是因为这种分工正是统治所必要的一个条件。《主术》的作者认为，最强大的国家是使每个人都对整体作出自己独特贡献的国家，而《韩非子》则沿袭《商君书》的看法说，强国应是那种使人民软弱的国家，君主通过弱其民，就能够做到驾驭他们，并以某种强加的专制体制来束缚他们的行为。

《韩非子》同《主术》的分歧在于，它强烈地坚持法家关于个人私利与国家利益相冲突的观点，而《主术》则反对这一主张，并同样强调，个人与社会的成就是共同扩展的。在法家思想中，建构起来的完善的政治制度是为君主利益服务的，《主术》则不然，它反对民众利益同国家利益相对立这样的观点，认为为君主所用即是受之所治，这是一回事。在《主术》的政治学说中，尤其是它的“用众”与“各得其宜”相结合的思想中，包含有一基本观点：如果每个人都能顺其自发与自然的趣向发展而不受任何阻碍，那么结果必然会达致社会安治。就政治上而言，此即意味着君主允许其各级官吏自由而充分地发挥各自的聪明才智，同时尽量做到不去干预或命令他们的行事，因为这会扭曲他们的自然趣向。这一态度最终将会导致一个以发挥每个人的独特力量为根基的、强大而稳定的社会出现，而这也正是他的期冀所在。

《韩非子》同《主术》在“用众”思想上的相似性是表面的，其差异性则是实质的。在《韩非子》中，君主统治人民；在《主术》中，人民某种程度上支配了君主，也就是说，他们规定了政府的性质，《主术》中的君主并不能随心所欲地支使民众；他的政府必须做到让人们天生的能力得以充分表露，他委官授职亦必须充分考虑到他们的自然趣向。

这一实际性的差异体现出限制王权的思想，它渗透在整篇文章之中，从而使《主术》在阐述其他法家思想时也总是显示出自己的思想特色。萧公权将这种限制君权看作是《吕氏春秋》的一个核心议题：“他（吕不韦）的最大的贡献显然是提出了各种限制君主，以防止他恣意妄为、感情用事的办法”[12]。为了实现限制君权的目的，吕不韦将其理论确立在儒家“王治”和“贵民”观念的基础上。而另一方面，《主术》则针对这个同样的限制君权的问题，提出了一个调和的、具有浓重道家思想色彩的解决方案，从而显示出了它对道家理想的历史承继及后者的广泛影响。

《主术》与《吕氏春秋》的政治哲学之间另一有趣的相似之处是，两者都提出了某种取代法家集权主义的体制。《吕氏春秋》在探索这一体制时重申了儒家传统，提出了“尊生”和“全生”的思想，将政治制度看成是确保个人修身养生的一个必要条件[13]。而《主术》则从另一方面着重借鉴了道家的思想，来建构它的替代法家的制度。我认为，《主术》的“用众”思想，事实上是它的通篇思想内容，有意提供一种有助于某些思想——道家思想——发展的政治结构，并在实践层面上发展了道家思想。此文作者意识到了早期道家政治理论的不实用性，认为政治制度最低限度的目标是必须给予个人最大限度的自由。《主术》所建构的政治理论中的这一思想，实际上是“道家学说实用化”的某种尝试，它努力把一些停留在口号上有关自在与自由的思想转化为简易可行的东西，因而某种程度上，它可以说是成熟了的道家学说。

注释

〔1〕宫本腾的著作第 9 页，将这一思想概括为“积力众智”；胡适在《淮南王书》第 71 页，称之为“众智众力”；徐复观则在他

的著作第 142 页里从《吕氏春秋》，谓之曰“用众”。

〔2〕“用众”概念亦出现于《管子》，但只见于《形势解》一篇里。而关于这一篇，张心澂的著作第 763 页认为其写作是相对较晚的，里柯特《管子》第 148 页则认为，此篇的写作是在《淮南子》之后，时间大约是公元前 1 世纪左右。此外，在本篇里有两段主要讨论“用众”概念的句子，其中所提到的“圣人”一词在大多数篇章里均作“众人”，学者多认为，此“圣”字乃“众”之误。见里卡特的第 148 页注 120 有关本篇的讨论。

〔3〕“用众”一词除了见于《韩非子》和《管子》，在《吕氏春秋》里，它也被用来作为某一节的标题。《吕氏春秋》在这几部早期著作当中，是颇有些突出特点的。其中除了“用众”的概念，还有诸如“用人”和“用事”等概念，必须对它们加以区分，“用人”这个概念指的是要恰到好处地使用每一个臣僚，并且在法家传统中，它包含了以下的一些原则：人臣皆用其所能；用人使司专职，如此才能发挥其长技并使他可以胜任其职责；根据他是否称职及贡献大小来决定他官职的升降；用人注重其实际经验。见《韩非子·用人》及《吕氏春秋·用民》等篇。

〔4〕见萧公权的著作（莫特译）第 559 页。

〔5〕例如《韩非子·难势》就指出，由于圣人离我们太远，可望而不可得，所以政治上实际需要的是某种为中等才质的君主可以采用的治世理论。

〔6〕这一段亦见《韩非子·外储说右下》。不过，多数注家都同意，认为是旧注误入正文。见梁启雄《韩子浅释》下册第 332 页

〔7〕我的看法可以由以下几点加以证实。首先，这些著作均以传说时代中一些著名人物为例，来说明个人才能是微不足道的。这些被列举的人物有乌获、孟贲、尧、舜、离娄、桀，等等。其次，均反复论证“智”与“力”之间的差别；其三，它们之间有一些论述非常相似。然而，尽管这些著作在讨论“用众”这一概念时，均

有一共同的思想材料来源，但是这一思想概念在它们各自的政治哲学里所占有的比重，则是有差异的。

〔8〕参见《韩非子·难三》。

〔9〕所有事物都有独特及平等价值这一思想，其核心是道家的相对主义。如见《庄子》的《逍遥游》和《齐物论》中的论述。《吕氏春秋·用众》篇通过强调每个人都有其长处和短处，来说明它的用众人之长处的思想：“物固莫不有长，莫不有短。人亦然。……桀、纣犹有可畏可取者，而况于贤者乎！”

然而，每个事物都有其长短之观念，由于它体现了某种非常明确的标准，因此与其说它是道家的，宁愿说它是儒家的。譬如，一位君主之优劣或长短，乃是相对某一预先设定的关于君主应该是如何的观念标准而言的。当我们回过头来分析《主术》时即可发现，它所谈论的并非是长短观念本身，而是指出，材质的观念是相对的，故实际上无法对事物做出质的比较。因此，我们不能认为它这里是提出了物各有长短的看法，相反，它真正的含义是说，物各有不同，故它们的材质是不可比较的。

〔10〕见《庄子·天地》篇里类似的段落，以及《淮南子·主术》第6节（参见附录），也见《老子》27章：

> 是以圣人常善救人，故无弃人；常善救物，故无弃物。是谓“袭明”。

〔11〕因人而用、宜人而治的思想，并不是《淮南子》的发明，它本是道家政治哲学的一个基本特点。这一思想主张治天下须顺乎自然之道：

> 圣治乎？官施而不失其宜，拔举而不失其能，毕见情事而行其所为，行言自为而天下化，手挠顾指，四方之民莫不俱至，

此之谓圣治。

〔12〕萧公权（莫特译）第563—564页。（此段引文还原系从英文意译，未据原中文版本查对——中译者）

〔13〕同上第559页。

第六章 利民

我们前面的讨论已经反复触及到了《主术》通篇都在努力阐明的一个思想主题：要求君主利益服从民众利益，这显然不是传统法家学说的翻版。我们下面讨论的这个概念，可以看作是对这一思想主题的某种表述形式。

例如我们在第二章“无为”的探讨中，曾强调指出了《主术》关于百姓与君主利益相一致的这种看法。当法家理论争辩说在君主与其臣民之间存在基本的对抗时，《主术》则坚持认为，君主之利民即是自利。而当法家认为君主与臣属的等级差别即意味着永久的权益之争时，《主术》则以不同的事物有其各异然而却是同等的价值这一思想来说明这种差别。

我们在第三章里分析“势”这一概念时已看到，君主与臣民的关系是一种由相互的义务和责任联结的共生关系，它尤其强调了这样一种观念：百姓只为那些诚心诚意为他们谋福利的君主尽心尽力。“势”这一特定的法家术语同君臣共生关系思想的这种调和，体现了《主术》优先考虑民众福利的一面。

我在第四章讨论“法”与刑罚时发现，《主术》对法家的“法”思想做了重大修正，从而彻底改变了它的存在目的。在法家学说而言，推荐给君主的法，是维护他的专制权力的一种有效手段；然《主术》却认为，法治是至高无上的，君主本人亦须对它负责。法家认为，法是君主专制的产物；《主术》则认为，是社会为了建立自身的秩序才创造出法律。而且，这些法律是以反映社会上普遍存在的“义”的概念为基础的，作为唯一的行为准则，它们也具有某种道德尺度的含义。

我们在第五章对“用众”的分析中，也指明了《主术》要求将百姓利益置于首位的坚定主张。在《韩非子》中，向君主陈呈的“用众”之策（在这种情形下，或许称之为“利用民众”之策更为确当），是为了纠正其炫耀个人才智之弊端。它指出，君主个人的权益只有善用民众的力量时，才能得到最好的维护。回顾一下《主术》对这个概念的发展，我们发现，其终极的关切已经从君主的利益转向民众群体的成就。事实上，与其说是政治的领导决定民众的状况，不如说是民众的自然趣向决定政府的意愿和倾向。

在《主术》的政治哲学中，这些中心思想相互联结和相互补充，构成了一个统一的政治结构的运行机制。正是法与刑罚的这种机制，使君主采取超然的“无为”态度才成为可能。同时，他能够采取这种姿态，也与他能够使每个人都找到各自的位置（各得其宜）从而调和民众之群力不无关系。在这完整的体系内，君主自己的职责即在于使他的政治制度适应民众的趣向，同时他本人亦受到这一民众大体上均乐意接受的制度所制约。

《主术》的政治哲学所体现出来的予民众之福利以首要地位这一主导思想，可以用“利民”一词来概括。不过我在探讨这一概念的历史背景并由此确定《主术》的思想倾向之前，打算先对它的哲学含义作一番考察。

道德就其客观而言，是社会一致遵循某种既定的行为准则的结果，这在许许多多的道德学说里，都认为是如此。譬如，当“爱”施之于人时，它就是一种可认同的道德教义；然而，当“爱”只是回报于自身，施之于己时，它就不仅会丧失其道德上的认同，而且可能会形成某种道德上的对抗。这同样可以用来说明“利”（benefit or profit）的本质。通常认为利他是一种善行，而利己之偏见则不是。显然，以自我作为道德思想的一个原则，会使社会向善的行为转变为社会的恶行。

“利”的含义衍申，既有其褒义，也有其贬义。就其褒义而言，它常常被作为“害”的反义词来使用，其意思是有益于某事物[1]。就其贬义而论，“利”则常常被用于同“义”做对比，其意思是指据其独特的地位或处境去谋取私利，而不是努力发扬道德意识，去做有助于公益或正义之事[2]。这种对比似乎首先见于儒家《论语·里仁》中的一句话：“君子喻于义，小人喻于利。”不管怎样，它很快成为中国古代文学中常用的一个典型的对比。

在《主术》中亦正如在其他多数早期著作中一样，“利”用之于社会则体现了它的“有益”这层褒义，用之于个人则表现为“自利”这层贬义。事实上，我们将看到，《主术》正是利用了这一道德概念含义的双重性，来融合法家诉诸人的自利本性的基本观念和儒墨“利民”思想。

第一节　自利

《主术》中包含了下面的思想：

> 夫民之好善乐正，不待禁诛而自中法度者，万无一也。下必行之令，从之者利，逆之者凶，日阴未移，而海内莫不被绳矣。

这段话有两层重要的含义。它暗示说，首先，三代以后民众已为私利所蒙蔽；其次，君主可以利用对于人性的这一了解来驾驭民力，为他自己的目的服务。可以看出，这种见解同法家传统有极其密切的联系。例如，《商君书》即对人性持有相类似的观点，并认为利用人性的这一特点，就可以确立政治上的优势：

> 民之性[3]，度而取其长，称而取其重，权而索其利。明君慎观三者，则国治可立，而民可得[4]。(《算地》)

《韩非子》承继了《商君书》，认为政治权力的获得，来自对人的自利本性的驾驭:“圣人之所以为治道者三:一曰利……夫利者所以得民也。”(《诡使》)《韩非子》中的另一段话也表达了同样的意思:“公不知治。有威足以服之人,而利足以劝之,故能治之。”(《内储说上·七术》)

事实上,法家之所以立赏罚为其核心思想,即在于确信:人是可以通过培养其自利本性加以导制的:

> 明主之所导制其臣者,二柄而已矣。二柄者,刑、德也。何谓刑、德?曰:“杀戮之谓刑,庆赏之谓德。为人臣者,畏诛罚而利庆赏,故人主自用其刑、德,则群臣畏其威而归其利矣。(《韩非子·二柄》)

《韩非子》另有一处重申了这一观点:

> 而好恶者,上之所制也。民者好利禄而恶刑罚。上掌好恶以御民力,事实不宜失矣[5]。(《韩非子·制分》)

尽管《主术》表面上承继了法家利用民之自利本性制民的基本思想[6],但是事实上,它通过提出君主利益与其民众利益相生相成的思想,对之做出了修正。这也就是说,君主之利民,即是利己。无疑,法家理论的重心是在刑罚与压制,而《主术》则更多强调自愿服从的观念。它倡导君主去驾驭臣民对其自利的自发选择,并以此作为获得民众拥护的一个手段:

夫防民之所害，开民之所利，威行也，若发碱决唐。故循流而下易以至，背风而驰易以远[7]。

通过提出自利与民利相益相成的思想，改造了法家首要注重维持君主威势的思想。由于政治的取向是由怎样利民来决定的，故而不会产生矛盾冲突。

或许有人认为，就一般而论法家理论家总是注重君主的利益，极少关心民众的福利。这样说当然没有错。不过这只是法家思想家们不得已而为之的做法，他们并非不想利民[8]。譬如，法家理论之所以非常重视法治，是因为把它看作是政治强固的一个必要条件。法治确实可以保证人民安居乐业，是一种十分有效的手段，但决不是首要目的。因此，法家在其政治目的性的思想方面背离了中国政治理论的主流。《书经》有云："民惟邦本，本固邦宁。"（《古文尚书·五子元歌》）这一精神为孔子所继承，构成他政治学说的基础，并演变为儒墨的传统。然而法家思想家则不然，他们坚持认为，政治的唯一目的是为君主的利益服务。如果利民有助于这一目的，法家不会反对这样提倡。但是当君主利益与民众利益的目的相冲突时，那么毫无疑问，君主的利益必须得到维护。

本书附录的《主术》第十五部分的内容，是专门讨论"利民"的，其中包含了两方面的思想：君主可以利用民众的自利本性来驯服他们；君主可以通过利民来巩固和扩大他的势力。

前者是纯粹的法家思想，后者则是关于法家首重君主利益的思想和儒家关于君主利益与民众利益并重的思想综合。

第二节　利民

在中国政治思想发展史上，“民为邦本”观念的产生相对而言较早。我们在《书经》中就发现有这样的说法[9]：

> 天视自我民视，天听自我民听。（《古文尚书·泰誓》）
>
> 天矜于民。民之所欲，天必从之[10]。（同上）

此外，在下引《左传》中的一段话里，君主的权位是由其对百姓的义务和职责所规定的。它明确指出了民众利益高于君主个人利益：

> 邾文公卜迁于绎。史曰：“利于民而不利于君。”邾子曰：“苟利于民，孤之利也。天生民而树之君，以利之也。民既利矣，孤必兴焉。”左右曰：“命可长也，君何弗为？”邾子曰：“命在养民，死之短长，时也。民苟利矣，迁也。吉莫如之。”迁于绎。五月，邾文公卒，君子曰：“知命”。（《左传》文公十三年）

这一民为政治之本的传统观念，从一开始即为孔子的学说所吸纳，构成了儒家政治哲学的思想基础。在继承了这一基本思想的同时，儒家主张为政即在于对其民众尽职尽责，为政者权力地位的稳固与否，是同他利民的成绩息息相关的。儒家对民利的重视可以由他们的代表著作中的有关论述来加以证明。如：

《论语·尧曰》：

子曰："因民之所利而利之，斯不亦惠而不费乎？"[11]

《孟子·离娄下》：

孟子曰："以善服人者，未有能服人者也。以善养人，然后能服天下。天下不心服而王者，未之有也。"[12]

《荀子·王制》：

传曰："君者，舟也；庶人者，水也。水则载舟，水则覆舟。"此之谓也。故君人者欲安，则莫若平政爱民矣[13]。

《吕氏春秋·孟夏纪第四》：

义之大者，莫大于利人，利人莫大于教。

儒家总将君民关系比作父母与子女关系，认为子女的福利是父母最为关切的事[14]，如《大学》曰："《诗》云：'乐只君子，民之父母。'民之所好好之，民之所恶恶之，此之谓民之父母。"[15]

尽管为民治政的观念的确是先秦儒家传统的一个特点，但此特点却并非他们的独家专利。在它成为儒家政治思想的核心之前，墨家也吸取和阐述了这一思想：

> 然则富贵为贤，以得其赏者谁也？曰若昔者三代圣王尧、舜、禹、汤、文、武者是也。所以得其赏何也？曰其为政乎天下也，兼而爱之，从而利之，又率天下之万民以尚尊天、事鬼、爱利万民，是故天鬼赏之，立为天子，以为民父母[16]。(《墨子·尚贤中》)

在从孔子时代一直到西汉的几个世纪里，儒学思想经历了一个学术上的发展过程。这一发展的结果是形成了原始儒学同汉代儒学之间思想上的根本差别，以致对某些问题如应否称呼汉初的一些思想家为"儒者"等，是众说纷纭，莫衷一是。尽管如此，二者仍存在有重要的内在一致性，这就是为民治政的思想。在西汉儒者中，贾谊可以看作是主张君主治政在于利民的一个思想代表，如《贾谊新书》云：

闻之于政也，民无不为本也。国以为本，君以为本，吏以为本。故国以民为安危，君以民为威侮，吏以民为贵贱。此之谓民无不为本也。(《大政上》)

其后又云："故夫士民者，国家之所树而诸侯之本也，不可轻也。"就实际而论，贾谊的《新书》中整篇《大政》章阐述的中心思想即是民为国本、国运、国力。

董仲舒指出，君主的权势取决于他能否获得民众的支持：

王者民之所往，君者不失其群者也。故能使万民往之，而得天下之群者，无敌于天下。(《春秋繁露》卷五《天国上》)

且天之生民，非为王也，而天立王以为民也。故其德足以安乐民者，天予之；其恶足以贼害民者，天夺之。(同上卷七《尧舜不擅移汤武不专杀》)[17]

在《淮南子》里，"利民"概念的运用随处可见，故毫无疑问是这部著作的一个主要论题：

古者至德之世，贾便其肆，农乐其业，大夫安其职，而处士修其道。当此之时，风雨不毁折，草木不夭，九鼎重味，珠玉润泽。洛出丹书，河出绿图。故许由、方回、善卷、披衣，得达其道。何则？世之主有欲利天下之心，

是以人得自乐其间。(《俶真》)

治国有常，而利民为本；政教有经，而合行为上。苟利于民，不必法古；苟周于事，不必循旧[18]。(《汜论》)

《主术》作为《淮南子》的一篇，亦不例外。利民，顾名思义，即是要求首先考虑民众的福利。而在《主术》的政治思想中，几乎每一重要的论述，都包含有这一思想在里面。不过“利民”思想在《主术》其他有关政治制度的主要论述中只是顺便一提，这些部分论述的重点并不在这上面，唯有第十六部分(见本书附录)中的内容是完全讨论这一思想的，尤其是下面所引对先王的描述，集中阐述了这一思想：

先王之所以应时修备，富国利民，实旷来远者，其道备矣。非能目见而足行之也，欲利之也。欲利之也不忘于心，则官自备矣。心之于九窍四支也，不能一事焉，然而动静听视皆以为主者，不忘于欲利之也。

这一“利民”的见解是至高的理想，但是实现这一理想所必需的具体方法又有哪些呢？看来，由于首先要考虑的是民众的生业，故为政之道应从俭约开始：“君人之道，处静以修身，俭约以率下。”[19]君主的奢侈无度即是对百姓之人力和物力的挥霍和浪费，其结果必然导致社会的动乱：

是故人主好鸷鸟猛兽，珍怪奇物，狡躁康荒，不爱民力，驰骋田猎，出入不时，如此则百官务乱，事勤财匮，万民愁苦，生业不修矣。人主好高台深池，雕琢刻镂，黼黻文章，𫄨绤绮绣，宝玩珠玉，则赋敛无度，而万民力竭矣。[20]。

宫廷荒淫奢侈则百姓贫困，这是政治衰乱的必然征兆：

衰世则不然，一日而有天下之富，处人主之势，则竭百姓之力，以奉耳目之欲，志专在于宫室台榭，陂池苑囿，猛兽熊罴，玩好珍怪。是故贫民糟糠不接于口，而虎狼熊罴厌刍豢；百姓短褐不完，而宫室衣锦绣。人主急兹无用之功，〔而〕百姓黎民憔悴于天下。

理想的君主只关心百姓之利，从不考虑个人的安逸和享受，因此，他的统治是异常艰苦的，充满了牺牲：

尧之有天下也，非贪万民之富而安人主之位也，以为百姓力征，强凌弱，众暴寡，于是尧乃身服节俭之行，而明相爱之仁，以和辑之。是故茅茨不翦，采椽不斲，大路不画，越席不缘，大羹不和，粢食不毇，巡狩行教，勤劳天下，周流五岳。岂其奉养不足乐哉？举天下而以为社稷，非有利焉。年衰志悯，举天下而传之舜，犹却行而脱屣也。

对于一位圣明君主来说，他不可能去剥夺百姓的生存权利，来满足自己的享乐：

> 高台层榭，接屋连阁，非不丽也，然民有掘穴狭庐所以托身者，明主弗乐也。肥醲甘脆，非不美也，然民有糟糠菽粟不接于口者，则明主弗甘也。匡床蒻席，非不宁也，然民有处边城，犯危难，泽死暴骸者，明主弗安也。[21]。

君主必须某种程度上做到与百姓同甘苦共患难，只有当时代繁荣来临以后，才可以休闲享乐：

> 故古之君人者，其惨怛于民也，国有饥者，食不重味；民有寒者，而冬不被裘。岁登民丰，乃始悬钟鼓，陈干戚，君臣上下同心而乐之，国无哀人[22]。

不仅君主的安逸享乐应该反映出百姓生业的实际状况，而且更重要的是，用来维持安逸享乐的税赋也应量入为出，符合民众的承受能力："人主租敛于民也，必先计岁收，量民积聚，知饥馑有余不足之数，然后取车舆衣食供养其欲。"[23]

就积极的一面而言，君主的安乐来自百姓的幸福。因此作为君主他所做的每一件事，都应对国家的富强昌盛有所促进[24]。而这又首先应从个人的节制态度开始："故有仁君明主，其取下有节，自养有度，则得承受于天地，而不离饥寒之患矣。"[25] 他使民有节，并且教导他们最有效地开发利用他们的资源：

> 食者，民之本也。民者，国之本也。国者，君之本也。
>
> 是故人君者，上因天时，下尽地财，中用人力，是以群生遂长，五谷蕃植。教民养育六畜，以时种树，务修田畴，滋植桑麻，肥墝高下，各因其宜。丘陵阪险不生五谷者，以树竹木，春伐枯槁，夏取果蓏，秋畜疏食，冬伐薪蒸，以为民资。

君主不仅鼓励百姓充分开发土地资源，努力耕种，而且应制定出合理利用资源、保护环境的方案：

> 故先王之法，畋不掩群，不取麛夭，不涸泽而渔，不焚林而猎。豺未祭兽，罝罦不得布于野；獭未祭鱼，网罟不得入于水；鹰隼未挚，罗网不得张于谿谷；草木未落，斤斧不得入山林；昆虫未蛰，不得以火烧田。孕育不得杀，鷇卵不得探，鱼不长尺不得取，彘不期年不得食。是故草木之发若蒸气，禽兽之归若流泉，飞鸟之归若烟云，有所以致之也[26]。

显而易见，从我们对上面《主术》“利民”思想的分析来看，它的观念所秉持的立场同先秦儒学思想有着极其密切的承继关系。这种对百姓生活状况的重视与关切，正是西汉儒学的有代表性的思想特征。为民治政的思想不仅是《淮南子》中最重要的思想，而且也是其他西汉思想家如贾谊和董仲舒等人的政治哲学的首要思想原则。

就“利民”观念而论，其中可能多少包含有一些法家主张通过驾驭人的自利本性来统治人民的思想因素。不过一旦这一思想形成，法家的主题即会为儒家关于百姓利益与其君主利益本是相益相成的观点所改铸与融合。因为政治上任何对民众利益的肯认，必然都会使政治本身得到增强和巩固。

这一“利民”思想就其倾向而言完全是儒家的，而且毋庸置疑，它对《主术》所深入阐明的政治体系发生了极其重要的影响。某种程度上，对这一概念的讨论体现了一种独立的思想，但倘若对之假以更深入地透视，则可以看出，这一为民治政的思想实际上构成了它整个政治哲学统一的精神实质。

注释

〔1〕这种用法的一个例子见《墨子·兼爱中》：“仁人之所以为事者，必兴天下之利，除去天下之害，以此为事者也。”

〔2〕有时，“利”也是与“善”相对立的。见《孟子·尽心上》，而“利”与“义”亦不总是同韻。见罗常培的著作第 161 页所引用

的某个东汉时的例子。

〔3〕读“生”作“性”。

〔4〕也见《商君书》的《算地》和《错法》。

〔5〕后面这一句似乎有误，不过大概的意思是不错的。

〔6〕见《商君书·画策》，其中阐述了这种看法。

〔7〕这一段话可以看成是对儒家理论的一个复述，这从《孟子·离娄上》中一段类似的思想和比喻可以证明：

> 失其民者，失其心也。得天下有道：得其民，斯得天下矣；得其民有道：得其心，斯得民矣；得其心有道：所欲与之聚之，所恶勿施尔也。民之归仁也，犹水之就下，兽之走圹也。

类似的段落亦见《荀子》的《君道》和《议兵》等篇。

〔8〕例如《韩非子·奸劫弑臣》篇云：

> 而圣人者，审于是非之实，察于治乱之情也。故其治国也，正明法，陈严刑，将以救群生之乱，去天下之祸，使强不陵弱，众不暴寡，耆老得遂，幼孤得长，边境不侵，君臣相亲，父子相保，而无死亡系虏之患，此亦功之至厚者也。愚人不知，顾以为暴。

亦见《商君书》的《去强》和《开塞》篇。

〔9〕《孟子·万章上》亦引用了这段话。我们将这一说法同“天命”的概念合起来看，这段话即是意味着，天子实际上是人民任命的。

〔10〕参照《左传》襄公四年，昭公二年以及《国语》等。

〔11〕也见《论语·颜渊》。

〔12〕也见《孟子》的《滕文公上》和《离娄上》。

〔13〕见《荀子·哀公》中类似的论述。

〔14〕也见《孟子·公孙丑上》,《荀子》的《正论》和《礼论》以及《大学》中有关论述。

〔15〕《诗经·国风·周南》。

〔16〕亦见《墨子》的《兼爱》《非攻》《明鬼》和《非命》等篇里一些类似的论述。

〔17〕有关董仲舒的进一步讨论，请见徐复观的有关论述。这里引用的第一段话可以证明我认为《荀子》对董仲舒有重要的影响这一想法。请将此段话与《荀子》的《王制》和《君道》中类似的说法做一比较。

〔18〕《淮南子》的《精神》《齐俗》《兵略》和《修务》等篇里亦有关于同样问题的论述。

〔19〕儒家著作也鼓吹俭约，如《论语·学而》云:“子曰:‘道千乘之国，敬事而信，节用而爱人，使民以时。”亦见《论语·颜渊》,《孟子》的《滕文公上》和《尽心上》等篇中论述。当然，节俭也是墨家学说的核心思想，《节用》篇就是对这一主题的论述。此外，它还基于治之以俭约的这一原则，对乐及厚葬做了谴责。

〔20〕请将《孟子·梁惠王上》中“愿安”一段与此段及下面一段做一比较。梁惠王因对奢侈(“率兽食人”)的行为麻木不仁而受到了责备。君主只有当民与之同乐时，才能乐之。(同上)

〔21〕比较《说苑》卷二十《反质》,其中一段被看作是《墨子·节用下》一篇的佚文，其云:“故食必常饱，然后求美；衣必常暖，然后求丽；居必常安，然后求乐。为可长，行可久，先质而后文。”

〔22〕比较《孟子·梁惠王下》:

> 臣请为王言乐。今王鼓乐于此，百姓闻王钟鼓之声，管籥之音，举疾首蹙頞而相告曰：吾王之好鼓乐，夫何使我至于此

极也？父子不相见。兄弟妻子离散。……

此无他，不与民同乐也。

今王鼓乐于此，百姓闻王钟鼓之声，管龠之音，举欣欣然有喜色而相告曰：吾王庶几无疾病与，何以能鼓乐也？……

此无他，与民同乐也。

今王与百姓同乐，则王矣。

从这一段话里读者可以认识到“乐”（读音 lè，即英文 pleasure）与“乐”（读音 yuè，即英文 music）之间的同字异音异义的关系。而且，人们也可以对中国传统关于音乐作用的理解产生更加深刻的印象。音乐在人们的认识中并不只是娱乐那么简单。它被看作是调和与统一各种社会关系的一个有效手段。它的作用就是调和。在《孟子》这一段话里，君主若在百姓饥寒交迫、妻离子散、家破人亡的悲惨情形下仍耽于享乐，这比不关心百姓更为恶劣。这也充分说明他并不懂得音乐的真正意义。亦见《孟子 · 梁惠王上》。

〔23〕《孟子》同样关心如何通过准确地计算岁收的情况来平衡税赋的制度，这是它的一个重要论题，如《滕文公上》说：

龙子曰：“治地莫善于助，莫不善于贡。”贡者校数岁之中以为常。乐岁粒米狼戾，多取之而不为虐，则寡取之。凶年粪其田而不足，则必取盈焉。为民父母，使民盻盻然，将终岁勤动，不得以养其父母，又称贷而益之，使老稚转乎沟壑，恶在其为民父母也。

也见《孟子 · 公孙丑上》。

〔24〕参见《论语 · 子路》：“冉有曰：‘既庶矣，又何加焉？’曰：‘富之’”。亦请见《孟子》的《梁惠王上》《梁惠王下》和《尽心上》等篇。

〔25〕参见《孟子·滕文公上》:“是故贤君,必恭俭礼下,取于民有制。”

〔26〕这种保护资源的态度在《孟子·梁惠王上》里亦早有表示:

> 不违农时,谷不可胜食也;数罟不入洿池,鱼鳖不可胜食也;斧斤以时入山林,材木不可胜用也。谷与鱼鳖不可胜食,材木不可胜用,是使民养生丧死无憾也;养生丧死无憾,王道之始也。

附录一

《淮南子·主术》

中译者按：本书作者在正文后附有《主术》的英译文，为作者本人所译。他这样做的目的诚如“绪论”中所说，是为了使英文读者对于《主术》有一直接的、全面的了解，从而能够去作出自己的思考。作者在翻译《主术》时，依据韵读的自然变化，将《主术》分作18节，每节各句的韵脚相同。此外，作者还对《主术》作了详细的校注，并且在《主术》的译文前面加了按语。其按语如下：

这个翻译所依据的底本，是我在参校了《淮南子》的北宋小字本、道藏本、王溥（刘绩）本、中立四子本、茅一桂本和庄逵吉本等六个版本之后提出的一个本子。我的这一工作借鉴了于大成的研究和哈罗德（Harold D. Roth）对于各种版本的分析。

本文韵脚相同的为一节，以下另起行。各节中每一句的末尾同韵字的汉字读音均以括弧标出。有关那个时代的声韵，我主要依据的是罗常培和周祖谟的《汉魏晋南北朝韵部演变研究》一书。

我对此文的这种分节（段），看来是较为恰当的。因为这篇文献的内容尽管大体上有其内在思想一致性，但是每节之间论点常常转换，并不十分贯通。往往每一节都包含相对独立的思想，由一节过渡到下一节，所有各节都被松散地置于一个主题之下。此外，我的分节亦大致与在《文子》和《群书治要》中所见到的分段相同。因此可以说是较为妥贴的……

可见，作者在将《主术》译成英文之前，已经对它作了进一步的校理。他的注释十分详赡，于各家注中广征博引，而且将《主术》与先秦及两汉的许多学派的文献中类似的思想材料相互参较，并提出了自己的观点和看法。总之，他的校注是有一定参考价值的，其中所包含的思想观点亦同正文的论述相互阐发。因此，我认为，他对《主术》的校注事实上是他研究的一个很重要的成果，不仅构成了他这部著作的有机部分，而且自身亦可以看作是有关《淮南子·主术》篇的一个相对独立的、完整的英文校注本。所以，我们在本书中译本里应给予这部分内容以应有的地位，不能轻易省略。兹将《主术》篇的英译文依作者的校理还原，并译出注释部分附于其后，以飨读者。

第一节[1]

人主之术，处无为之事，而行不言之教，清静而不动，一度而不摇，因循而任下，责成而不劳。是故心知规而师傅谕导（道），口能言而行人称辞，足能行而相者先导，耳能听而执正进（谏）[谋][2]。

是故虑无失策，谋无过事[3]，言为文章，行为仪表于天下[4]，进退应时，动静循理，不为丑美好憎，不为赏罚喜怒[5]，名各自名，类各自类[6]，事犹自然，莫出于己。

故古之王者，冕而前旒所以蔽明也，黈纩塞耳所以掩聪[7]，天子外屏所以自障[8]。

故所理者远则所在者迩，所治者大则所守者（少）〔小〕[9]。

夫目妄视则淫，耳妄听则惑，口妄言则乱。夫三关者，不可不慎守也。

若欲规之，乃是离之；若欲饰之，乃是贼之[10]。

校注

〔1〕这第一节在《群书治要》卷41显然是被作为完整一段，而在《文子》卷下，则将这整个一节同下面第二节的部分内容联系在一起作为一段。

〔2〕刘文典《淮南鸿烈集解》原文为“耳能听而执正进谏”。我从高诱注，认为从引文看，应读“谏”作“谋”。“谋”与“辞”同韵。关于这段话，请比较《太平御览》卷76第358页所引《慎子》（普森《慎

子佚文》第 294 页)，也请比较《春秋繁露》卷 6《立元神第十九》一段。

〔3〕比较《贾太傅新书》上卷第 83 页和《大戴礼记》卷 3《保傅》，其中均有同样一句话。

〔4〕参见《大戴礼记》卷 5《曾子制言上》。

〔5〕读“喜怒”作“怒喜”，以押“喜”韵。

〔6〕参见《淮南子》卷 10《缪称》;《韩非子》的《主道》和《扬权》;《黄帝四经》(《考古学报》1975 年第 1 期，第 31 页)；及《尸子》卷上第 6 页上。

〔7〕参见《大戴礼记》卷 8《子张问入官》和《晏子春秋》卷 7。

〔8〕见《老子》47 章。

〔9〕王念孙云:“少当为小，字之误也。”我从王念孙。见《老子》63 和 64 章同样的说法。

〔10〕比较《庄子·在宥》的开头和《老子》29 章。

第二节〔1〕

天气为魂，地气为魄〔2〕，反之玄房，各处其宅。守而勿失，上通太一。太一之精，通于天〔3〕。天道玄默〔4〕，无容无则，大不可极，深不可测，尚与人化，知不能得。

昔者神农之治天下也〔5〕，神不驰于胸中，智不出于四域，怀其仁诚之心，甘雨时降，五谷蕃植，春生夏长，秋收冬藏。月省时考〔6〕，岁终献功，以时尝谷，祀于明堂〔7〕。

明堂之制，有盖而无四方，风雨不能袭，寒暑不能伤。迁延而入之，养民以公。其民朴重端悫，不忿争而财足，不劳形而功成〔8〕。因天地之资，而与之和同。

是故威厉而不杀，刑错而不用〔9〕，法省而不烦，故其化如神。其地南至交阯，北至幽都，东至旸谷，西至三危，莫不听从〔10〕。当此之时，法宽刑缓，囹圄空虚，而天下一俗，莫怀奸心。

末世之政则不然，上好取而无量，下贪狼而无让，民贫苦而忿争，事力劳而无功，智诈萌兴，盗贼滋彰，上下相怨，号令不行。执政有司，不务反道矫拂其本，而事修其末，削薄其德，曾累其刑，而欲以为治，无以异于执弹而来鸟，捭棁而狎犬也，乱乃愈甚。

校注

〔1〕这一节亦包括在《文子》中。

〔2〕参见《礼记》卷 11 和卷 7。

〔3〕《文子》自然篇作“通合于天”，我从《文子》。见刘文典引王念孙注。

〔4〕我同意高亨《老子正诂》第 51—52 页的论述。

〔5〕神农系传说中的君主，据传其治世约在公元前 2838 年—前 2698 年之间。他被看作是开创农业和教人们怎样耕种的一位圣人，同时他也是中医药学之父，毕生都在从事草药及其药性的尝试与研究。

〔6〕参见《大戴礼记》卷 1 第 3 页上和《孔子家语》卷 1 第 9 页下。

〔7〕明堂乃天子祭祀之场所。天子依照历律在这里举行各种祭祀典礼。有关明堂制度的长篇论述（不一定十分正确），可参见格雷纳特的著作第 177 页以下，以及舒茨尔的《明堂》一书。

〔8〕我同意杨树达在其著作第 56 页中的看法。这句话或许是一句注解。

〔9〕参见《荀子》的《议兵》和《宥坐》。

〔10〕这段话在《大戴礼记》卷 7《五帝德》,《说苑》卷 19《修文》,《墨子 · 节用中》,《吕氏春秋》卷 22 以及《尸子》《贾太傅新书》等著作里均有部分或完整的出现。其中所说的“幽都”“三危”在《淮南子》卷 4 中也有提及。

第三节〔1〕

夫水浊则鱼噞，政苛则民乱。故夫养虎豹犀象者，为之圈槛，供其嗜欲，适其饥饱，违其怒恚〔2〕，然而不能终其天年者，形有所劫也。是以上多故则下多诈，上多事则下多态，上烦扰则下不定，上多求则下交争〔3〕。不直之于本，而事之于末，譬犹扬堁而弭尘，抱薪以救火也。

故圣人事省而易治，求寡而易澹，不施而仁，不言而信，不求而得，不为而成，块然保真，抱德推诚〔4〕，天下从之，如响之应声，景之像形〔5〕，其所修者本也。

刑罚不足以移风，杀戮不足以禁奸，唯神化为贵。至精〔6〕为神。

夫疾呼不过闻百步，志之所在，逾于千里〔7〕。

冬日之阳，夏日之阴，万物归之，而莫使之然〔8〕。故至精之像，弗招而自来，不麾而自往，窈窈冥冥，不知为之者谁，而功自成。智者弗能诵，辩者弗能形。

昔孙叔敖恬卧，而郢人无所害其锋[9]；市南宜辽弄丸，而两家之难无所关其辞[10]。鞅鞈铁铠[11]，瞋目扼腕，其于以御兵刃，悬矣！券契束帛，刑罚斧钺，其于以解难，薄矣！待目而照见，待言而使令，其于为治，难矣！

蘧伯玉为相，子贡往观之，曰："何以治国？"曰："以弗治治之。"[12] 简子欲伐卫，使史黯往觌焉。还报曰："蘧伯玉为相，未可以加兵。"固塞险阻，何足以致之[13]！

故皋陶瘖而为大理，天下无虐刑[14]，有贵于言者也。师旷瞽而为太宰，晋无乱政[15]，有贵于见者也。

故不言之令，不视之见，此伏羲、神农之所以为师也。

故民之化也，不从其所言，而从所行。

故齐庄公好勇，不使斗争，而国家多难，其渐至于崔杼[16]之乱。顷襄好色，不使风议，而民多昏乱，其积至昭奇之难[17]。

故至精之所动，若春气之生，秋气之杀也，虽驰传骛置，不若此其亟[18]。

故君人者，其犹射者乎！于此毫末，于彼寻常矣。故慎所以感之也。

夫荣启期一弹，而孔子三日乐，感于和[19]。邹忌一徽，而威王终夕悲，感于忧。动诸琴瑟，形诸音声，而能使人为之哀乐[20]。悬法设赏，而不能移风易俗者，其诚心弗施也[21]。

宁戚商歌车下，桓公喟然而寤，至精入人深矣[22]！

故曰：乐听其音则知其俗，见其俗则知其化[23]。

孔子学鼓琴于师襄，而谕文王[24]之志，见微以知明矣[25]。延陵季子听鲁乐而知殷、夏之风，论近以识远也[26]。作之上古，施及千岁而文不灭，况于并世化民乎！

汤之时，七年旱[27]，以身祷于桑林之际，而四海之云凑，千里之雨至。抱质效诚，感动天地，神谕方外[28]，令行禁止，岂足为哉！

古圣王至精形于内，而好憎忘于外[29]，出言以副情，发号以明旨，陈之以礼乐，风之以歌谣，业贯万世而不壅，横扃四方而不穷，禽兽昆虫与之陶化，又况于执法施令乎！故太上神化，其次使不得为非[30]，其次赏贤而罚暴。

校注

〔1〕这一节亦见于《文子》卷上第10至11页。

〔2〕参见《邓析子》第2至3页；《庄子·人间世》和《列子》卷2《黄帝》。

〔3〕这一段是《老子》57章的翻版。

〔4〕参见《庄子》的《德充符》和《田子方》；《老子》47章。

〔5〕参见《庄子·在宥》和《黄帝四经》(《考古学报》1975年第1期，第20页)。

〔6〕“至精”在这里乃一特定的概念，其含义系指某种至强却又无形的内在元质，它冲漠无朕，却又能化成万物。《庄子·知北游》和《易·系辞下》都用到这一概念。关于这一内在元质的认识，在中国传统中有许多概念来表述。例如在多数中国思想重要流派里，通常是用

“德”这一概念来表达的。中国哲学有关这一方面的思想，尤其受到汉初主张“天人相应”思想学派的接纳和重视。我们可以发现有关“至精”（以及其他用来表达“内在元质”的提法）的论述在《淮南子》中十分普遍，例如在《览冥》以及《精神》等篇里，即是如此。《泰族》篇起首有一段，则描述了天地由阴阳合气化成万物与圣人以“至正”化善其民之间的相互关系。此篇稍后则进一步讨论了如何以“至精”化善百姓的有效方法。

〔7〕参见《礼记》卷 42 第 2 页。

〔8〕见《邓析子》第 6 页。

〔9〕这些历史人物及事迹在其他早期著作里也有记载。如《左传》哀公十六年（公元前 479 年）有一段关于楚太子建之子白公叛楚的记载。他在策划政变时对他的一位谋士石乞说，实施这一计划只需五百人足矣。当石乞谓不可得时，白公提到了这位无畏之士熊宜辽，认为他一人即可当五百之士。于是他们去见宜辽，企图劝服他参加进来。而当宜辽拒绝了他们的利诱时，他们便用剑抵着他的喉咙威胁他，但是宜辽仍然不为所动。最后他们确信宜辽不会因个人的目的去揭发他们的阴谋时，他们便放过了他。在以后的叛乱中，白公杀了子西和子期这两位大臣，劫持了楚惠王。但最终叛乱还是被镇压下去了。

在《庄子》里，除了《徐无鬼》（《淮南子》的这段话似乎取自《徐无鬼》）这一篇外，在《山木》篇里，熊宜辽也作为鲁哀公的顾问出现。哀公虽然谨守儒家的道德与价值观，但仍不能避灾免祸。宜辽建议他抛弃传统的观念，采取道家的生活态度。

“两家”是指王室斗争中的两派；“弄丸”则表示宜辽不怕威胁，超脱于王室争斗之外的坚定立场。

孙叔敖见《史记》卷 119 第 3099 页以下，楚庄王用为楚相。孙叔敖治政颇有成效，很快便使楚国出现了吏无奸邪、盗贼不起的局面，从而为百姓创造了一个世俗盛美、上下和合、皆乐其生的环境。

这两位历史代表人物都能做到无为而功成。《史记》卷 119 第 3100 页描述了这种处世的方法。《淮南子》这段话的含义也许即基于《庄子·徐无鬼》。

〔10〕上句“害其锋”之“害”字乃“容”之误。见《老子》50章。

〔11〕《邓析子》以及《商君书·弱民》中均有类似的描述。

〔12〕蘧伯玉见《庄子·人间世》。他是卫国的大夫。当有人向他求教如何教导生性残酷邪恶的太子时，他强调了这件事的危险性。他指出，在太子面前若表现出正直，并炫露自己的聪明，就会有祸患；而太过于亲附也同样会招来灾祸。在这段话里，他是一位具道家倾向的智者，他的意见与《人间世》开头孔子对颜回所说的话相似。在一些早期著作里，他总是以一位聪慧的、尤其是长于内省的大臣形象出现（如《论语·宪问》和《淮南子·泰族》里所记载）。在《庄子·则阳》里，他的内省受到了怀疑。他在六十年里，未尝不开始认为是而后来又斥之为非的。他的问题恰恰在于不能超脱于世俗，不能做到不对事物发表他的看法。

〔13〕参见《吕氏春秋》卷20《恃君》和《说苑》卷12《奉使》。

〔14〕皋陶一向被视为圣君舜时代的直臣，并且认为他同制刑有关。《尚书·皋陶谟》则更是将制刑归功于他本人。也请见《左传》昭公十四年及《诗经》中的说法。

〔15〕师旷为晋国乐师，生活在公元前6世纪。他是一位中国文学中反复描写的人物，为音乐技艺乃至音乐欣赏的化身。例如见《左传》襄公十八年；《荀子·大略》《韩非子·十过》；《庄子》的《齐物论》《骈拇》《胠箧》（此篇里提到了他是一位盲人）等。

〔16〕崔杼是公元前6世纪齐庄公的一位大臣。他在公元前548年，策划将庄公引诱至其家中杀死，然后立景公并自封为相，后来因弑君罪遭弃市。见《左传》襄公二十五年所记。

〔17〕楚顷襄王在公元前298年至前263年在位。见《史记》卷40第1728页以下。《史记》里没有提到他好女色及宠幸昭奇的事，高诱注将昭奇说成是楚国大臣。历史记载中有一位昭子，曾事顷襄王及其父怀王，但这是昭雎。据《史记》对于当时的记述，昭雎曾建议合诸侯以抗秦。楚采纳了这一建议以后，不断受到秦的侵扰并且屡败于秦。见《史

记》卷40第1726页以下。也许是由于这一段典故，这里误将昭睢写成了昭奇。

〔18〕参见《孟子·公孙丑上》。

〔19〕关于孔子登泰山见隐士荣启期的更详细的叙述，见《列子》卷1《天瑞》，类似的故事也见于《孔子家语》卷4。

〔20〕邹忌的事迹见《史记》卷74第2344页。更为详细的叙述，见《史记》卷46第1889页。据钱穆考证，这件事发生在威王元年（公元前357年）。

〔21〕关于“诚”或“诚心”的看法，在《淮南子·泰族》篇里有详尽的阐述：

> 故圣人养心莫善于诚，至诚而能动化矣。……圣主在上，廓然无形，寂然无声，官府若无事，朝廷若无人。无隐士，无逸民，无劳役，无冤刑。四海之内，莫不仰上之德，象主之指。夷狄之国重译而至，非户辩而家说之也，推其诚心施之天下而已矣。……夫矢之所以射远贯牢者，弩力也；其所以中的剖微者，正心也。赏善罚暴者，政令也；其所以能行者，精诚也。故弩虽强，不能独中；令虽明，不能独行，必自精气所以与之施道。故摅道以被民而民，弗从者，诚心弗施也。

〔22〕这个故事在《吕氏春秋》卷19有完整的叙述，《淮南子》卷12《道应》几乎一字不漏地抄录了这个故事，只不过将宁戚改作宁越。《晏子春秋》卷4、《史记》卷83第2473页以及《鬻子》卷1也有关于这段故事的资料。宁戚欲事齐桓公，但是他出身贫微，无法得到齐桓公的接见。于是他坐着商旅的车到齐国去，瞅准机会，当桓公经过他的车旁时，唱起歌来。桓公为他的歌声所打动，因此接见了他，并给了他一个职位。

〔23〕《吕氏春秋》卷6有类似的句子。

〔24〕文王（公元前1231年—前1135年）是武王的父亲，周的第

一位君主，也称作西伯，统治着岐地。他一向反对商的最后一位统治者纣的暴行，因而被囚禁达两年之久。据传说，他的仁德远播，故用不着像他的儿子那样以武力来征服商朝，只凭其个人之仁德，就已赢得了百姓的归服。

〔25〕《韩诗外传》卷 5 和《孔子家语》卷 8 也有类似的话。孔子只要演奏一曲，就立刻能猜测出曲是何人所作——这显示了他深邃的洞察力。

〔26〕这句话或许是暗指《左传》襄公二十九年时的一段故事。吴公子札出使鲁国，请求观于周礼。他在欣赏了一系列各个地方和不同时代的音乐演奏之后，作了一番自己的评价。“延陵”是吴的一个城市，为公子札的封地。另外，《淮南子》卷 7 亦提到公子札：“延陵季子不受吴国，而讼间田者惭矣。”

〔27〕我们可以从许多中国早期的文献中找到有关这次旱情的资料。例如《管子 · 山权数》《庄子 · 秋水》《荀子 · 富国》《论衡》卷 15、17、18、20 和 27；《墨子 · 兼爱下》《说苑 · 君道》；《吕氏春秋》卷 15 等。一般认为汤的统治大约在公元前 1766 年至前 1753 年，他是商朝的奠基者，在鸣条攻灭了臭名昭著的桀。当时中国的这场严重的干旱以及随之而来的饥荒持续七年之久，几乎所有的早期中国文献里，都有对于当时百姓所遭受饥苦的描写；同时也记载了汤在他治政时为减缓这种饥苦所做出的种种事迹，并且公认他是一位无私的典范。

〔28〕比较《文子》这里同样的说法。

〔29〕显然《淮南子》的这句话有抄误。“忘”与“名”在汉代或许读音近似，但音同而声异。《文子》中的这一句采用的是与《淮南子》相异的字。故我的校注对此做了尝试性的校正。

〔30〕《商君书 · 画策》提倡某种类似的准则。

第四节[1]

衡之于左右，无私轻重，故可以为平。绳之于内外，无私曲直，故可以为正。人主之于用法，无私好憎，故可以为命。

夫权轻重不差蚊首，扶拨枉桡不失针锋[2]，直施矫邪不私辟险，奸不能枉，谗不能乱，德无所立，怨无所藏，是任术而释人心者也，故为治者不与焉。

夫舟浮于水，车转于陆，此势之自然也[3]。木击折轊，水戾破舟，不怨木石而罪巧拙者，知故不载焉。

是故道有智则惑，德有心则险，心有目则眩[4]。

兵莫憯于志而莫邪为下[5]，寇莫大于阴阳而枹鼓为小[6]。

今夫权衡规矩，一定而不易，不为秦、楚变节，不为胡、越改容，常一而不邪，方行而不流，一日刑之，万世传之，而以无为为之。

校注

〔1〕这一节在《文子》中亦为完整之一段。而此节中的第二段也见于《邓析子》。

〔2〕参见《管子》卷 4《宙合》。

〔3〕参见《邓析子》。

〔4〕参见《邓析子》。这最后的几句可能依据《庄子 · 列御寇》。

〔5〕许多早期的著作里都有关于这柄名剑的传奇。据《吴越春秋》卷 4《阖闾内传》云：干将奉吴王阖闾之命铸剑二枚，然而当他努力铸

造这两柄剑时，金和铁之精华不能熔合。于是莫邪剪下她的头发和指甲，把它们投入炉中，金、铁随即熔在一起。干将将它们锻造成了两把剑，这阳剑称之为“干将”，阴剑则名之曰“莫邪”。随后干将把“干将”剑藏了起来，而将“莫邪”剑献给了吴王阖闾。

这段传奇在《搜神记》卷11（公元4世纪作品）中有了相当不同的情节，在原来的基础上，又增加了莫邪剑之锋利的传奇。

〔6〕这一句也许依据《庄子·庚桑楚》。

第五节〔1〕

故国有亡主，而世无废道；人有困穷，而理无不通。由此观之，无为者，道之宗。故得道之宗，应物无穷；任人之才，难以至治。

汤、武，〔2〕圣主也，而不能与越人乘干舟〔3〕而浮于江湖；伊尹〔4〕，贤相也，而不能与胡人骑骠马而服騊駼〔5〕；孔、墨博通，而不能与山居者入榛薄险阻也。

由此观之，则人知之于物也，浅矣，而欲以遍照海内，存万方，不因道之数，而专己之能，则其穷不达矣。故智不足以治天下也〔6〕。

桀之力，制觡伸钩，索铁歙金，椎移大牺，水杀鼋鼍，陆捕熊罴，然汤革车三百乘，困之鸣条，擒之焦门〔7〕。

由此观之，勇力不足以持天下矣。智不足以为治，勇不足以为强，则人材不足任，明也。而君人者不下庙堂之上，而知四海之外者，因物以识物，因人以知人也〔8〕。故积力之所举，则无不胜也；众智之所为，则无不成也。

坎井之无鼋鼍，隘也；园中之无修木，小也〔9〕。

夫举重鼎者，力少而不能胜也，及至其移徙之，不待其多力者。故千人之群无绝梁〔10〕，万人之聚无废功。

夫华骝、绿耳〔11〕，一日而至千里，然其使之搏兔，不如豺狼，伎能殊也。鸱夜撮蚤蚊，察分秋毫，昼日（颠）〔瞋〕越，不能见丘山〔12〕，形性诡也〔13〕。

夫螣蛇游雾而动，应龙乘云而举，猿得木而捷，鱼得水而骛。故古之为车也，漆者不画，凿者不斲，工无二伎，士不兼官，各守其职，不得相奸〔14〕，人得其宜，物得其安〔15〕，是以器械不苦，而职事不嫚。夫责少者易偿，职寡者易守，任轻者易（权）〔劝〕〔16〕。上操约省之分，下效易为之功，是以君臣弥久而不相厌。

君人之道，其犹零星之尸也〔17〕，俨然玄默，而吉祥受福。

是故得道者不为丑饰，不为伪善〔18〕，一人被之而不褒，万人蒙之而不褊。

是故重为惠，若重为暴，则治道通矣。为惠者，尚布施也。无功而厚赏，无劳而高爵，则守职者懈于官，而游居者亟于进矣。为暴者，妄诛也。无罪者而死亡，行直［者］而被刑，则修身者不劝善，而为邪者轻犯上矣。故为惠者生奸，而为暴者生乱。奸乱之俗，亡国之风。是故明主之治，国有诛者而主无怒焉，朝有赏者而君无与焉。诛者不怨君，罪之所当也；赏者不德上，功之所致也。民知诛赏之来，皆在于身也，故务功修业，不受赣于君[19]。

是故朝廷芜而无迹，田野辟而无草，故太上下知有之[20]。

校注

〔1〕这一节基本上也见于《文子》卷下，在《文子》中被分成了两段。

〔2〕武王（公元前1169年—前1116年）是周的第一位统治者，他起来反抗商朝的末代君主纣的压迫统治。他对中国的征服是因为情势所逼，故往往被看成是解放，而不是篡夺。在征服了帝国之后，他解散了军队，在中国建立了封建制度，将帝国分封为18个大国和72个小国。他使军队和平民中那些为了将他推上王位而立下功劳的支持者们都成了贵族。

〔3〕王念孙云："古无谓小船为干者，干当为轸，字之误也。轸与舲同字。"我从王念孙校。

〔4〕伊尹是汤的最杰出的贤相。如《墨子·尚贤》之上和下都讲述了这样的故事，即伊尹是从仆从和厨师而被提拔为宰相的。《孟子·万章上》则否定了这种说法，认为伊尹本是一介农夫而颇有德名，汤聘了他三次，他才答应出任宰相。《吕氏春秋》卷14也有关于他的记载，不过故事则是从他的非凡的出生开始叙述的。在所有谈到伊尹的早期中国文献里，都把他看作是贤臣的典范。

〔5〕这句话里的"騊駼"，是北方的一种野马。"騵"据《群书治要》引许慎注，是一个小国家的名称，在益州（古代的一个省，即今浙皖一带）西南，其地产良马。刘文典的著作里则是"骑原马"，将"原"看作是国家的名称。《群书治要》即为"骑原马"。

〔6〕比较《群书治要》卷41第4页下至第5页上中的这句话。

〔7〕桀是夏朝最后一位君主，所有早期中国文献都把他当作邪恶堕落的化身。不仅他的奢侈无度给他的百姓带去了极大的痛苦，更有甚者他是一个虐待狂，常常以百姓的痛苦为乐。关于汤为桀的行为感到忧虑并且发动了起义的故事，在《吕氏春秋》卷15中有描写。其云桀在汤的剑刃下逃走，逃至大沙时被截住，汤将他斫为数截。另一种说法（如《吕氏春秋》卷8《论威》）则认为桀亡身之地为南巢，这实际上也是最普遍的说法。在《主术》里，决战发生在鸣条，而桀则被擒于焦门。高诱注云："焦"多作"巢"，故其音或许相通，实际上它们指的是同一个地方。《荀子·议兵》《战国策》卷30《燕二》同《主术》一样，认为决战是在鸣条。《淮南子》卷13也认为，汤擒桀于焦门。关于此战及以后所发生事件的深入探讨，请参见卡尔格莱恩的《古代中国的传说与崇拜》第333页以下。

〔8〕参见《韩非子·难三》。

〔9〕参见《说苑·谈丛》。

〔10〕尽管"绝梁"在这里的用义有些含糊，但是这句话的大致含义仍是不难理解的。

〔11〕这是周穆王八骏中的两骏。

〔12〕《庄子·秋水》作"昼出，瞋目而不见丘山"。我从王引之（见刘文典《淮南鸿烈集解》卷9引）和《庄子·秋水》。

〔13〕参见《庄子·秋水》和《商君书·画策》。

〔14〕我从杨树达的著作第58页，以及《文子》中这同一句话的用法。

〔15〕参见汤普森《佚文》17第238页。

〔16〕《文子》下德篇作"任轻易劝也"。我从《文子》。

〔17〕零星主家政、农牧业等。

〔18〕王念孙云：此本作"不伪丑饰，不伪善极"，伪即为字也。我从王念孙此句注读，见刘文典著作卷9第9页上引。

〔19〕参见《韩非子·难三》。

〔20〕参见《老子》17章。

第六节[1]

桥直植立[2]而不动，俯仰取制焉；人主静漠而不躁，百官得修焉。譬如军之持麾者，妄指则乱矣。

慧不足以大宁，智不足以安危，与其誉尧而毁桀也，不如掩聪明而反修其道也[3]。

清静无为，则天与之时[4]；廉俭守节，则地生之财；处愚称德，则圣人为之谋[5]。

是故下者万物归之，虚者天下遗之[6]。

（夫人主之听治也，清明而不暗，虚心而弱意，是故群臣辐凑并进，无愚智贤不肖莫不尽其能。于是乃始陈其礼，建以为基。）[7]

是乘众势以为车，御众智以为马，虽幽野险涂，则无由惑矣。

人主深居隐处以避燥湿，闺门重袭以避奸贼，内不知闾里之情，外不知山泽之形，帷幕之外，目不能见十里之前，耳不能闻百步之外[8]，然天下之物无所不通者，其灌输之者大，而斟酌之者众也。是故不出户而知天下，不窥牖而知天道[9]。

乘众人之智，则天下（之）不足有也。专用其心，则独身不能保也[10]。

是故人主覆之以德，不行其智，而因万人之所利。夫举踵天下而得所利[11]，故百姓载之上，〔而〕弗重也[12]；错之前，〔而〕弗害也；举之而弗高也，推之而弗厌〔也〕[13]。

主道员者，运转而无端，化育如神，虚无因循，常后而不先也〔14〕。臣道方者〔15〕，论是而处当，为事先倡，守职分明，以立成功也〔16〕。

是故君臣异道则治，同道则乱〔17〕。各得其宜，处其当，则上下有以相使也〔18〕。

夫人主之听治也，虚心而弱志〔19〕，清明而不暗，是故群臣辐凑并进，无愚智贤不肖莫不尽其能者，则君得所以制臣，臣得所以事君，治国之道明矣。

文王智而好问，故圣。武王勇而好问，故胜〔20〕。

夫乘众人之智，则无不任也；用众人之力，则无不胜也。

千钧〔21〕之重，乌获〔22〕不能举也；众人相一，则百人有余力矣。是故任一人之力者，则乌获不足恃；乘众人之（制）〔智〕者〔23〕，则天下不足有也。

禹〔24〕决江疏河，以为天下兴利，而不能使水西流。稷〔25〕辟土垦草，以为百姓力农，然不能使禾冬生〔26〕。岂其人事不至哉？其势不可也。

夫推而不可为之势，而不修道理之数，虽神圣人不能以成其功，而况当世之主乎！

夫载重而马羸，虽造父〔27〕不能以致远。车轻马良，虽中工可使追速。〔28〕

是故圣人举事也，岂能拂道理（之）数，诡自然之性，以曲为直，以屈为伸哉？未尝不因其资而用之也。

是以积力之所举，无不胜也；而众智之所为，无不成也[29]。

聋者可令嗺筋，而不可使有闻也；喑者可使守圉，而不可使言也[30]。形有所不周，而能有所不容也。

是故有一形者处一位，有一能者服一事。

力胜其任，则举之者不重也；能称其事，则为之者不难也。毋小大修短，各得其宜[31]，则天下一齐[32]，无以相过也。圣人兼而用之，故无弃才[33]。

校注

〔1〕这一节中某些内容亦见于《文子》卷下第30、12页以下和《群书治要》卷41。

〔2〕桔槔是水井上安装的有支柱的杠杆式吊水设备，主要用于灌溉，在东方的使用非常普遍。见徐光启《农政全书》卷1，第347—348页。对这一装置，霍梅尔在他的著作第119—120页作了一番说明，其云："端木赐，一位公元前6世纪的圣人，证明桔槔乃古已有之。他描述桔槔为木制，后面部分重而前端轻，可以像泵一样将水抽取上来……它被两根直木固定在地面上，并由两根斜杆支撑着。其中枢是一根大的平衡杠杆，一头缚着重石，另一头则系一根绳索，其末端吊着一只水桶。当水桶盛满水时，就可通过杠杆作用将它提上来。"

〔3〕《庄子》的《大宗师》和《外物》中均有类似的句子。这一句亦见于《尸子》（见《太平御览》卷80第374页引）。尧（传说约公元前2356—前2257年）是一位传说中的君主，所有的中国文献都把他说成是智慧与道德完美的典范。桀（约公元前1818—前1763年）则不同，他是夏朝的最末一位君主，一般都认为，正是他的暴虐导致了他的帝国的衰落和灭亡。由于他欲壑难填，因此最终变成中国历史上一位以残暴

无度著称的暴君。

〔4〕高诱注解“时”有“机”之含义。

〔5〕我从刘文典的著作卷 9 第 10 页的行文。

〔6〕值得注意的是，以“下者”为自然之趣向，这是道家常用的一种比喻。例如可以比较一下《老子》39、61 章，以及可作为这一句说明的 66 章。

〔7〕圆括弧里的这段话与下面的一段话相重复。我们有许多理由认为，这里出现的这段话乃是窜入的文字。首先，它与前后的句子不同韵。其次，从《文子》下卷中类似一段话的结构来看，它更接近下面一段话。最后，从此处的行文来看，这段话放在这里事实上并不合适。因为这段话是议论君主，倘若下文紧接着讨论君臣关系，就会显得自然顺畅。事实上，此处不是。

〔8〕见《吕氏春秋》卷 17 和《荀子 · 君道》中类似的文句，或许较这里表述得更为清楚。

〔9〕这是《老子》47 章的一个改写。

〔10〕《吕氏春秋》卷 41 中可以看到这段话的一个节略。

〔11〕我从杨树达著作第 59 页中对这一段的校订。

〔12〕我从刘文典《集解》卷 9 第 10 页下。我还补入了“而”字，以使这句话同其他的句子在语气上平行。

〔13〕这整个一段看上去是《老子》66 章的改写。

〔14〕《黄帝四经》(《考古学报》1975 年第 1 期第 34 页）以及《淮南子》卷 1 里亦都有类似的一段。

〔18〕我从王念孙（刘文典卷 9 引）释读这一句。刘文典《淮南鸿烈集解》原文为“臣道员者运转而无方者”，其中“员者运转而无”六字，因上文而误衍。

〔16〕《文子》卷下和《群书治要》卷 41 有这几句的述要。

〔17〕我们可以看到在《管子 · 明法解》《庄子 · 天道》和《吕氏春秋》卷 3 中的一些句子有同样的意思。

〔18〕《文子》卷下中类似的一段显然是此段的要略。

〔19〕这一段在前面第一次出现时是以“意”代“志”，这显然是避东汉桓帝（名志，147—167 年在位）的讳。

〔20〕见《荀子》篇 8 和《说苑》卷 17 中类似的文句。

〔21〕我把“千钧”译成“八吨”（eight tons），据斯文尼著作的第 364 页，30 斤 =1 钧 =16 磅 2.2 盎司。因此，1000 钧 =16137.5 磅，即接近于 8 吨。

〔22〕乌获是古代寓言里的力士，典籍中常把他当作是力量的象征。如《孟子 · 告子下》《荀子 · 富国》，以及《吕氏春秋》卷 1 等。据《史记》第 209 页记载，他曾为秦武王（公元前 310 年—前 307 年在位）所用。因武王有力好戏，故他这样的力士们皆至大官。

〔23〕我同意杨树达（第 60 页）和于大成（第 277—278 页）对这一段的校订。不过，这一校订依据的是前面一段话，故只是一个孤证。

〔24〕有关禹的事迹的最早材料来自《书经》前几篇。他承继了舜的大位，并成为夏朝的创立者。他因为同洪水做了长期而艰苦的斗争，故受到后人的怀念。在治水的过程中，禹分天下为九州；为九条江河开辟了通道，并将河水导入大海；清除了沼泽中出没的毒虫，完成了一系列令人难以置信的水利工程。《淮南子 · 原道》中亦有关于禹治水的资料。

〔25〕稷即指后稷，是尧和舜的农官。他在夏朝时被神化，作为播种之神受到崇拜，只不过其位列于神农之下而已。商汤之时，由于七年久旱，降黜了神农的后裔，后稷上升到突出的地位。自周代以降，他就一直被尊为农业之神。

〔26〕比较《吕氏春秋》卷 14 中相似的文句。

〔27〕造父是一位御者，传说他驾着穆王的八骏之车，载着穆王巡视西方。在早期文献里，造父即是善御者的代名词。

〔28〕这一段亦见于《群书治要》卷 41。

〔29〕因于大成（见其著作第 278 页）的意见，我根据前面同一段话对此处的文字作了校正。

〔30〕王念孙云：“不可使言”本作“不可使通语”。语误作言，又脱

通字。我同意王念孙对这一句的校正（见刘文典引）。

〔31〕《庄子 · 天地》以及本文下面都有类似的话。

〔32〕就各有其独特的意义或作用而言，是齐一的。

〔33〕这一句《文子》卷下中说得更简略。也请见《老子》27 章。

第七节

人主贵正而尚忠，忠正在上位，执正营事，则谗佞奸邪无由进矣。譬犹方员之不相盖，而曲直之不相入。

夫鸟兽之不可同群者，其类异也[1]；虎鹿之不同游者，力不敌也。

是故圣人得志而在上位，谗佞奸邪而欲犯主者，譬犹雀之见鹯而鼠之遇狸也，亦必无余命矣。

是故人主之一举也[2]，不可不慎也[3]。所任者得其人，则国家治，上下和，群臣亲，百姓附。所任非其人，则国家危，上下乖，群臣怨，百姓乱。故一举而不当，终身伤。

得失之道，权要在主。是故绳正[4]于上，木直于下，非有事焉，所缘以修者然也。故人主诚正，则直士任事，而奸人伏匿矣。人主不正，则邪人得志，忠者隐蔽矣[5]。

夫人之所以莫抓[6]玉石而抓瓜瓠者，何也？无得于玉石，弗犯也。

使人主执正持平，如从绳准高下，则群臣以邪来者，犹以卵投石，以火投水。

故灵王好细腰〔7〕，而民有杀食自饥也；越王好勇〔8〕，而民皆处危争死。由此观之，〔执〕权势之柄〔者〕，(其)〔可〕以移风易俗矣。〔9〕

尧为匹夫，不能仁化一里；桀在上位，令行禁止〔10〕。由此观之，贤不足以为治，而势可以易俗，明矣〔11〕。书曰："一人有庆，万民赖之。"〔12〕此之谓也。

校注

〔1〕王念孙云："不可同群"，"可"字后人所加。我同意刘文典的校正，亦同意王念孙之见解（见刘文典著作及其所引）。

〔2〕这在儒家著作里是一重要的论题，尤其见《荀子·君道》。

〔3〕在古代中国的政治理论中，识别人性或许被认为是君主所应具备的最重要的能力。

〔4〕关于"墨绳"，霍梅尔在他的著作第250—251页中说木匠的绳墨（俗称墨尺）……是一件竹制的十分紧凑的小工具。上有一个手柄、一个转轮和一个线扣。方的小木块……上面固定着一个尖铁钉，而麻绳就系在这根钉子上。使绳通过一个墨盒，里面装的是饱浸了黑墨水的碎丝棉，然后将绳绕在转轮上。划线时，将钉子按入木料的一端，从转轮中放出墨绳，沿着划线的位置拽紧，然后以拇指和食指捏住绳提起并放下，当它弹回到原来的地方时，就会沿着绳迹留下一条墨线。"

〔5〕参见《管子·七臣七主》。

〔6〕王念孙云："抓皆当为振，字之误也。振之言劈也。"我从王念孙校（见刘文典卷9第13页上引）。

〔7〕关于楚灵王，见《晏子春秋》卷7；《墨子·兼爱中》《韩非子·二柄》《战国策》卷14;《管子·七臣七主》《尸子》上；《荀子·君

道》《尹文子》。《荀子》和《尹文子》都提到楚庄王。

〔8〕关于越王勾践，见《尹文子》《晏子春秋》卷 7；《尸子》上；《墨子》的《兼爱中》和《兼爱下》《韩非子 · 二柄》。

〔9〕我对这一段做了校正。

〔10〕《群书治要》卷 37（归为慎到之语）；《韩非子》的《难势》和《功名》《荀子 · 正论》等都有类似的话。

〔11〕参见《群书治要》卷 37 和《韩非子 · 难势》。

〔12〕《尚书 · 吕刑》。这一句亦出现于《大戴礼记》卷 3 和《淮南子》卷 10。

第八节

天下多眩于名声，而寡察〔于〕其实，是故处人以誉尊，而游者以辩显。察其所尊显，无他故焉，人主不明分数利害之地，而贤众口之辩也。

治国则不然，言事者必究于法，而为行者必治于官。上操其名以责其实，臣守其业以效其功，言不得过其实，行不得逾其法。群臣辐凑，莫敢专君。（事不在法律中，而可以便国佐治，）〔1〕必参五行之。阴考以观其归〔2〕，并用周听以察其化，不偏一曲，不党一事，是以中立而遍，运照海内，群臣公正，莫敢为邪，百官述职，务致其公迹也〔3〕。主精明于上，官劝力于下，奸邪灭迹，庶功日进，是以……勇者尽于军〔4〕。

乱国则不然，有众咸誉者无功而赏，守职者无罪而诛。主上暗而不明，群臣党而不忠〔5〕，说谈者游于辩，修行者竞于往。主上出令，则非之以与；法令所禁，则犯之以邪[6]。为智者务于巧诈，为勇者务于斗争，大臣专权，下吏持势，朋党周比，以弄其上，国虽若存，古之人曰亡矣[7]。

且夫不治官职，（而）〔不〕被甲兵[8]，不（随）〔修〕南亩，而有贤圣之声者，非所以（都）〔教〕于国也[9]。

骐骥騄駬，天下之疾马也[10]，驱之不前，引之不止，虽愚者不加体焉[11]。

今治乱之机，辙迹可见也，而世主莫之能察，此治道之所以塞。

权势者，人主之车舆；爵禄者，人臣之辔衔也。是故人主处权势之要，而持爵禄之柄，审缓急之度，而适取予之节，是以天下尽力而不倦。

夫臣主之相与也，非有父子之厚，骨肉之亲也，而竭力殊死，不辞其躯者，何也？势有使之然也[12]。

昔者豫让，中行文子之臣。智伯伐中行氏，并吞其地，豫让背其主而臣智伯。智伯与赵襄子战于晋阳之下，身死为戮[13]，国分为三。豫让欲报赵襄子，漆身为厉，吞炭变音，擿齿易貌。夫以一人之心而事两主，或背而去，或欲身殉之，岂其趋舍厚薄之势异哉？人之恩泽使之然也[14]。

纣兼天下，朝诸侯，人迹所及，舟楫所通，莫不宾服。然而武王甲卒三千人，擒之于牧野。岂周民死节，而殷民背叛哉？其主之德义厚而号令行也[15]。

夫疾风而波兴，木茂而鸟集，相生之气也。

是故臣不得其所欲于君者，君亦不能得其所求于臣也。君臣之施者，相报之势也。是故臣尽力死节以与君，君计功垂爵以与臣。是故君不能赏无功之臣，臣亦不能死无德之君〔16〕。君德不下流于民，而欲用之，如鞭蹄马矣。是犹不待雨而求熟稼，必不可之数也。

校注

〔1〕《群书治要》卷36有类似的话（归之于申子。见克莱尔《申不害》第343—344页）。圆括弧里的话可能是衍文。

〔2〕《淮南子·泰族》中对“参五”之方法作了详细说明，其云：

> 昔者，五帝三王之莅政施教，必用参五。何谓参五？仰取象于天，俯取度于地，中取法于人。乃立明堂之朝，行明堂之令，以调阴阳之气，以和四时之节，以辟疾病之灾；俯视地理，以制度量，察陵陆水泽肥墽高下之宜，立事生财，以除饥寒之患；中考乎人德，以制礼乐，行仁义之道，以治人伦而除暴乱之祸。乃澄列金木水火土之性，故立父子之亲而成家；别清浊五音六律相生之数，以立君臣之义而成国；察四时季孟之序，以立长幼之礼而成官；此之谓参。制君臣之义，父子之亲，夫妇之辨，长幼之序，朋友之际，此之谓五。

〔3〕从杨树达（见其著作第60页）。

〔4〕此处有脱误。由于整句文字中有残缺，故只能作尝试性的翻译。

〔5〕《管子·明法解》中亦有类似的语句。

〔6〕我从刘文典。

〔7〕《荀子·君道》中亦可见到类似的句子。

〔8〕王念孙云:"而被甲兵",而当为不。"不随南亩",随当为修,谓不治南亩也。从王念孙(见刘文典《集解》引)。

〔9〕王念孙云:"非所以都于国也",都字义不可通,当是教字之误。同上。

〔10〕这是周穆王八骏中之二骏。在所有早期中国文献里,都以它们代表最好最快的马。

〔11〕此段看来是以《韩非子·外储说右上》为依据的。

〔12〕参见《韩非子·奸劫弑臣》。

〔13〕见《左传》定公十三年。

〔14〕《韩非子·奸劫弑臣》有关于这个豫让故事的梗概。这个故事亦载于《战国策》卷18,以及《史记·豫让传》。

〔15〕纣辛是商代最后一位君主,他在公元前1122年在牧野被周武王所推拥。在中国历史上,纣亦如桀一样,因奢侈无度和残暴而臭名昭著。他和他邪恶的王妃一起,摧残人性,慢慢地折磨对付那些忠直劝谏之士。

〔16〕参见《韩非子·难一》和《说苑》卷6。我同意刘文典对此段的校正。

第九节〔1〕

君人之道,处静以修身,俭约以率下。静则下不扰矣,俭则民不怨矣。下扰则政乱,民怨则德薄。政乱则贤者不为谋,德薄则勇者不为死。

是故人主好鸷鸟猛兽,珍怪奇物,狡躁康荒,不爱民力,驰骋田猎,出入不时,如此则百官务乱,事勤财匮,万民愁苦，生业不修矣。人主好高台深池，雕琢刻镂，黼黻文章，絺绤绮绣，宝玩珠玉，则赋敛无度，而万民力竭矣。

尧之有天下也，非贪万民之富而安人主之位也，以为百姓力征，强凌弱，众暴寡，于是尧乃身服节俭之行，而明相爱之仁，以和辑之。是故茅茨不翦，采椽不斲[2]，大路不画，越席不缘，大羹不和，粢食不毇，巡狩行教，勤劳天下，周流五岳。岂其奉养不足乐哉？举天下而以为社稷，非有利焉。年衰志悯，举天下而传之舜[3]，犹却行而脱屣也。

衰世则不然，一日而有天下之富[4]，处人主之势，则竭百姓之力，以奉耳目之欲，志专在于宫室台榭，陂池苑囿，猛兽熊罴，玩好珍怪。是故贫民糟糠不接于口，而虎狼熊罴厌刍豢；百姓短褐不完，而宫室衣锦绣。人主急兹无用之功，〔而〕百姓黎民憔悴于天下，是故使天下不安其性。

校注

〔1〕关于这一节的要略，请见《文子》卷下。

〔2〕参见《韩非子·五蠹》和《淮南子》卷7。《韩诗外传》卷8也有这一句话。

〔3〕关于舜的最早资料与尧的相同，见于《书经》前面几章。他以自己的德行来化善人民，使天下咸服。与对待尧一样，早期文献亦把他看作是历史上具有无比高尚之品德和非凡治国能力的君主之典范。

〔4〕我从《文子》卷下和刘文典的校注。

第十节[1]

人主之居也，如日月之明也，天下之所同侧目而视，侧耳而听[2]，延颈举踵而望也。

是故非淡泊无以明德，非宁静无以致远，非宽大无以兼覆，非慈厚无以怀众，非平正无以制断。

是故贤主之用人也，犹巧工之制木也，大者以为舟航柱梁，小者以为楫楔，修者以为橹榱，短者以为朱儒枅栌。无小大修短，各得其宜；规矩方圆，各有所施[3]。

天下之物，莫凶于鸡毒[4]，然而良医橐而藏之，有所用也。是故林莽之材，犹无可弃者，而况人乎[5]！

今夫朝廷之所不举，乡曲之所不誉，非其人不肖也，其所以官之者非其职也。

鹿之上山，獐不能跂也，及其下，牧竖能追之，才有所修短也。是故有大略者不可责以捷巧，有小智者不可任以大功。人有其才，物有其形，有任一而太重，或任百而尚轻[6]。是故审毫厘之计者，必遗天下之大数；不失小物之选者，惑于大数之举。譬犹狸之不可使搏牛，虎之不可使搏鼠也。今人之才，或欲平九州，并方外，存危国，继绝世，志在直道正邪，决烦理挐，而乃责之以闺阁之礼，奥窔之间；或佞巧小具，谄进愉悦，随乡曲之俗，卑下众人之耳目[7]，而乃任之以天下之权，治乱之机；是犹以斧劗毛，以刀（抵）〔伐〕木也[8]，皆失其宜矣。

校注

〔1〕这一节在《群书治要》卷 41 被缩略成一段。这一节的第一段亦见于《文子》卷下。

〔2〕见《战国策》卷 3。这一表述也出现在《贾太傅新书》卷 1 和《礼记》卷 29。

〔3〕见《庄子 · 天地》和《主术》第 6 节，都有相似的文句。

〔4〕有关这种药草的详细记述，它的名称和种类，以及药用性能，见《本草纲目》卷 17，第 46—50 页。这种草通称附子或乌头。乌头属开花的多年生草本植物。其种类有三百多种，其中多俗称之为和尚巾或和尚帽，以及狼圈等。所有种类的根都含有乌头碱，这是一种毒药，古代中国人常常将它提取出来涂抹在箭头上使用。在药用方面，乌头碱外可用作局部麻醉，内可以治疗高血压、心脏病和发高烧等。一直没有解这种毒的特别有效的药物。

〔5〕参见《老子》27 章。

〔6〕参见《黄帝四经》，载《考古学报》1975 年第 1 期第 21 页。

〔7〕我对这里作了尝试性的校正。

〔8〕王念孙云："木当言伐，不当言扺。盖伐误为氐，后人因加手旁耳。"我从王念孙（刘文典引），以及《群书治要》卷 41。

第十一节〔1〕

人主者，以天下之目视，以天下之耳听，以天下之智虑，以天下之力争，是故号令能下究，而臣情得上闻，百官修同，群臣辐凑〔2〕，喜不以赏赐，怒不以罪诛。是故威立而不废，聪明（先）〔光〕[3]而不蔽，法令察而不苛，耳目达而不暗，善否之情，日陈于前而无所逆[4]。

是故贤者尽其智，而不肖者竭其力，德泽兼覆而不偏，群臣劝务而不怠，近者安其性，远者怀其德。所以然者，何也？得用人之道，而不任己之才者也。故假舆马者，足不劳而致千里；乘舟楫者，不能游而绝江海[5]。

夫人主之情，莫不欲总海内之智，尽众人之力，然而群臣志达效忠者，希不困其身。使言之而是，虽在褐夫刍荛，犹不可弃也。使言之而非也，虽在卿相人君，揄策于庙堂之上，未必可用。是非之所在，不可以贵贱尊卑论也。是明主之听于群臣，其计乃可用〔也〕，不羞其位；其言〔而〕可行〔也〕[6]，（而）不责其辩[7]。

暗主则不然。所爱习亲近者，虽邪枉不正，不能见也；〔而〕疏远卑贱者，竭力尽忠，不能知也。有言者穷之以辞，有谏者诛之以罪，如此而欲照海内，存万方，是犹塞耳而听清浊，掩目而视青黄也，其离聪明则亦远矣。

校注

〔1〕这一节在《文子》卷下第21页上—22页下里缩略为一段。此节的最后部分亦包含在《群书治要》卷41第4页上—第4页下里。

〔2〕参见《慎子》第8页上，《韩非子·定法》和《邓析子》第11页上。

〔3〕王念孙云:“先与不蔽,义不相属。先当为光,字之误也。”我从刘文典引王念孙注。

〔4〕见《论语·宪问》关于这个“逆”的用法。

〔5〕参见《荀子·劝学》,《说苑》卷16第5页上和《大戴礼记》卷7第6页下。

〔6〕王念孙云:此当作“其言而可行,不责其辩”。“其计乃可用”“其言而可行”相对为文。我从王念孙,见刘文典卷9第18页下。

〔7〕这一段的节要见《群书治要》卷41第4页。

第十二节〔1〕

法者,天下之度量,而人主之准绳也。悬法者,法不法也;设赏者,赏当赏也〔2〕。法定之后,中程者赏,缺绳者诛〔3〕,尊贵者不轻其罚,而卑贱者不重其刑,犯法者虽贤必诛,中度者虽不肖必无罪,是故公道通而私道塞矣〔4〕。

古之置有司也,所以禁民,使不得自恣也。其立君也,所以剬有司,使无专行也。法籍礼义者,所以禁君,使无擅断也。人莫得自恣,则道胜,道胜而理达矣,故反于无为。无为者,非谓其凝滞而不动也,以其言莫从己出也。

夫寸生于𥝩,𥝩生于形,形生于景,景生于日〔5〕,此度之本也。乐生于音,音生于律,律生于风,此声之宗也。法生于义,义生于众适,众适合于人心〔6〕,此治之要也。故通于本者不乱于末,睹于要者不惑于详。法者,非天堕,非地生,发于人间而反以自正[7]。

是故有诸己不非诸人，无诸己不求诸人[8]，所立于下者不废于上，所禁于民者不行于身[9]。

所谓亡国，非无君也，无法也；变法者，非无法也，有法者而不用，与无法等。是故人主之立法，先自为检式仪表，故令行于天下。孔子曰："其身正，不令而行。其身不正，虽令不从。"[10]故禁胜于身，则令行于民矣。

校注

〔1〕这一节差不多就是《文子》卷下第 30 页上至下两部分内容之和。

〔2〕参见《韩非子·难二》。

〔3〕参见《韩非子·难一》和《邓析子》第 10 页下。

〔4〕参见《韩诗外传》卷 6 第 2 页上。

〔5〕刘文典《淮南鸿烈集解》原文为"夫寸生于䅭，䅭生于日，日生于形，形生于景"。我从俞樾，见刘文典卷 9 第 19 页下至第 20 页上引，对这几句行文之顺序做了重新安排。也见《淮南子》卷 3 第 11 页下。

〔6〕参见《淮南子》卷 10 第 1 页下。"适"的这一用法也见于《吕氏春秋》，其中高诱注以"适"同于"节"。

〔7〕参见《慎子》第 11 页下至第 12 页上。

〔8〕参见《墨子·小取》和《晏子春秋》卷 3 第 20 页下，亦见《淮南子》卷 10 第 3 页下。

〔9〕参见《晏子春秋》卷 3 第 18 页下。

〔10〕见《论语·子路》。

第十三节[1]

圣主之治也，其犹造父之御，齐辑之于辔衔之际，而急缓之于唇吻之和，正度于胸臆之中，而执节于掌握之间[2]，内得于心中，外合于马志，是故能进退履绳，而旋曲中规，取道致远，而气力有余，诚得其术也[3]。

是故权势者，人主之车舆也；大臣者，人主之驷马也。体离车舆之安，而手失驷马之心，而能不危者，古今未有也。是故舆马不调，王良不足以取道[4]；君臣不和，唐、虞不能以为治。执术而御之，则管、晏之智尽矣[5]；明分以示之，则跖、跻[6]之奸止矣[7]。

夫据（除）〔干〕而窥井底，虽达视犹不能见其睛；借明于鉴以照之，则寸分可得而察也。

是故明主之耳目不劳，精神不竭，物至而观其象，事来而应其化，近者不乱，远者治也。是故不用适然之数，而行必然之道，故万举而无遗策矣[8]。

今夫御者，马体调于车，御心和于马，则历险致远，进退周游，莫不如志。虽有骐骥騄駬之良，臧获[9]御之，则马反自恣，而人弗能制矣。

故治者不贵其自是，而贵其不得为非也。故曰："勿使可欲，毋曰弗求。勿使可夺，毋曰不争。"如此，则人材释而公道行矣。（美）〔羡〕者（正）〔止〕于度[10]，而不足者（建）〔逮〕于用，故海内可一也[11]。

夫释职事而听非誉，弃公劳而用朋党，则奇材佻长而(于)〔逾〕次[12]，守官（者）雍遏而不进。如此，则民俗乱于国，而功臣争于朝。

故法律度量者，人主之所以执下，释之而不用，是犹无辔衔而驰也，群臣百姓反弄其上。是故有术则制人，无术则制于人[13]。

校注

〔1〕这一节差不多整个包含在《文子》卷下第28页下至第29页上的一段里。

〔2〕参见《列子》卷5第8页。

〔3〕参见《庄子·达生》。这段话是《吕氏春秋》卷19第13页下的一段话的复述。

〔4〕王良常常同造父一样被看作是古代最好的御者。

〔5〕管仲（卒于公元前645年）在齐桓公时为相，其政绩彪炳史册，是中国历史上著名政治家的典范。大约公元前4世纪末至前3世纪初在齐国的稷下学宫，以他的名义汇编了一部有关各种政治和经济问题论文及评述的文集。

晏子（卒于公元前493年），也是齐国之相，以节欲而闻名。如管仲一样，有一部著作集是以他的名字命名的，这就是《晏子春秋》，其节用和尚贤之旨几乎就像是墨家的作品。我们有关晏子和管仲的最为可靠的资料来源，或许只有《左传》。

〔6〕盗跖是同孔子一个时代的人。在早期中国文献里，他被描绘成一个掠夺财物和妇女，搅得乡野鸡犬不宁的反面人物。《庄子》第29章把盗跖描绘成一个无情的，然而总的来说并非没有吸引力的人物。他言

辞激烈，对貌似虔敬和诚实的孔子的虚伪说教，作出了严厉的批评。但另一方面，在儒家的著作里，他往往被归入邪恶的帝王桀、纣等一类，如《荀子》的《劝学》和《性恶》等。

庄跻是楚威王（公元前 339 年—前 329 年在位）的亲戚及其手下的一位将军。他的故事见《汉书》卷 95 第 3838 页。他受威王派遣率军远征，后因道塞不通，无法返回，于是便在边蛮之地自立为王，并改变服饰，顺从了当地的风俗。

〔7〕参见《尸子》卷下第 8 页下。

〔8〕参见《韩非子 · 显学》。

〔9〕高诱注臧获为鲁人，是不能御者。《太平御览》卷 746 第 3313 页则云乌获。不过，《韩非子》中也有许多地方，臧获这位奴仆被说成是御者。例如《喻老》《外储说右上》《难势》以及《显学》等各篇均有这样的记载。

〔10〕王念孙云："美当为羡，正当为止，建当为逮，皆字之误也。"我从王念孙，见刘文典卷 9 第 21 页下引。

〔11〕我认为这几句表达了效用同等的观念，其集中的体现是"各得其宜"和"用众"。这种思想模式即如《荀子 · 荣辱》（亦见《臣道》）所说："斩而齐，枉而顺，不同而一。"

〔12〕"于"读作"逾"。理由是卡尔格莱恩证明，这两个字音的读法在西汉时已经十分接近。

〔13〕参见《荀于》的《荣辱》《王制》《王霸》等篇。

第十四节〔1〕

吞舟之鱼，荡而失水，则制于蝼蚁〔2〕，离其居也。猿狖失木，而擒于狐狸，非其处也。

君人者释所守而与臣下争〔事〕[3]，则有司以无为持位，守职者以从君取容[4]，是以人臣藏智而弗用，反以事转任其上矣。

夫富贵者之于劳也，达事者之于察也，骄恣者之于恭也，势不及君。

君人者不任能，而好自为之，则智日困而自负其责也。数穷于下则不能伸理，行堕于国则不能专制[5]，智不足以为治，威不足以行诛，则无以与（天）下交也[6]。

喜怒形于心（者）〔耆〕欲见于外[7]，则守职者离正而阿上，有司枉法而从风，赏不当功，诛不应罪，上下离心，而君臣相怨也。

是以执政阿主，而有过则无以责之。有罪而不诛，则百官烦乱，（而）智弗能解也[8]；毁誉萌生，而明不能照也[9]。

不正本而反自（然）〔心〕[10]，则人主逾劳，人臣逾逸。是犹代庖宰剥牲[11]，而为大匠斲也[12]。与马竞走，筋绝而弗能及；上车执辔，则马死于衡下[13]。

故伯乐[14]相之，王良御之，明主乘之，无御相之劳而致千里者，乘于人资以为羽翼也[15]。

是故君人者，无为而有守也，有（为）〔立〕而无好也。有为则谗生，有好则谀起[16]。

昔者齐桓公好味而易牙烹其首子而饵之，虞君好宝而晋献以璧马钓之，胡王好音而秦穆公以女乐诱之[17]，是皆以利见制于人也。故善建者不拔[18]。

夫火热而水灭之，金刚而火销之，木强而斧伐之，水流而土遏之，唯造化者，物莫能胜也。

故中欲不出谓之扃，外邪不入谓之塞。中扃外闭，何事之不节！外闭中扃，何事之不成〔19〕！弗用而后能用之，弗为而后能为之。精神劳则越，耳目淫则竭，故有道之主，灭想去意，清虚以待，不伐之言，不夺之事〔20〕，循名责实，使有司，任而弗诏，责而弗教，以不知为道，以奈何为宝。如此，则百官之事各有所守矣〔21〕。

校注

〔1〕这一节在《文子》卷下第23页下至第24页上成为一段。

〔2〕参见《吕氏春秋》卷17第15页上。

〔3〕王念孙云："与臣下争"，当作"与臣下争事"。唯君与臣争事，是以臣藏智弗用，而以事转任其上也。脱去事字，则文义不明。我从王念孙，见刘文典卷9第22页上引。

〔4〕参见《吕氏春秋》卷17第7页。

〔5〕参见《吕氏春秋》卷17第13页。

〔6〕王念孙云："与天下交"当作"与下交"，下谓群臣也。我从王念孙，见刘文典卷9第22页引。参见《邓析子》第9页。

〔7〕王念孙云："者当为耆，字之误也。耆欲与喜怒，相对为文。"我从王念孙，见刘文典卷9第22页引，以及《文子》卷下第23页。

〔8〕我从于大成第289—290页，和《文子》卷下第23页下。

〔9〕参见《吕氏春秋》卷17第6页下。

〔10〕刘文典认为"自然"应作"自心"。

〔11〕这个比喻来自《庄子·逍遥游》。

〔12〕这个比喻来自《老子》74 章。

〔13〕这里我从《文子》卷下第 23 页下。

〔14〕伯乐是一有名的贩马商人和训马师，以相马著称于世。《庄子 · 马蹄》《吕氏春秋》卷 24《赞能》、《淮南子》卷 2 和卷 11，都提到他。

〔15〕参见《吕氏春秋》卷 25。

〔16〕王念孙云："有为本作有立。有立而无好，谓有所建立而无私好也。"我从王念孙，见刘文典引，以及《文子》下卷第 24 页。

〔17〕这三个例子也记载于《淮南子》卷 7。在《韩非子 · 二柄》中也有类似的话。《主术》第 7 节中亦有提到，看来是重复《韩非子》所说。齐桓公的故事见《管子 · 小称》，《韩非子》的《说难》《二柄》和《难一》。虞君的故事见《左传》僖公二年，胡王的故事见《韩非子 · 说难》。

〔18〕这一句来自《老子》54 章。

〔19〕参见《吕氏春秋》卷 17 第 4 页下。

〔20〕王念孙（见刘文典卷 9 第 23 页下引）以及杨树达（第 63 页）都对此处作了校订，但是又都没有注意语法上存在的问题。

〔21〕参见《吕氏春秋》卷 17 第 13 页下，也见《文子》卷下第 24 页上的转述。

第十五节[1]

摄权势之柄，其于化民易矣。卫君役子路，权重也[2]；景、桓公臣管、晏，位尊也[3]。怯服勇而愚制智，其所托势者胜也。

故枝不得大于干，末不得强于本，〔何[4]？〕（则）〔言〕

轻重大小有以相制也。若五指之属于臂，搏援攫捷，莫不如志，言以小属于大也[5]。

是故得势之利者，所持甚小，（其存）〔所任〕[6]甚大；所守甚约，所制甚广。

是故十围之木，持千钧之屋；五寸之键，制开阖之门。岂其材之巨小足哉？所居要也[7]。

孔丘、墨翟修先圣之术，通六艺之论[8]，口道其言，身行其志，慕义从风而为之服役者不过数十人[9]。使居天子之位，则天下遍为儒墨矣。

楚庄王伤文无畏之死于宋也，（奋）〔投〕[10]袂而起[11]，衣冠相连于道，遂成军宋城之下[12]，权柄重也。楚文王好服獬冠，楚国效之；赵武灵王贝带鵕䴊而朝，赵国化之[13]。使在匹夫布衣，虽冠獬冠，带贝带，鵕䴊而朝，则不免为人笑也。

夫民之好善乐正，不待禁诛而自中法度者，万无一也。下必行之令，从之者利，逆之者凶，日阴未移，而海内莫不被绳矣。

故握剑锋，以离北宫子、司马蒯蒉[14]不使应敌；操其觚，招其末，则庸人能以制胜。

今使乌获、藉蕃从后牵牛尾，尾绝而不从者，逆也；若指之桑条以贯其鼻，则五尺童子牵而周四海者，顺也[15]。

夫七尺之桡而制船之左右者，以水为资；天子发号，令行禁止，以众为势也。

夫防民之所害，开民之所利，威行也，若发堿决唐。故循流而下易以至，背风而驰易以远[16]。

桓公立政，去食肉之兽，食粟之鸟，系罝之网，三举而百姓悦[17]。纣杀王子比干而骨肉怨，斫朝涉者之胫而万民叛[18]，再举而天下失矣。故义者，非能遍利天下之民也，利一人而天下从风；暴者，非尽害海内之众也，害一人而天下离叛。故桓公三举而九合诸侯，纣再举而不得为匹夫。故举错不可不审。

校注

〔1〕此节在《文子》下卷第30页下至第31页上亦有一段概述。

〔2〕子路是孔子最亲密的学生之一。他初仕于鲁，后仕于卫。据《史记》第2191页记述，他以勇著称，在公元前480年卫国发生的一次叛乱中，他忠于卫君而战死。其事迹见《史记》第2193页和《左传》哀公十五年。

〔3〕管仲为齐桓公之相；晏子为齐景公之相。

〔4〕此处笔者加入一“何”字。

〔5〕这45个字的一段话类似于结语，可能是窜入的文字。

〔6〕王念孙云：“其存甚大”，本作“所任甚大”。“所持甚小，所任甚大”，即下文所谓“十围之木，持千钧之屋”也。从王念孙，见刘文典卷9第24页上。

〔7〕参见《说苑》卷16。

〔8〕六艺是：礼、乐、射、书、御、数。

〔9〕提到孔子学生数目的有《史记》卷47和67，第1938页和2185页；《孔子家语》卷9；《吕氏春秋》卷14；《大戴礼记》卷6；《淮南子·要略》《孟子·公孙丑上》《韩非子·五蠹》。

〔10〕我从刘文典卷9第24页下。

〔11〕王正在裁衣袖，遂将所裁去之衣袖扔在地上。见《吕氏春秋》卷 20《行论》，其中有此事的详细叙述。

〔12〕导致此一事件的背景，见《左传》文公十四年。有关经过的全部叙述，见《吕氏春秋》卷 20 和《史记》卷 40 第 1702 页。

〔13〕《史记》卷 40 叙及了楚文王之治，但没有提到他的这一癖好。不过在《史记》卷 43 第 1810 页，却提到了赵武灵王奇特的打扮。

〔14〕据高诱注，北宫子即《孟子》所谓北宫黝。《孟子·公孙丑上》曾论其英勇。高诱认为司马蒯蒉先人曾为周宣王（公元前 827 年—前 782 年在位）的司马，因此以此为姓。周室衰微以后，程伯休父的子孙迁适他国。司马蒯蒉在赵以善击剑而闻名。

〔15〕参见《吕氏春秋》卷 1。据高诱，藉蕃像乌获一样，以力大无穷著称。

〔16〕参见《逸周书》卷 4 第 9 页上。

〔17〕参见《吕氏春秋》卷 25 第 11 页下。

〔18〕纣辛剖比干之心的故事见《史记》卷 3 第 108 页。此段似乎依据的是《尚书》。人们在寒冷的早晨涉过河流，纣辛注意到其中一些人较其他人能忍耐寒冷，为了想知道这是为什么，于是他就把他们中一些人的腿斩下来，察看他们的骨髓与常人有何不同。见《四部丛刊》本《尚书·泰誓》注疏。

第十六节〔1〕

人主租敛于民也，必先计岁收，量民积聚，知饥馑有余不足之数，然后取车舆衣食供养其欲。高台层榭，接屋连阁，非不丽也，然民有掘穴狭庐所以托身者，明主弗乐也。肥醲甘脆，非不美也，然民有糟糠菽粟不接于口者，则明主弗甘也。

匡床蒻席，非不宁也，然民有处边城，犯危难，泽死暴骸者，明主弗安也。

故古之君人者，其惨怛于民也，国有饥者，食不重味；民有寒者，而冬不被裘〔2〕。岁登民丰，乃始悬钟鼓，陈干戚〔3〕，君臣上下同心而乐之，国无哀人。

故古之为金石管弦者，所以宣乐也；兵革斧钺者，所以饰怒也；觞酌俎豆，酬酢之礼，所以效（善）〔喜〕也〔4〕；衰绖菅屦，辟踊哭泣，所以谕哀也。此皆有充于内，而成像于外。

及至乱主，取民则不裁其力，求于下则不量其积，男女不得事耕织之业以供上之求，力勤财匮，君臣相疾也。故民至于焦唇沸肝，有今无储〔5〕，而乃始撞大钟，击鸣鼓，吹竽笙，弹琴瑟，是犹贯甲胄而入宗庙，被罗纨而从军旅，失乐之所由生矣〔6〕。

夫民之为生也，一人跖耒，而耕不过十亩，中田之获，卒岁之收，不过亩四石，妻子老弱仰而食之。时有涔旱灾害之患，无以给上之征赋车马兵革之费。由此观之，则人之生，悯矣！

夫天地之大，计三年耕而余一年之食，率九年而有三年之畜，十八年而有六年之积，二十七年而有九年之储，虽涔旱灾害之殃，民莫困穷流亡也〔7〕。故国无九年之畜，谓之不足；无六年之积，谓之悯急；无三年之畜，谓之穷乏〔8〕。故有仁君明主，其取下有节，自养有度〔9〕，则得承受于天地，而不离饥寒之患矣。若贪主暴君，挠于其下，侵渔其民，以适无穷之欲，则百姓无以被天和而履地德矣。

食者，民之本也。民者，国之本也。国者，君之本也[10]。

是故人君者，上因天时，下尽地财，中用人力，是以群生遂长，五谷蕃植。教民养育六畜，以时种树，务修田畴，滋植桑麻，肥墝高下，各因其宜。丘陵阪险不生五谷者，以树竹木，春伐枯槁，夏取果蓏，秋畜疏食，冬伐薪蒸，以为民资。是故生无乏用，死无转尸[11]。

故先王之法，畋不掩群，不取麛夭，不涸泽而渔，不焚林而猎。豺未祭兽，罝罦不得布于野；獭未祭鱼，网罟不得入于水；鹰隼未挚，罗网不得张于谿谷；草木未落，斤斧不得入山林；昆虫未蛰，不得以火烧田。孕育不得杀，鷇卵不得探，鱼不长尺不得取，彘不期年不得食[12]。是故草木之发若蒸气，禽兽之归若流泉，飞鸟之归若烟云，有所以致之也。

故先王之政，四海之云至而修封疆，虾蟆鸣、燕降而达路除道，阴降百泉[13]则〔修〕桥梁，昏张中则务种谷，大火中则种黍菽，虚中则种宿麦；昴中则收敛[14]畜积，伐薪木[15]。上告于天，下布之民。

先王之所以应时修备，富国利民，实旷来远者，其道备矣。非能目见而足行之也，欲利之也。欲利之也不忘于心，则官自备矣[16]。心之于九窍四支也，不能一事焉，然而动静听视皆以为主者，不忘于欲利之也。

故尧为善而众善至矣，桀为非而众非来矣。善积则功成，非积则祸极[17]。

校注

〔1〕这一节大部分内容都能在《孔子家语》下中找到。

〔2〕参见《贾太傅新书》下。

〔3〕舞蹈用的器具。

〔4〕王念孙云："效善当为效喜，字之误也。此以喜怒哀乐相对，作善则义不可通。"我从王念孙，见刘文典卷9第26页下引。

〔5〕我从刘殿爵，见《读〈淮南鸿烈校释〉》第156页。

〔6〕音乐的目的是"娱乐"，而"娱乐"之"乐"与"音乐"之"乐"的写法相同。

〔7〕参见《贾太傅新书》下卷第56页；《礼记》卷5。

〔8〕参见《贾太傅新书》上卷第57页；《礼记》卷5第29页。相关的句子见《汉书》第1123页。

〔9〕参见《孟子·滕文公上》。

〔10〕参见《管子》卷1和《贾太傅新书》卷下第43页。

〔11〕参见《逸周书》卷4。

〔12〕参见《逸周书》卷4和《礼记》卷5。

〔13〕意即当下暴雨之时。

〔14〕我从刘文典卷9第28页下。

〔15〕参见《尚书大传》卷下第1页下至第2页上；《说苑》卷18第2页下至第3页上。

〔16〕这里"官"或许是"道"字之误，尽管看起来"官"字是一语双关（官能，或官位），类似于"乐"这个双关词。

〔17〕参见《吕氏春秋》卷13第5页下。这简短的一段话讨论的是善与恶的问题，看上去与上下文脱节，故很有可能是窜入的文字。当初的文字是写在竹简上的，而这一段有27个字，足以写满一条竹简，故有可能是一片散简。这第16节和这一段后面接下去的那节之间，内容十分连贯，但这一段散简文字插入其间，就显得非常不协调。《群书治

要》卷 41 录入了此段话，但有存疑；《文子》卷下则没有将这段话录入。

第十七节[1]

凡人之论，心欲小而志欲大，智欲圆而行欲方，能欲多而事欲鲜。

所以心欲小者，虑患未生，备祸未发，戒过慎微，不敢纵其欲也。

志欲大者，兼包万国，一齐殊俗，并覆百姓，若合一族，是非辐凑而为之毂。

智欲圆者，环复转运，终始无端，旁流四达，渊泉而不竭，万物并兴，莫不响应也。

行欲方者，直立而不挠，素白而不污，穷不易操，通不肆志。

能欲多者，文武备具，动静中仪，举动废置，曲得其宜，无所击戾，无不毕宜也。

事欲鲜者，执柄持术，得要以应众，执约以治广，处静持中，运于璇枢，以一合万，若合符者也。

故心小者禁于微也，志大者无不怀也，智圆者无不知也，行方者有不为也，能多者无不治也，事鲜者约所持也。

古者天子听朝，公卿正谏，博士诵诗，瞽箴师诵，庶人传语，史书其过，宰彻其膳。犹以为未足也[2]，故尧置敢谏之鼓，舜立诽谤之木，汤有司直之人，武王立戒慎之鞀，过若毫厘，而既已备之也[3]。夫圣人之于善也，无小而不举；其于过也，无微而不改。

尧、舜、禹、汤、文、武，皆坦然天下而南面焉[4]。当此之时，鼛鼓而食，奏《雍》而彻，已饭而祭灶[5]，行不用巫祝，鬼神弗敢祟，山川弗敢祸，可谓至贵矣，然而战战栗果，日慎一日。由此观之，则圣人之心小矣。《诗》云："惟此文王，小心翼翼，昭事上帝，聿怀多福。"[6] 其斯之谓欤！

武王（伐纣）〔克殷〕[7]，发巨桥之粟，散鹿台之钱，封比干之墓，表商容之闾，朝成汤之庙，解箕子之囚[8]。

使各处其宅，田其田，无故无新，惟贤是亲，用非其有，使非其人，晏然若故有之[9]。由此观之，则圣人之志大也。

文王、周公观得失，遍览是非，尧、舜所以昌，桀、纣所以亡者，皆著于明堂，于是略智博闻，以应无方[10]。由此观之，则圣人之智圆矣。

成、康[11] 继文、武之业，守明堂之制，观存亡之迹，见成败之变，非道不言，非义不行，言不苟出，行不苟为，择善而后从事焉。由此观之，则圣人之行方矣。

孔子之通，智[12] 过于苌弘[13]，勇服于孟贲[14]，足蹑郊菟，力招城关[15]，能亦多矣[16]。然而勇力不闻，伎巧不知，专行教道，以成素王[17]，事亦鲜矣。春秋二百四十二年，亡国五十二，弑君三十六，采善锄丑，以成王道，论亦博矣，然而围于匡[18]，颜色不变，弦歌不辍，临死亡之地[19]，犯患难之危，据义行理而志不慑，分亦明矣。然为鲁司寇，听狱必为断，作为《春秋》，不道鬼神，不敢专己。

夫圣人之智，固已多矣，其所守者有约，故举而必荣。愚人之智，固已少矣，其所事者多，故动而必穷矣[20]。

吴起、张仪，智不若孔、墨，而争万乘之君，此其所以车裂支解也[21]。

夫以正教化者，易而必成；以邪巧世者，难而必败。凡将设行立趣于天下，舍其易〔而必〕成者[22]，而从事难而必败者，愚惑之所致也。凡此六反者（小、大、圆、方、多、少）[23]，不可不察也。

校注

〔1〕这一节几乎完整地包含在《文子》里（见卷下第 8—9 页）。它的一部分也包含在《群书治要》卷 41。

〔2〕参见《吕氏春秋》卷 20 第 12 页上至下；《贾太傅新书》卷上第 81 页下至第 82 页上和《国语》篇 158。《大戴礼记》卷 3 第 3 页上之文几乎同《贾太傅新书》中一样。

〔3〕参见《吕氏春秋》卷 24 第 5 页上以及《邓析子》第 8 至 9 页。

〔4〕我从刘殿爵，见《读〈淮南鸿烈校释〉》第 156 页。

〔5〕参见《荀子·正论》。

〔6〕这几句诗来自《诗经·大雅·文王之什》。亦见《礼记》卷 32 引和《左传》昭公二十六年。

〔7〕王念孙云：“伐纣本作克殷，此后人妄改之也。”我从王念孙，刘文典卷 9 第 30 页上。

〔8〕据云武王在即位之前做了一系列的准备工作。这里所列举的事迹亦载于下列著作:《史记》卷3第108页;《尚书大传》卷3第3页下;《吕氏春秋》卷15第2页下至第3页上;《逸周书》卷4页3;《韩诗外传》卷3页8上;《淮南子》卷12页17上和卷20页13上。

关于商容见《韩诗外传》卷2第11页上至下。比干是纣辛的忠臣,因直谏而激怒了纣辛。纣辛因此剜出了他的心,看看是否忠直之人的心有七个孔窍。箕子也是纣辛的大臣,他由于装疯卖傻,逃过了死刑。当武王获得胜利后,箕子被释放出来,但是他却拒绝服务于新的统治者。武王打开了纣辛建立的金库和粮仓赈济人民,从而向人民表明,他对帝国的征服并不是为了他自己。

〔9〕《孟子·尽心下》中亦有类似的句子。

〔10〕"略智"的说法有些怪。请比较《荀子·大略》《孟子·离娄下》《礼记》卷12第52页,《庄子·知北游》等。

〔11〕成王(公元前1103—前1068年在位)是武王之子,他继位时还是个孩子,故由他的叔叔周公摄政,一直到他成年为止。他执政期间竭尽全力贯彻他父亲制定的政策,见《史记》卷4(第132页)。康王(公元前1067—前1042年在位)是成王之子,像他父亲一样,他的统治也是在他的一位叔父召公的辅佐之下,他也贯彻执行了他的祖父武王制定的政策。见《史记》卷4第134页。

〔12〕这一句以下或许是后续的文字。

〔13〕在早期中国文献里,苌弘是个有争议的人物。我们从《国语》卷三《周语下》和《左传》哀公三年的记载中了解到,他是周之大夫,曾主张扩建成周城,维护周室尊严。后来因为卷入周的刘氏与晋国的范氏的争斗中,苌弘被周人所杀(公元前492年)。在《庄子》的《外物》和《胠箧》里,苌弘同贤臣关龙逄、比干和伍子胥联系在一起,认为他们都遭受了不公正的刑罚。他死去三年之后,据云其血化为了碧玉。《淮南子》卷13记载,他负责周室的历法制订。他虽然通晓天地之气,日月之行,风雨之变,律历之数,但最后仍被车裂而死。《淮南子》卷16也有类似的描述。

〔14〕孟贲乃齐人，以勇力著称。《尸子》下卷注者记叙了他的事迹：扯断一头牛的角，杀死两条蛟龙。他亦常与乌获（见《史记》卷70，第2293页）、夏禹（见《史记》卷101，第2739页）等被相提并论，被视为力量的化身。

〔15〕参见《淮南子》卷12第3页下；《吕氏春秋》卷15第4页下；《列子》卷8第4页上。人们一定有兴趣去了解，这一力招城关的本领是怎样从某位被说成是孔子的父亲那里承继下来的。《论语》（刘殿爵本）序云："据《左传》襄公十年载，是一位郰叔纥奋臂举起了城门，以便让他的同伴逃出来。然而《史记》却把他的名字说成是叔梁纥，而且进一步说他就是孔子的父亲。"由于最早认为孔子有力招城关之能的是《吕氏春秋》（卷15第4页下），这就表明，将叔纥看作是孔子的父亲的这种说法约出现于战国晚期。

〔16〕参见《论语·子罕》。

〔17〕"素王"一词最早见于《庄子·天道》，谓有道而无位之人。汉代的某种理论提出，孔子以《春秋》立"素王"之道。见吴康第175页注7，对董仲舒支持这一理论的讨论。《说苑》卷5和《论衡》卷13和27等，都用了这一称号称呼孔子。

〔18〕见《论语》中《子罕》和《先进》。

〔19〕可与《孙子》中的说法作一比较。

〔20〕参见《荀子·君道》。

〔21〕杨树达在其著作第66页指出，张仪并没有受到车裂之刑。他认为这可能是以苏秦之事误加在张仪身上了。王叔岷在他的《淮南子校正》第53页则做了更有说服力的证明，认为张仪实为商鞅之误。张仪在秦受到诽谤，于是离秦适魏，任魏相，只做了一年就去世了（见《史记》卷70第2279页以下，尤其是第2304页）。没有传记资料表明，他死于车裂。相反，从有关商鞅的资料看，都说他遭受了车裂肢解。这里所说的同样应该是商鞅。见《史记》卷68第2279页以下；尤其见《史记》第2237页。另见《淮南子》卷10第12页上和卷18第5页上，以及《韩诗外传》卷1第10页下，都提到商鞅受到车裂。亦如此处一样，

人们往往将他同吴起相提并论。

吴起（卒于公元前381年），卫人。曾相继仕于鲁、魏和楚等国。他以精通军事及厉行改革而闻名。最终他横死于那些受到他的制裁的人们之手，遭乱剑分尸。

〔22〕王念孙云："舍其易成者"，当作"舍其易而必成者"。我从王念孙，见刘文典卷9第31页下。

〔23〕高诱解"六"为孔子、墨子、苌弘、孟贲、吴起和张仪。

第十八节

遍知万物而不知人道，不可谓智。遍爱群生而不爱人类，不可谓仁。仁者，爱其类也；智者，不可惑也。仁者，虽在断割之中，其所不忍之色可见也〔1〕。智者，虽〔遇〕烦难之事〔2〕，其不暗之效可见也。

内恕反情，心之所欲，其不加诸人〔3〕，由近知远，由己知人，此仁〔4〕智之所合而行也。小有教而大有存也，小有诛而大有宁也，唯恻隐推而行之，此智者之所独断也。故仁智错，有时合，合者为正，错者为权，其义一也。

府吏守法，君子制义。法而无义，亦府吏也，不足以为政。

耕之为事也劳，织之为事也扰。扰劳之事，而民不舍者，知其可以衣食也〔5〕。人之情不能无衣食，衣食之道必始于耕织，万民之所公见也〔6〕。物之若耕织者，始初甚劳，终必利也。

物之可备者众，愚人之所见者寡；事之可权者多，愚人之所权者少，此愚者之所以多患也[7]。物之可备者，智者尽备之；可权者，尽权之，此智者所以寡患也。故智者先忤而后合，愚者始于乐而终于哀。今日何为而荣乎，旦日何为而义乎，此易言也。今日何为而义，旦日何为而荣，此难知也[8]。

问瞽师曰："白素何如？"曰："缟然。"曰："黑何若？"曰："黮然。"援白黑而示之，则不处焉。人之视白黑以目，言白黑以口，瞽师有以言白黑，无以知白黑，故言白黑与人同，其别白黑与人异[9]。入孝于亲，出忠于君，无愚智贤不肖皆知其为义也，使陈忠孝行而知所出者鲜矣。

凡人思虑，莫不先以为可而后行之，其是或非，此愚智之所以异。

凡人之性，莫贵于仁，莫急于智。仁以为质，智以行之[10]。两者为本，而加之以勇力辩慧，捷疾劬录，巧敏犀利，聪明审察，尽众益也。身材未修，伎艺曲备，而无仁智以为表干，而加之以众美，则益其损。故不仁而有勇力果敢，则狂而操利剑[11]；不智而辩慧（怀）〔懁〕给，则弃骥而不式[12]。虽有材能，其施之不当，其处之不宜，适足以辅伪饰非。伎艺之众，不如其寡也。

故有野心者不可借便势，有愚质者不可与利器。

鱼得水而游焉则乐，塘决水涸，则为蝼蚁所食。有掌修其堤防，补其缺漏，则鱼得而利之。

国有以存，人有以生。国之所以存者，仁义是也；人之所以生者，行善是也。国无义，虽大必亡；人无善志，虽勇必伤[13]。

治国上使不得与焉；孝于父母，弟于兄嫂，信于朋友，不得上令而可得为也。释己之所得为，而责于其所不得制，悖矣！

士处卑隐，欲上达，必先反诸己。上达有道：名誉不起，而不能上达矣。取誉有道：不信于友，不能得誉。信于友有道[14]：事亲不悦，不信于友。悦亲有道：修身不诚，不能事亲矣。诚身有道：心不专一，不能专诚[15]。

道在易而求之难，验在近而求之远，故弗得也。

校注

〔1〕在早期文学传统中有几个事例，对这种态度作了形象描绘，这一段话也许暗指其中某一事例。如流传很广的关于季羔的故事，即是一例。季羔是孔子的一位学生，曾做过卫国的狱吏。一次他下令斩去一位犯人的脚，后来这个人却帮助季羔逃脱了追杀。季羔问他为什么要帮助自己，这个人回答说，他的惩罚是公正的，而且看到了季羔在行刑时苍白的脸和不忍的表情。孔子对这件事的评论见《孔子家语》卷2第3—4页引。此段故事亦见于《说苑》卷14第15—16页，以及《韩非子·外储说左下》，随后即是孔子的评论。类似的事例见《淮南子》卷18，描写孔子发恻隐之心。

〔2〕我从于大成第301页的校正。

〔3〕解释这一句话须以《论语》为依据，参见《公冶长》《颜渊》和《卫灵公》等章。

〔4〕我校读此句据刘文典卷9第32页上。

〔5〕参见《韩非子·五蠹》和《慎子》第 17 页上。

〔6〕我从刘文典卷 9 第 32 页下之行文。

〔7〕刘文典《淮南鸿烈集解》原文为："物之若耕织者，始初甚劳，终必利也众，愚人之所见者寡；事可权者多，愚之所权者少，此愚者之所多患也。"俞樾云：此有脱误，当云："物之可备者众，愚人之所备者寡；事之可权者多，愚人之所权者少，此愚者之所以多患也。"我从俞樾，见刘文典卷 9 第 32 页下引。

〔8〕我从刘文典卷 9 第 33 页上之行文。

〔9〕参见《墨子·非攻下》。

〔10〕这一句明显是以《论语·卫灵公》"知及之章"为依据；亦请参见《论语·里仁》论知仁之说。

〔11〕参见《论语》之《阳货》和《述而》。

〔12〕王念孙云："怀皆当为憓，字之误也。""憓"与"儇"同字，《方言》曰："儇，慧也。"我从王念孙，见刘文典卷 9 第 33 页下。

〔13〕参见《论语·泰伯》。

〔14〕我从刘文典卷 9 第 34 页上。

〔15〕参见《孟子·离娄上》和《礼记》卷 31 第 18 页。

附录二

文献及著者目录

《考古学报》，北京科学出版社。

安乐哲：《道家的政治学说是无政府主义吗？》，见《中国哲学》10（2）（1983）。

《论语》，见《哈佛燕京学社汉学索引大系》增刊16，北平，哈佛燕京学社，1940年。

布迪（Bodde.D.）：《中国的第一位统一者》，雷登，E.J.伯利尔，1938年。

布迪和莫里斯（Morris.C.）：《中华帝国的法律》，麻省，坎布里奇，哈佛大学出版社，1967年。

《书经》，《尚书语词索引》，北平，哈佛燕京学社，1936年。

《商君书》、《四部丛刊》本。

《诗经》，见《哈佛燕京学社汉学索引大系》增刊9，北平，哈佛燕京学社，1934年。

陈荣捷：《老子的道》，纽约，鲍勃斯—麦里尔出版公司，1963年。

《中国哲学的开源之作》，普林斯顿大学出版社，1963年。

张心澂：《伪书通考》，上海，商务印书馆1939年版，1959年重版。

陈启天：《中国法家概论》，上海，中华书局，1936年。

《韩非子校释》，上海，中华书局，1940年。

陈鼓应：《老子今读今译》，台北，商务印书馆，1970年。

陈梦家：《尚书通论》，上海，商务印书馆，1970年。

陈大齐：《孔子学说》，台北，正中书局，1964年。

“齐思和西周世代之政治思想”，载《燕京社会科学》1948 年第 1 期。

《贾太傅新书》，《四部丛刊》本。

江侠庵：《先秦经籍考》，上海，商务印书馆，1929 年。

姜尚贤：《荀子思想体系》，台北，联合出版中心，1966 年。

钱穆：《先秦诸子系年》，香港，香港大学出版社，1956 年。

荆知仁：《韩非子政治思想》，台北，“国立”政治大学政治研究所，1967 年。

朱师辙：《商君书解诂定本》，香港，中华书局，1974 年版（初版 1948 年）。

《鬻子》，《四部丛刊》本。

瞿同祖：《传统中国的法律与社会》，巴黎和海牙，蒙顿出版公司，1961 年。

《庄子》，见《哈佛燕京学社汉学索引大系》增刊 20，北平，哈佛燕京学社，1947 年。

《春秋》，见《哈佛燕京学社汉学索引大系》，增刊 11，北平，哈佛燕京学社，1937 年。

《春秋繁露》，《四部丛刊》本。

《群书纪要》，《四部丛刊》本。

《中庸》，见《四书章句集注》。

库克（Cook.F.H.）：《华严宗》，帕克大学，宾西法尼亚州立大学出版社，1977 年。

克莱尔（Creel.H.G.）：《论道家》，芝加哥大学出版社，1970 年。

《中国国家管理溯源》，芝加哥大学出版社，1970 年。

《申不害：公元前四世纪一位中国的政治哲学家》，芝加哥大学出版社，1974 年。

《文物》，北京文物出版社。

杜文德克（Duyvendak.J.J.L.）：《商君书》，伦敦，阿瑟·普罗伯斯坦，1928 年。

“无为哲学”，见《亚洲研究》1947 年第 3—4 期，第 81—102 页。

冯友兰:《中国哲学史》(保德译)2卷，普林斯顿大学出版社，1953年。

杰里斯(Giles.L.):《孙子兵法》，伦敦鲁扎克出版公司，1910年。

格雷汉姆(Graham.A.C.):“《庄子》中有多少庄子的作品?”见《美国宗教问题研究》1979年第3期(总47期)，第459—501页。

格雷纳特(Granet.M.):《中国文明及思想的演进》第25卷，巴黎，阿尔宾·麦凯尔，1934年。

《大学》，见《四书章句集注》。

格里菲斯(Griffith.S.B.):《孙子兵法》，牛津大学出版社，1963年。

古林(Guerin.D.):《无政府主义》，纽约月刊出版社，1970年。

《韩非子》，见《韩非子引得》，华莱斯·杰弗逊(Wallace Johnson)编，旧金山中国资料中心有限公司，1975年。

《韩诗外传》，《四部丛刊》本。

《史记》，北京，中华书局，1959年。

《汉书》，北京，中华书局，1962年。

霍梅尔(Hommel.R.):《中国研究》，纽约约翰·戴公司，1937年。

萧公权:《中国政治思想史》2册，上海，商务印书馆，1946—1948年。

《中国政治思想史》(莫特译)第1册，普林斯顿大学出版社。

谢云飞:《〈韩非子〉试论》，台北，达林书店，1973年。

徐复观:《两汉思想史》3卷。香港，中华书局，1956年。

徐尤启:《农政全书》卷三，北京，中华书局，1956年。

《荀子》，见《哈佛燕京学社汉学索引大系》增刊22，北京，哈佛燕京学社，1950年。

胡适:《淮南王书》，上海，商务印书馆，1934年。

《中国古代哲学史》，台北，中华书局，1968年。

《淮南子》，《四部丛刊》本。

《黄帝四经》，录自《考古学报》第1期(1975年)，第7—38页。

《易经》，见《哈佛燕京学社汉学索引大系》增刊第10，北平，哈佛燕京学社，1935 年。

《逸周书》，《四部丛刊》本。

金谷治：《老庄的世界》，东京，平乐寺书店，1959 年。

《秦汉思想研究》，东京，《学术振兴会刊》，1960 年。

高亨：《商君书注译》，北京，中华书局，1974 年。

《老子正诂》，北京，中华书局，1956 年。

卡尔格莱恩（Karlgren.B.）：“古代中国的传说与崇拜”，见《远东古代博物馆馆报》第 18 期（1946 年），第 199—365 页。

《书经》（译文），同上，第 22 期（1950 年），第 1—81 页。

《诗经》（译文），斯德哥尔摩，远东古代博物馆，1950 年。

《中国语法研究近况》，斯德哥尔摩，远东古代博物馆，1950 年。

克拉莫（Kramer.S.N.）：《古代世界的神话》，纽约，多亨雷代，1961 年。

《管子》，《管子引得》，华莱斯·杰弗逊编撰，台北，成文出版社，1970 年。

《孔子家语》，《四部丛刊》本。

郭化若：《十一家注孙子》，北京，中华书局，1962 年。

郭沫若：《沫若文集》5 卷，北京，人民文学出版社，1957 年。

《国语》，《国语引得》，沃夫根·保尔（Wolfgang Bauer）编撰，台北，成文出版社，1973 年。

楠山春子：《淮南子》，东京，明德出版社，1971 年。

《老解老》，蔡廷干撰，1922 年。

刘殿黔：《老子〈道德经〉》，米德尔塞克斯，企鹅出版公司，1963 年。

《孙子简注》，东方和非洲研究学院院报（1965 年期），第 319—335 页。

“读《〈淮南子〉校释》”，见《联邦学院学刊》第 6 期（1967—1968 年），第 139—188 页。

《孟子》，米德尔塞克斯，企鹅出版公司，1970 年。

《论语》，同上，1979 年。

"评 H.G. 克莱尔的《论道家》及其他关于中国文化史的研究"，见《亚洲专刊》第 18 期（1973 年），第 121—123 页。

梁启超：《先秦政治思想史》，南京，政宪学社，1922 年。

梁启雄：《荀子简释》，北京，古籍出版社，1956 年。

《韩子浅解》2 册，北京，中华书局，1960 年。

《列子》，《四部丛刊》本。

刘文典：《淮南鸿烈集解》，上海，商务印书馆，1933 年。

罗常培、周祖谟：《汉魏南北朝韵部演变研究》，1958 年。

罗根泽：《诸子考索》，北京，人民出版社，1958 年。

罗维（Loewe.M.）："评 H.G. 克莱尔的《申不害》"，见《东方和非洲研究学院院报》第 39 期（1976 年），第 198—200 页。

《吕氏春秋》，《四部丛刊》本。

《论衡》，《四部丛刊》本。

《孟子》，见《哈佛燕京学社汉学索引大系》增刊第 21，北平，哈佛燕京学社，1941 年。

宫本腾："《淮南子·主术训》政治思想とその理論構造"，见《中国哲学》第 4 期（1966 年），第 1—43 页。

《墨子》，见《哈佛燕京学社汉学索引大系》增刊 21，北京，哈佛燕京学社，1948 年。

摩根（Morgan.E.）：《道——最高的精神》，伦敦柯根泡尔，1935 年。

諸橋轍次：《大汉和辞典》，东京大修馆书店，1957—1960 年。

芒罗（Muhro.D.）：《古代中国的人的观念》，斯坦福大学出版社，1969 年。

李约瑟（Needham.J.）：《中国科技文明史》5 卷，剑桥大学出版社，1954 年。

诺瓦克（Novak.D.）："无政府主义在政治思想史上的地位"，载《政治评论》第 20 期（1958），第 307—320 页。

《本草纲目》2 卷。上海，商务印书馆，1955 年。

《战国策》，索引第 10，北平国学研究中心，1948 年。

《礼记》，《哈佛燕京学社汉学索引大系》增刊27，北平，哈佛燕京学社，1937年。

里柯特（Rickett.W.A.）：《管子》（译文），香港中文大学出版社，1965年。

罗斯（Roth.H.D.）：《〈淮南子〉版本源流》（博士论文），多伦多大学，1980年。

罗宾（Rubin.V.A.）：《古代中国个人与国家的关系》，纽约，哥伦比亚大学出版社，1976年。

《尚书》，《尚书引得》，北平，哈佛燕京学社，1936年。

《尚书大传》，《四部丛刊》本。

《慎子》，《四部丛刊》本。

《尸子》，《四部备要》本。

《说范》，见《哈佛燕京学社汉学索引大系》增刊1，北平，哈佛燕京学社，1931年。

舒茨尔（SoothilL.W.E.）：《明堂》，伦敦，雷特沃茨，1951年。

《搜神记》，上海，商务印书馆，1957年。

《四书章句集注》，朱熹注，上海，商务印书馆，1935年。

孙诒让：《名原》，清本。

《孙膑兵法》，载《文物》1975年第1期，第1—11页。

《孙子》，《四部丛刊》本。

《孙子兵法》简书，见《文物》1974年第12期，第11—24页。

斯文尼（Swann.N.L.）：《古代中国的食物与钱币》，普林斯顿大学出版社，1950年。

《大戴礼记》，《四部丛刊》本。

《太平御览》4册，北京，中华书局，1960年。

武内义雄：《中国思想史》，东京，岩波书店，1973年（1936年初版）。

陶鸿庆：《读诸子札记》，北京，中华书局，1959年。

《邓析子》，《四部丛刊》本。

汤普森（Thompson.P.M.）:《慎子辑佚》，牛津大学出版社，1979 年。

户川義雄等:《淮南子》，东京平凡社，1974 年。

曹谦:《韩非法治论》，上海，中华书局，1948 年。

《增补事类赋统编》，上海，扫叶山房，1930 年。

《左传》，载《哈佛燕京学社汉学索引大系》增刊 11，《春秋》。

杜国庠:《先秦诸子若干研究》，北京，三联书店，1955 年。

华莱克（Wallacker.B.）:《淮南子》卷十一《齐俗》，《美国东方学会专题系列》48，纽黑文，美国东方学会，1962 年。

王念孙，见刘文典著作引。

王叔岷:《〈淮南子〉校正》，载《文史哲》1953 年第 5 期，第 15—90 页；1954 年第 6 期，第 1—66 页；1956 年第 7 期，第 9—22 页。“《淮南子》与《庄子》”，载《新华学报》1960 年 5 月期，第 69—82 页。

华德（Ward.C.）:“无政府的组织”，载《无政府社会的类型》，克里莫曼（L.Krimerman）和皮瑞（L.Perry）编，纽约，安克图书公司，1966 年。

华逊（Watson，B.）:《中国早期文献》，纽约，哥伦比亚大学出版社，1962 年。

《墨经》（译文），纽约，哥伦比亚大学出版社，1963 年。

韦政通:《荀子与古代哲学》，台北，商务印书馆，1966 年。

韦尔茨（Welch.H.）:《道的分裂——论老子及其道家的发展》，波士顿，比肯出版社，1957 年。

闻一多、郭沫若和许维遹:《管子集校》，北京，科学出版社，1956 年。

《文子》，《四部备要》本。

吴康:《三个政治理论》，巴黎，1932 年。

《吴越春秋》，《四部丛刊》本。

杨鸿烈:《中国法律思想史》，上海，商务印书馆，1937 年。

杨树达:《淮南子证闻》，北京，中国科学院出版，1953 年。

《晏子春秋》，《四部丛刊》本。

《意林》，《四部丛刊》本。

《尹文子》，《四部丛刊》本。

于大成：《〈淮南子〉校释》，其中各篇校释曾陆续提交给台湾师范大学的学报发表，台北，1969年出版。

附录三

中英文语词对照

这里包括了本书英文本中（除文献目录中人名及标题以外）的所有注有汉语罗马拼音的语词。附录中《主术》校注所涉及的一些词汇也包括在内。

cha 诈 deception

Chan-kuo ts'e 战国策

ch'ang shih chi tz'u 尝识及此

ch'ang shih fan tz'u 尝试反此

chao yao 招摇 seventh star of the Big Dipper

ch'ao 巢

chen chih 真知 true knowledge

chen jen 真人 realizing person

ch'en 辰

cheng 政 government

cheng 正 to make upright，correct

cheng 郑 the state of Cheng

cheng chang che 郑长者 the elder of Cheng

Cheng Hsüan 郑玄

cheng shih 正势 regular deployments

ch'eng 诚 sincerity

ch'eng-hsin 诚心

sincerity of mind

ch'eng shen 成身 completion of one's character

ch'eng shih yin shih 乘时因势 taking advantage of the right time and responding to prevailing circumstances

chi-li chung chih 权力众智

ch'i shih 气势 morale advantage

ch'i-shih 奇势 irregular deployments

Ch'i-su 齐俗

ch'i tzu 谿子 the ch'i tzu crossbow

ch'i-yüan-ma 骑骡马

ch'i-yüan-ma 骑原马

Chia I 贾谊

ch'iang 强 might

chiao 焦

chiao hua 教化 instructing and transforming

chieh 节

Chieh-pi 解蔽

Chieh-yung 节用

chien 谏 to admonish

ch'ien 钤 weighing up

chih 知 knowledge

chih 智 intelligence

chih 志 will

chih ch'eng 至诚 highest sincerity

chih ching 至精 essential vapors

chih jen 至人 consummate person

chih te chih shih 至德之世 age of superlative virtue

Chin-shu 晋书

ch'in ch'in 亲亲 treating relatives with familial affection

Ch'in 秦策

Ching-chi chih 经籍志

ch'ing ch'i chung che 轻其重者

Chiu-hsing 九刑

chu 助

Chu Hsi 朱熹

Chu hsing 竹刑

Chu-tao 主道

ch'u hsia/hou 处下，处后 dwelling below or last

Ch'u-chen 俶真

Chuang-K'uei-chi pen 庄逵吉本

Ch'ü-ch'ieh 胠箧

ch'üan 权 weighing up

ch'üan shih 权势 authority and purchase

chüeh-liang 绝梁

chün 君 ruler

chün tzu 君子 consummate person

Chün-tao 君道

ch'ün 群 to gather

chung 重 weightiness

chung-chih chung-li 众智众力

chung jen 众人

Chung-li ssu-tzu pen 中立四子本

chung shih 众适

Chung-yung 中庸

ch'ung 冲 vacuity

erh 而

erh ping 二柄 handles of reward and punishment

Fa-chia 法家 Legalists

Fa-ching 法经

fa ku 法古 "imitating the ancients"

fa kuan 法官 judicial ministers

Fan-lun 氾论

Fei shih-erh tzu 非十二子

fen 分 status and privilege

fen shih pu erh 分势不二 where purchase matches status

Feng Yu-lan 冯友兰

hai 害 harm，injury

Han-shu 汉书

ho 和 a reed flute

ho 合

ho 何

Ho-shang Kung 河上公

hsi 喜

hsi nu 喜怒

hsi pu hsien yü yin 喜不羡于音

hsi-yen 希言 seldom issuing commands

hsia 下

hsiao 孝 filial piety

hsiao jen 小人 inferior, morally stunted person

hsiao-k'ang 小康 Lesser Prosperity

hsiao-yao-yu 逍遥游 free and easy wandering

Hsien-hsüen 显学

hsin 心 heart-and-mind

Hsin-shu 新书

Hsin-shu shang 心术上

Hsin-tu 心度

hsing 性 process of particular nature

hsing 形 shape, disposition

hsing 刑 penal code, punishment

Hsing-fa chih 刑法志

hsing-ming 形名 name and form, accountability

hsing-shih 形势 the shape of things, prevailing conditions

Hsing shih chieh 形势解

Hsing-shu 刑书

hsing te 刑德

hsiu 修

Hsiu-wu 修务

hsü-ching 虚静 state of vacuity and tranquillity

hsü-wu wu-hsien 虚无无见 vacuity and showing nothing

hsüeh 学 learning or study

hsün 循

Hsün Tzu 荀子

hua min 化民 transforming the people

Huai Nan nei erh-shih-yi p'ien 淮南内二十一篇

jen 仁 benevolence

jen 人 human being

jen cheng 仁政 benevolent government

Jen-chien-shih 人间世

jen chun 人君 ruler

jen she chih shih 人设之势 political purchase initiated by a person

jen sheng 人生 people

jih 日

jou-jo 柔弱 soft and weak

ju-shen 如神 godlike

kao 告

Kao Yu 高诱

K'ao-ku hsüeh-pao 考古学报

ke te ch'i yi 各得其宜 each element achieving what is appropriate to it

ku 故

ku che 古者

k'ua ch'in 夸矜

kuan 宽 mildness

kuan 官

kuei kuei 贵贵 honoring the noble

kung 贡

kung tao 公道 public welfare

kuo shih 国势 regional conditions

kuo-yü 国语

Lan-ming 览冥

li 礼 rites，social norms

li 利 personal profit

li 力 strength

Li-chi 礼记

li min 利民 benefiting the people

Li-yün 礼运

ling 舲 the ling craft of Yüeh（a small boat）

Liu An 刘安

lo 乐 pleasure

Lü-t'u 绿图

Lüeh-chih 略智

Ma-t'i 马蹄

Mao I-kuei pen 茅一桂本

meng 猛 severity

min hua 民化 the people transforming

ming 命 destiny

ming 明

Ming-fa 明法

Ming-fa -chieh 明法解

mou 谋 plan or strategy

Nan-mien 南面

Nan-shih 难势

nei-p'ien 内篇

nei-shu 内书

ni 拟

ni 逆

nu hsi 怒喜

Pei-Sung hsiao-tzu pen 北宋小字本

pen 本

pen-ch'in 本矜

Pen-ching 本经

pien 变 variability or maneuverability

Ping-lüeh 兵略

pu 不

pu-cheng 不争 not contending

pu yen chih chiao 不言之教 unpsoken teaching

pu-yu 不有 not appropriating

p'u 朴 unworked wood （natural genuineness）

san ts'ai 三才 three powers or spheres

shan 善 good，goodness

Shan-hsing 缮性

Shang-chün shu 商君书

shen hua 神化 godlike transformation

Shen-shih 慎势

sheng 生 to grow

sheng 上 above

sheng jen 圣人 sagely person

shih 追

shih 势 political purchase, strategic advantage

shih 世 age

shih 时

Shih-chi 史记

Shih-ching 诗经

shih li 势利 purchase and personal advantage

shih ming 势名 purchase and rank

shih pu te wei fei 使不得为非 making certain the people have no chance to do wrong

shih wei 势位 purchase and position

shu 术 techniques of rulership

Shu-ching 书经

ssu 思 to think

ssu-hsia 肆夏

Ssu-pu pei-yao 四部备要

Ssu-pu ts'ung-k'an 四部丛刊

Sui-shu 隋书

Sun Pin ping-fa 孙膑兵法

szu 私

szu li 私利 private interests

ta 达

Ta-cheng 大政

Ta-hsüeh 大学

ta-t'ung 大同 Great Unity

T'ai-tsu 泰族

Tan-shu 丹书

T'ang Chün-i 唐君毅

T'ang-hsing 汤刑

tao 道 the Tao

Tao-tsang pen 道藏本

Tao-yüan 道原

t'ao-t'u 骟骢

te 德 virtue

te hua 德化 transformation through virtue

t'eng 腾 a kind of snake

ti-shih 地势 terrain advantage

t'ien 天 Heaven (nature)

t'ien chin tao 天之道

T'ien-hsia 天下

t'ien hsia chih ch'eng 天下至诚

t'ien jen hsiang ying 天人相应 mutual influence of human being and nature

T'ien-lun 天论

t'ien ming 天命 Heaven's mandate

t'ien shih 天势 natural conditions

t'ien-ti 天地 heaven-earth

ting 鼎 ceremonial tripod

Ting-fa 定法

Ting-fen 定分

t'ing 艇 the t'ing craft of Shu (a small boat for rivers and lakes)

to pu chia rih chih ku 多不暇日之故

ts'ai-ch'i 采齐

Tsai-yu 在宥

ts'an ivu 参伍 matrix of relationships

tsang-huo 臧獲

ts'e 册

Tso chuan 左传

tso wang 坐忘 "sitting and forgetting"

ts'u 辞

tsung hsien shih neng 尊贤使能 exalting persons of superior qualities and employing the able

tuan ho pu wan 短揭不完

Tung Chung-shu 董仲舒

tzu-hsiu 自修

tzu-jan 自然 spontaneous natural arising

tzu-jan chih shih 自然之势 inevitable natural cricumstances

tz'u 慈 parental compassion

wang 王 king

wang 往 to flock to

wang 忘 to forget

Wang P'u (Liu Chi) pen 王溥（刘绩）本

wei 威 awe

wei 位 position

wei shih 未始 never

wei shih 威势 majesty, authority

wei wu-wei 为无为

Wen wu 文物

wu hao 乌号 the wu hao bow

wu hsien 无见 showing nothing

wu hsing 五行 the five processes

wu-hsing 无行 nondeployment

wu sang wo 吾丧我 "I have left my ego-self behind"

wu-shih 无事 nonintervention

Wu Ti 武帝 Emperor Wu (of the Han)

Wu-tu 五蠹

wu-wei 无为

wu-wei erh ch'eng 无为而成 complete without acting

Yang-ch'üan 扬权

Yao-lüeh 要略

yen 厌

Yen Shih-ku 颜师古

yi 义 rightness

yi 易

yi 疑

yi 意

Yi-chou 益州

Yi-ping 议兵

Yi-wen chih 艺文志

Yin-ch'üeh-shan 银雀山

yin-shih 因势

Ying ti-wang 应帝王

yu 幼

yu shih che 有始者

yu-wei 有为 unnatural activity，interfering activity

yü 踰

yü 于

Yü-hsing 禹刑

yüan 袁

Yüan 骡

Yüan-tao 原道

yüeh 乐 music

yung chung 用众 utilizing the people

yung jen 用人 effective use of personnel

Yung min 用民

yung shih 用氏 effective use of personnel